敦煌医学研究大成

总主编　李金田

敦煌医学与转化教育部重点实验室组织
中医学、中药学、中西医结合等学科编写

人物与专著卷

主编　袁仁智　王燕

中国中医药出版社
·北京·

图书在版编目（CIP）数据

敦煌医学研究大成 . 人物与专著卷 / 李金田总主编；袁仁智，王燕主编 . -- 北京：中国中医药出版社，2020.5

ISBN 978-7-5132-6165-4

Ⅰ.①敦… Ⅱ.①李… ②袁… ③王… Ⅲ.①敦煌学—中国医药学—研究②医学家—生平事迹—中国—现代 Ⅳ.① K870.64 ② K826.2

中国版本图书馆 CIP 数据核字 (2020) 第 046641 号

中国中医药出版社出版

北京经济技术开发区科创十三街 31 号院二区 8 号楼
邮政编码　100176
传真　010-64405750
河北省武强县画业有限责任公司印刷
各地新华书店经销

开本 710×1000　1/16　印张 17　字数 238 千字
2020 年 5 月第 1 版　2020 年 5 月第 1 次印刷
书号　ISBN 978-7-5132-6165-4

定价　85.00 元
网址　www.cptcm.com

社 长 热 线　010-64405720
购 书 热 线　010-89535836
维 权 打 假　010-64405753

微信服务号　zgzyycbs
微商城网址　https://kdt.im/LIdUGr
官 方 微 博　http://e.weibo.com/cptcm
天猫旗舰店网址　https://zgzyycbs.tmall.com

《敦煌医学研究大成》编委会

虎峻瑞（银川市第三人民医院）

金　华（甘肃中医药大学）

段永强（甘肃中医药大学）

袁仁智（甘肃省中医院）

曹　晴（甘肃中医药大学）

梁永林（甘肃中医药大学）

蔺兴遥（甘肃中医药大学）

《敦煌医学研究大成·人物与专著卷》编委会

内容提要

本书共包括五部分内容。

第一部分为人物篇。按姓氏笔画排名，对敦煌医学研究方面的 118 个人物予以介绍，主要包括人物生平、籍贯及主要贡献等。

第二部分为敦煌医学著作篇。按出版时间先后排序，选取了敦煌医学研究方面的著作 86 部并予以介绍。因有些著作只有部分章节涉及敦煌医学内容，因此只对该内容进行介绍。

第三部分为硕士、博士论文，共 28 篇。论文全部来自中国知网、维普，以关键词"敦煌＋医""敦煌＋药"或"辅行诀"予以检索，然后进行人工筛选后按答辩年份先后排序介绍。

第四部分为期刊论文，共 657 篇。论文全部来自中国知网、维普，以关键词"敦煌＋医""敦煌＋药"或"辅行诀"予以检索，然后进行人工筛选后先按姓氏笔画排序，每个姓氏下面再按发表时间先后排序。

第五部分为敦煌医学相关项目，共 128 个。项目信息来源主要为中国知网、甘肃省科技厅、甘肃省社科规划办、甘肃省教育厅、甘肃省卫生健康委员会、甘肃中医药大学等。

鉴于编委会资料获取能力方面的不足，有些与敦煌医学相关的人物或著作可能未被收录，在此深表歉意。

陈 序

"敦者，大也。煌者，盛也。"敦煌，这个诗一般的名字，既是历史上该地区社会经济贸易和文化状况的实情描述，也是对国际显学——"敦煌学"博大精深内涵的高度概括。敦煌石窟实乃一座"艺术的殿堂"，发现于 1900 年的敦煌藏经洞，从中出土了公元 4～11 世纪的佛教经卷、社会文书、刺绣、绢画、法器等文物 5 万余件。这一震惊世界的发现，为研究中国及中亚古代历史、地理、宗教、经济、政治、民族、语言、文学、艺术、科学技术提供了数量相当巨大、内容极为丰富的珍贵资料，因而被誉为"中国时代的百科全书""古代学术的海洋"。

敦煌文化是一种多元交融、包容开放的"和谐"文化。不同民族、国家和地区的人们在这个舞台上进行着经济、文化的交流、碰撞和融合，共同推动了社会的发展和文明的进步。各种文化在这里汇聚，各美其美，美人之美，美美与共。因为多元共存，敦煌壁画才显得崇高唯美、鲜活生动；因为开放包容、和谐共存，敦煌遗书才成为了"学术的海洋"。著名敦煌学者季羡林先生指出："世界上历史悠久、地域广阔、自成体系、影响深远的文化体系只有四个：中国、印度、希腊和伊斯兰，没有第五个；而这四个文化体系汇流的地方也只有一个，那就是中国的敦煌和新疆地区，再没有第二个。"在这种多元文化的浇灌下，催生出一朵朵艳丽的艺术和科技奇葩，而敦煌中医药文献则被学术界誉为是"敦煌学"中的新宠。

自 1915 年春罗振玉得"《本草经集注·序录》残卷"并影

印刊行，敦煌遗书医学卷首次面世至今已阅百年。在此期间，国内外的学者们对敦煌中医药文献的整理研究一刻也没有停止过。然相比较而言，20世纪70年代以前为初步整理、原件复制及个别卷子研究阶段。

1959年，我曾在《人民保健》第二卷上发表《关于敦煌石室旧藏〈伤寒论·辨脉法〉残卷》的论文，是根据当年中医研究院院长鲁之俊出访英伦带回的大英博物馆原件照片考证的，此照片材料当年交由我整理研究。其主要内容经研究整理结果如下：

《伤寒论·辨脉法》残卷的名称问题：由于该残卷卷首缺，无题，所以关于残卷的名称问题，学者们有不同的看法，罗福颐称之为《脉经》残卷，日本学者渡边幸三则称之为《伤寒论》残卷或《辨脉法》残卷。前者称之为《脉经》残卷，我们认为易与王叔和《脉经》相混淆；后者称之为《伤寒论》残卷或《辨脉法》残卷，我们认为亦不够明确。经我与陈维养医师详细核对，其内容与现存的《伤寒论·辨脉法》大致相同，不过因残卷卷首缺，作者未能肯定，所以不能贸然称之为《张仲景伤寒论·辨脉法》残卷，但我们认为称之为"《伤寒论·辨脉法》残卷"较为妥当。

《伤寒论·辨脉法》残卷抄写年代的推测：因为该残卷系敦煌石室的旧藏，所以在推测残卷的抄写年代之前，有必要简略地讨论一下残卷何时传入敦煌的问题。敦煌位于我国西北，自汉时起它便是我国通向西域的孔道。西汉张骞出使西域以后，中国与西域的交通就很频繁。魏晋南北朝时，由于国内连年混战及外族侵入，汉族南迁，所以对西域的交通便远逊于前，甚至中断。隋统一中国（公元581年）以后，人民生活较为安定，生产力也有提高，促进了经济和文化的发展，与西域通商的需要亦随之而来。所以隋炀帝时与西域的通路就有北道、中道及南道三路，其中北道、中道是经过敦煌的，可见敦煌在隋朝时是相当重要的地方。唐朝，特别是自唐太宗至唐玄宗的百年中，继承隋朝，经营西域有加无已，自开元以后，对外交通除陆路外尚有繁盛的海路（南可通印度、南洋、波斯、大食，北可通日本、朝鲜），但对西域的交通则大不如前，尤其是公元 763 年安史之乱以后，河陇一带被吐蕃所占，其后虽曾收复，但唐亦无力控制，因此经敦煌至西域的道路就陷于冷落的地位。交通的繁盛必然带来文化的交流。通过以上简短的回顾说明了自汉代起就有经敦煌和西域通商及文化交流的历史。但如认为残卷早在汉时便传入敦煌的话，那显然是不可能的。因为从书写字体上看来，残卷的字体是楷书，而汉时尚盛行隶书。至于魏晋南北朝虽已用楷书，但从其与西域交通的情况看来，可能性是极小的。由此可见，残卷以隋末唐初传入敦煌的可能性最大。同时，在敦煌石室所发现的文物中也以唐初的为最多，也说明了上述的可能性。

应该提及的是残卷中有许多字没有避讳，如坚（杨坚，隋文帝，581—605 年），世（李世民，唐太宗，627—649 年）、治（李治，唐高宗，650—683 年）等。残卷中未避讳的可能因素有二：一因残卷非官书，避讳可以不严格；二为残卷的抄写年代可不在以上三个皇帝在位之时，但却可在隋末唐初的其他时间。

总之，我与陈维养教授认为残卷的抄写年代在隋末唐初的可能性最大。这也说明辨脉法的著作年代很可能在隋末唐初，或者更早些。

我与陈教授曾对《伤寒论·辨脉法》残卷与现存《伤寒论·辨脉法》作了比较：在对《伤寒论·辨脉法》残卷（以下简称残卷）与成无己《注解伤寒论》（以下简称成本）、赵开美重刻宋本《伤寒论》（以下简称赵本）及康熙年间陈世杰重刻《金匮玉函经》（或称《伤寒论别本》）（以下简称玉函）中的辨脉法内容作了比较，发现了以下几个问题：

其一，《伤寒论·辨脉法》残卷中有四段文字为成无己《注解伤寒论》及赵开美重刻宋本《伤寒论·辨脉法》中所没有的。今抄录于下：

喔喔如吹榆荚名曰数。

趺阳脉微涩，少阴反坚，微即下逆，则躁烦，少阴紧者，复即为难，汗出在头，谷气为下，复难者，愈微溏，不令汗出，甚者，遂不得便，烦逆鼻鸣，上竭下虚，不得复通。

脉虚而不吐下发汗，其面反有热，令色欲解，不能汗出，其身必痒。

趺阳脉浮而微，浮则为虚，微即汗出。

其二，在核对过程中我们发现残卷与《金匮玉函经·辨脉法》间之出入较少，而与成本及赵本之"辨脉法"出入较多，成本、赵本相互间出入亦少。这可能因为《金匮玉函经》自元佚后至清重现，其间后世未有更多文字上的修订之故。所以，残卷的出现，对于校勘《伤寒论·辨脉法》是有一定意义的。

其三，残卷文字较为简洁，"者""也"之类文字较少，成本与赵本则较多，玉函次之。这可能因为当时印刷术尚未发明，纸张的使用也不如今日普遍而方便，能省去的字尽量省略，所以文字较为简洁。

关于《金匮玉函经》是否清代伪托的问题：清代陈世杰重刻的《金匮玉函经》有人认为是清代伪托的，但也有人不同意，意见颇不一致。我们在对照敦煌旧藏《伤寒论·辨脉法》残卷与现存《伤寒论·辨脉法》的内容时，发现在成本及赵本中所缺的四段文字在《金匮玉函经》中都有。此外，上面已经提到，《金匮玉函经·辨脉法》与残卷间文字出入较成本、赵本"辨脉法"与残卷间的文字出入为少。这些有力地说明，康熙年间陈世杰重刻的《金匮玉函经》系清代伪托的说法是值得商榷的。

我们认为，敦煌石室旧藏的《伤寒论·辨脉法》残卷对于研究仲景著作有其一定的价值。

唐诗云："沉舟侧畔千帆过，病树前头万木春""春来遍是桃花水，不辨仙源何处寻"。对敦煌中医药学文献的研究，自20世纪80年代以来便进入了系统整理、全面研究和蓬勃发展的阶段。成立于20世纪70年代末的甘肃中医药大学，早在建校之初就开展了对敦煌中医药文献的研究，并代有传人，学者辈出，取得了辉煌的研究成果。赵健雄教授的"敦煌医学研究"课题得到了当时国家教委（教育部）的立项资助，首次提出了"敦煌医学"的概念，确立了敦煌医学系敦煌学分支的地位。继其后者有李金田、李应存教授等，对敦煌医学文献研究有素，是当代敦煌医学研究的著名学者。自2015年起，我组织编纂"中华文化与中医学"系列丛书，由他的学术团队编写的《敦煌文化与中医学》，以独特的敦煌文化内涵立意，核心要素凝练升华到位，论证说明内容充实，从文化的大背景下审视中医学术发展的内在原因所在，取得新进展。

到了2019年，李金田教授的团队又对敦煌医学研究的成果进行了全面的梳理总结，以《敦煌医学研究大成》丛书的规模呈现给同行学者和广大读者。在分卷中，除对《诊法卷》《医方卷》《本草卷》《针灸卷》等传统基本内容的研究成果集中展示外，还对当今备受读者关注和青睐的《养生杂论卷》进行了挖掘整理。另外，《形象医学卷》《藏医学卷》和《专著与人物卷》的设立也很有创意，不仅使敦煌医学的内涵更加丰富，同时也将所有在敦煌医学研究领域有一定影响的学者及其著作推而广之，为学习和研究者提供了更加广阔的平台与空间。该套丛书的编纂，无疑是敦煌医学研究成果的集大成者，对广大的同行学者也将具有"检点行装再出发"的现实意义。

《敦煌医学研究大成》丛书即将陆续付梓面世，金田教授邀我作序，谨以此序祝贺本书面世。

陈可冀

*陈可冀：中国中医科学院教授，中国科学院院士，国医大师。

郑 序

在敦煌壁画和敦煌文献之中，敦煌医学图像资料相对研究的人少一些。敦煌医学研究主要集中在敦煌文献资料中，就这些文献资料来说，主要有医理方面的资料，更多的是本草类医学文献、医方类医学文献、针灸类医学文献和养生类医学文献，敦煌医学的研究也主要集中在这些方面，甘肃中医药大学有从事敦煌众意研究的传统，而且成果卓著。

我留校初期，1983年中国敦煌吐鲁番学会成立之后，开始对敦煌文献进行了有计划的整理和研究。那时作为刚从学校里出来的我，虽然在北京大学、首都师范大学、杭州大学等地方进修过，但对研究则处于懵懂状态，既没有研究方向，也不知道如何进行研究，我经常给其他老师做助教，先后做过周丕显、张代经、马明达老师的助教，特别是马明达老师，兴趣很广，而且有中医的家学传统，对敦煌医学文献兴趣浓厚，他让我跟着他从事敦煌医学文献的整理和研究。

我对医学一窍不通，一点基础都没有，从1983年后半年开始依靠着一本王重民的《敦煌遗书总目索引》，守着两柜子的敦煌微缩胶卷，开始了艰难的录文工作，为此到中医学院买了他们的教材，还有中医学原理等书，囫囵吞枣地看了很多这方面的书，特别是买了李时珍的《本草纲目》，从头到尾看了一遍。1984年年底，敦煌医学文献整理分给了中国中医研究院（现中国中医科学院）的马继兴先生。马继兴先生是有名的中医学家，因此马明达老师建议我们放弃敦煌医学文献整理研究，改行做历史、地理和敦煌史地文献的研究，以后再也没有动过敦煌中医文献，那些当年的录文还放在书房的角落里。这是我与敦煌医学研究的一段缘分。

后来甘肃中医药大学的李应存教授跟我攻读博士，主要从事俄藏敦煌医学文献的整理研究；河西学院医学院的田永衍教授从上海中医药大学博士毕业到敦煌学研究所做博士后，我是他的合作导师。他们俩是我指导过从事医学文献研究的学生。有了这层关系，我与甘肃中医药大学的合作交流慢慢多了起来。加上他们申请下来了敦煌医学国家重点实验室和甘肃省敦煌医学重点研究基地，则联系更加紧密切。

甘肃中医药大学有敦煌医学的传统，特别是将近40年持之以恒地发展敦煌医学研究，将敦煌医学作为学校的特色学科，具有敦煌医学的话语权，占领敦煌医学研究和开发利用的高地，且具有无可替代的地位，尤其是李金田校长主持工作以来，对敦煌医学的推进更大，成立了敦煌医学研究及文化传承专业委员会，将敦煌医学研究推向国际，将敦煌医学的视野推向了世界。

敦煌医学研究不仅关注敦煌医学文献，还关注敦煌的其他文献研究，关注其他学科的研究成果。首先是敦煌历史文献资料的研究。敦煌地理文献记载，唐敦煌的文化建设中设置有医学。P.2005《沙州都督府图经》记载三所学校州学、县学和医学："医学：右在州学院内，于北墙别构房宇安置。"根据《新唐书·百官志》记载，州设医学博士一人"掌疗民疾苦"。P.2657《唐天宝年间沙州敦煌县差科簿》记载："令狐思珍载五十一，翊卫，医学博士。"医学博士就是敦煌医学中教授医学知识的老师，令狐家族也是敦煌的世家大族，因此令狐思珍的医学知识具有家传性质，应当说是医学世家。P.2862《唐天宝年代敦煌郡会计牒》记载敦煌郡草坊"合同前月日见在杂药，总贰佰陆拾斤"。乌山、双泉、第五、冷泉、广明等五成"合同前月日见在杂药，总壹佰伍拾斤叁两"。这些军队驻守的地方保存这么多草药，主要是军队将士使用，同时我们推测驻守的军队中肯定有敦煌医学培养出来的生员服役。病坊"合同前月日见在杂药，总玖佰伍拾斤贰拾枚"。制药工具有铛、釜、盆、罐、锁、刀、镢头、锹、泥漫、床、食柜、药柜、药杵、药臼、吃单、步碓、食单、鏊子、案板、手罗、拭巾、白氎、席、绯绝、盘、甑、瓮、碗、匙、箸、木盆、食合。病坊可能与我们今天医院的功能差不多，很可能就是敦煌地区最早的医院。从事敦煌医学研究还要关注敦煌地理文书记载的全国各地的特色物品即土贡，其中就包括名贵药材的出产地。比如 P.2522《贞元十道录》记载归出产悉州、柘州、静州、保州、恭州、翼州等，麝香出产悉州、柘州、静州、保州、霸州、恭州、翼州等，羌活出产于柘州、静州、保州、恭州等，升麻出产于霸州，大黄出产于翼州。敦煌市博物馆藏唐地志残卷也记载很多地方特色药材出产地，不同地方出产的药材其作用差别很大，用药非常注意药材的产地。这些记载都应当引起我们的关注。

晚唐五代敦煌涌现出了一批医学家，他们对敦煌医学的发展起到很大的推动作用。吐蕃占领敦煌之后，敦煌地区的学校制度遭到了破坏，敦煌医学同州学、县学一样被破坏，医学教育同汉文化一样从官府走向民间、走向寺院，寺学教育发展起来。其接替州医学起到了培养医学人才的职责。

僧人要求有五明，五明中就有医明。从吐蕃统治时期起，一批僧人出生的医学家活跃敦煌地区，其中有索崇恩、翟法荣等。他们既是敦煌的名僧也是敦煌的名医。

索崇恩的医学事迹见于 P.4010+P.4615《索崇恩和尚修功德记》。其记载："性逸巢游，倚绳床而不待。劲持高操，低意下人；蕃落信知，众情恢附。虎徒祇顺，□驾先迎；劝以八关，布行十善。瓜、凉、河、陇，相节尊重。门师悲同药王，施分医术。故使道应神知，得垂加被，则天□（花）落沼，花无染着之衣；饭念香城，饭有人天之供。瓶添行潦，罄舍无余。尊座洞户，费除积聚；求□□日，造寺办心。不求有□之财，但取自来□□。□银缕像，饰就万□；紫磨庄龛，日供千箔。闻声两集，割己纳于佛前；应响云奔，襁负输于造寺。"索崇恩是敦煌的名僧，吐蕃和张氏归义军时期担任过都教授，吐蕃宰相和节度使都很尊重他，大中五年唐宣宗皇帝给吴洪辩的授牒中就记载相索崇恩赐丝绸等物品，说明他的地位很高、影响力很大。

瞿法荣是归义军建立之后第二任都僧统，他的事迹载于 P.4660《都僧统瞿和尚邈真赞并序》。其记载："前河西都僧统京城内外临坛大德三学教授兼毗尼藏主赐紫故瞿和尚邈真赞。河西后都僧统京城内外临坛供奉大德都僧录兼教谕归化大法师赐紫沙门悟真撰。兹绘像者，何处贤良。瞿城贵族，上蔡豪强。璧去珠移，柯叶分张。一支从宦，徙居敦煌。子孙因家，棣萼连行。间生斯息，桂馥兰芳。幼挺英灵，跱步殊常。风威卓荦，壮志昂藏。出家入道，雅范凤彰。游乐进具，止作俱防。五篇洞晓，七聚芬香。南能入室，北秀升堂。戒定慧学，鼎足无伤。俗之褾袖，释侣提纲。传灯暗室，诲喻浮囊。五凉师训，一道医王。名驰帝阙，恩被遐荒。迁加僧统，位处当阳。符告紫绶，晶日争光。机变绝伦，韵合宫商。灵山镌窟，纯以金庄。龙兴塔庙，再缉行廊。罄舍房资，供设无疆。聿修恳恳，景福禳禳。翼侄谋孙，保期永昌。成基竖业，富与千箱。天命从心，寝疾于床。世药无效，色力转尪。美角先折，今也则亡。门人聚哭，哀恸穹苍。林间水噎，殿上摧梁。一如荼毗，涕泪无侠。邈生前兮影像，笔记固兮嘉祥。使瞻攀兮盼盼，想法水兮汪汪。沙州释门法师恒安题。"他的医术被称作河西一道的医王，足见瞿法荣的影响不仅仅在佛教事业上，而且在医学上的造诣也很高。

其次还有敦煌佛教教团中法律索智岳，他的事迹载于 P.4660《前沙州释门故索法律智岳邈真赞》。咸通十一年（870 年）他死后，时任河西都僧统京城内外临坛供奉大德都僧录唐悟真专门为他撰写邈真赞，对他进行了高度赞颂："间生仁贤，懿德自天。早明梦幻，喜预真诠。投缁割爱，顿息攀缘。鹅珠谨护，浮囊鎣全。真乘洞晓，儒墨兼宣。六精了了，三寸便便。威仪出众，心地无偏。琢磨存念，若矢在弦。涛（陶）染靡亏，理事穷研。寒松比操，金石齐坚。上交下接，众所推先。殷勤善诱，直示幽玄。药闲中道，病释两遍。门传孝悌，习敦壁田。见探汤兮隐后，闻善士兮趋前。芳名才秀，可惜少年。奈悬蛇兮遘疾，何梦奠兮来迁。神游净界，骨瘗九泉。叹朝华兮夕落，嗟福命兮非延。三界火宅，八苦交煎。修短荣枯，业系能牵。门徒悲兮忉忉，俗感兮绵绵。贸丹青兮彩邈，笔毫记兮功镌。"

其次还有金光明寺的索法律。文德二年（889年）他死后，都僧统唐悟真也为他撰写了邈真赞，P.4660《金光明寺索法律邈真赞并序》记载："钜鹿律公，贵门子也。丹〔墀〕之远派，亲怃则百从无疎。抚徒敦煌，宗盟则一族无异。间生律伯，天假聪灵；木秀于林，材充工用。自从御众，恩与春露俱柔；勤恪忘疲，威与秋霜比严。正化无暇，兼劝桑农。善巧随机，上下和睦。冀色力而坚久，何梦奠而来侵。邻人辍舂，闻者伤悼。赞曰：堂堂律公，禀气神聪。行解清洁，务劝桑农。练心八解，洞晓三空。平治心地，克意真风。灯传北秀，导引南宗。神农本草，八术皆通。奈何梦奠，交祸所钟。风灯运促，瞬息那容。缋像真影，睛盼邕邕。请宣毫兮记事，想殁后兮遗踪。"称赞他精通神农本草和八种医术。

敦煌文化的特色就是中西文化交融与碰撞，特别是敦煌地区胡人在文化交流中扮演了重要的角色。敦煌医学事业同样体现中西文化交流的特点，粟特人医学家史再盈就是其中的代表。

五代后晋时期，敦煌有个粟特人医学家，学兼中西，医术兼具中医和印度医学的造诣，敦煌文献S.4363《后晋天福七年（942年）七月史再盈改补充节度押衙牒》记载了他的事迹："敕归义军节度使牒。前正兵马使银青光禄大夫检校太子宾客兼试殿中监史再盈。右改补充节度押衙。牒奉处分，前件官，龙沙胜族，举郡英门。家传积善之风，代继忠勤之美。况再盈幼龄入训，寻诗万部而精通；长事公衙，善晓三端而杰众。遂使聪豪立性，习耆婆秘密之神方；博识天然，效榆附宏深之妙术。指下知六情损益，又能回死作生；声中了五脏安和，兼乃移凶就吉。执恭守顺，不失于俭让温良；抱信怀忠，无乖于仁义礼智。念以久经駈策，荣超非次之班；宪帙崇阶，陟进押衙之位。更宜纳劲，副我提携；后若有能，别加奖擢。件补如前，牒举者，故牒。天福柒年柒月贰拾壹日牒。使检校司徒兼御史大夫曹示。"司徒指归义军节度使曹元深，曹元深就是因为史再盈的医学造诣且兼具中西而擢升他为节度押衙，由此可见敦煌地区的医学家以学兼中西为荣。

敦煌药材市场上的常见的有出产于西域的胡椒、高良姜、荜茇、诃梨勒等也有出产于中原的人参、橘皮、芍药等。硇砂主要出产于粟特的康国，应当说，敦煌药材市场上的大部分药材主要靠进口。敦煌的药材市场中，外来药材充斥。从敦煌文献记载看，敦煌市场有专门开店卖药、坐堂行医的胡人，也有长途贩运的胡商。他们把波斯、印度等西域地区的药材贩运到敦煌进行出售，同时把敦煌市场上的其他商品运到西域地区销售。因此，敦煌地区虽然出产药材不多，但是敦煌药材市场上的药材却非常丰富，有从中原地区进口的，也有从西域贩来的，还有从吐蕃贸易所得的。我们从敦煌市场上的商品可以看到敦煌在中外科技文化交流中的作用，以及这种交流发展的程度。

晚唐五代，敦煌贸易市场上之所以有大量的外来药材，主要是中外药材商人的结果。敦煌文献有许多关于东来西往药材商人的记载。《辛巳年（981年）十二月十三日周僧正于常住库借贷油面物历》记载，壬午年二月"十四日酒伍瓮，渠北坐翟胡边买药用"。这是粟特人在敦煌开店售药的记载。本卷文书还记载，三月"九日酒壹瓮，阿柴唸胡边买药用"。这位阿柴唸不是胡人，而是吐谷浑人或吐蕃人，表明藏药在敦煌市场上也有出售，反映出当时藏汉文化在敦煌地区交流之频繁。另记载："七月一日粟壹斗买赤钱子用。"

《归义军衙内油面破历》记载了一批从事药材生意的僧人。他们中有波斯人、于阗人、印度人、凉州来的温末僧人和中原来的汉僧等。文书特别注明"廿六日支纳药波斯僧面壹斗"。所谓"纳药"，实际上是带有归义军官府垄断性质的商业贸易交换。同时也看出归义军政权对中外药材贸易非常重视。

　　西域地区出产的药材在敦煌市场上比较常见，根据敦煌文献记载，主要有胡椒、高良姜、荜茇、香附子、诃梨勒等。《某僧向大德乞药状》记载了一位僧人向当寺大德乞药治病的情况。所乞请的药有橘皮、桂心、附子、香白芷、茱萸、干姜、芍药、高良姜、草豆蔻、芎䓖、人参、胡椒、诃梨勒、黄麻、地黄、细辛、黄药、天麻、牛膝、天南星、牵牛子、茯苓、槟榔、荜茇、黄连等，其中大部分不产于敦煌地区。根据《魏书·西域传》的记载，波斯以出产胡椒、荜茇、石蜜、诃梨勒、香附子、千年枣、无食子、盐绿、雌黄等而著称，《旧唐书·西戎传》记载波斯出产无食子、香附子、诃梨勒、胡椒、荜茇等药物。由是得知，胡椒、荜茇、诃梨勒、高良姜等出产于西域地区，橘皮、桂心、干姜、芎䓖、槟榔等出产于中原南方地区。《医方》记载的所用药物中有胡椒、诃勒。诃勒即诃梨勒。特别是诃梨勒作为波斯地区的特产，在敦煌地区则普遍使用。

　　《己丑年（929年）五月廿六日应管内外都僧统为道场纳色目榜》记载，当时受戒式叉尼须向普光寺方等道场纳色目中有诃梨勒："应管内外都僧统榜。普光寺方等道场纳色目等印三科。右奉处分，令置受戒道场，应管得戒式叉沙弥尼等，沿法事，准往例合有所税，人各麦油一升，掘（橛）两笙，诃梨勒两颗，麻十两，石灰一升，青灰一升，苴其两束。诸余沿道场杂要敷具，仍仰道场司校量差发，不得偏并，妄有加减。仍仰准此条流，不在违越者。己丑年五月廿六日榜。"诃梨勒达到了每个受戒者都能交两颗的要求。足以说明诃梨勒在敦煌贸易市场上是一种比较常见的外来药物。敦煌研究院所藏《酒账》记载"廿一日，支纳诃梨勒胡酒壹瓮"，说明交纳者为胡人，是一种进口药物。除此之外作为药物和香药进入敦煌贸易市场很多，《蒙学子书》药物部第十记载有龙眼、荔枝、槟榔、鳖甲、生姜、人参、胡椒、川芎、穿山甲、陈橘皮、安息香等，也表明敦煌药物市场上外来商品之丰富。矾分两种：一是铁矾，宋陈元靓《事林广记·辛集卷之一》药石辨正记载，铁矾出自河东石灰中，色如铁黑。二是"金线矾，波斯矾是也，形状微黄味淡，如牙硝为用火溶之，以物引之，如金线者，乃真"。敦煌市场上的矾是从波斯贸易进口的金线矾还是从河东得来的铁矾，我们还没有证据说明，但是无论是来自何处，都是敦煌地区的进口商品。

大量香药由丝绸之路进入敦煌市场，故丝绸之路也称香药之路。《吐蕃占领敦煌时期乾元寺科香帖》记载："道澄下张上座……计廿一人，共科郁金、乳头、旃檀香等分共一两。戒临下法闰……法颢，准前科。道初下惠悟……法明，准前科。自省下静寂……平平，准前科。你妙灯下惠藏……普明，准前科。慈恩下杜真空……菩提。以前六件三色等香各二两，限今月十三日送纳乾元寺。"这是出家之时寺院对拟出家的僧尼科征的香药，说明这些香药在敦煌地区十分常见。

《金光明最胜王经卷第七》记载："沐浴之法，当取香药三十二味，所谓菖蒲、牛黄、苜蓿香、麝香、雄黄、合昏树、白及、芎䓖、枸杞根、松脂、桂皮、香附子、沉香、旃檀、零陵香、丁子、郁金、婆律膏、笔香、竹香、细豆蔻、甘松、藿香、苇根香、吐脂、艾纳、安息香、芥子、马芹、龙花须、白胶、青木皆等分。"这些香药有出产于龟兹、大秦、波斯、康国、漕国、天竺。就是说，这些香药基本出产于印度、波斯等地，大都是外来的。

《年代不明（980—982年）归义军衙内面油破用历》记载："甘州来波斯僧月面七斗，油一升。牒密骨示月面七斗。廿六日支纳药波斯僧面一石，油三升。""汉僧三人，于阗僧一人，波罗门僧一人，凉州僧一人，共面二斗。""胡牒密骨示月面七斗。"牒密骨示可能是来自西域回鹘或者黠戛斯等商人，波斯僧很可能商队中的景教徒，他们都是从事药材贸易的胡人。医学是中西文化交流的主要内容，不仅敦煌有胡医，还有从事医药贸易胡商，商品中也有来自西域的药材，他们的身份有官员、商人，还有僧人充斥其中。

随着西域的医学家和从事医药生意的胡商进入敦煌，西域的医术也进入敦煌并得到传播。S.381《龙兴寺毗沙门天王灵验记》记载："龙兴寺毗沙门天王灵验记。本寺大德僧日进附口抄。大蕃岁次辛巳［岁］闰二月十五日，因寒食，在城官僚百姓就龙兴寺设乐，寺卿张闰子家人圆满至其日暮间，至寺看设乐。遂见天王头上一鸽，把一小石打鸽不着，误打神额上指甲许破。其夜至家卧，未睡，朦胧见一金蛇，突圆满眼上过，便惊觉怕惧，遍体流汗，两眼急痛，黑暗如漆，即知是神为害。至明，令妹牵手至神前，志心忏谢，晨夜更不离，唯知念佛。便向僧智寂处受得天王咒，念佛诵咒，经六日六夜五更，闻有语声：'何不念佛行道？'圆满思惟：'眼不见，如何行道。'又闻耳中：'但行道自有光明。'忽见一枝莲花赤黄色，并有一灯，去地三尺，亦不见有人擎。但逐灯花道行，至后院七佛堂门，灯花遂灭，便立。乃闻闹语声，乃是当寺家人在外吃酒。回至后厨门便入，片时即散。其灯花依前还见，又逐灯花，行至神前，圆满两目豁然，依前明朗，一无障碍。圆满发愿，一生施身与天王作奴供养。自尔已来，道俗倍加祈赛，幡盖不绝，故录灵验如前记。鸣钟振响觉群迷，声振十方无量度。救拔众生长夜苦，一切地狱得停酸。闻钟卧不起，护法善神嗔；现世福德薄，来世受蛇身。咸通十四年四月廿六日题记耳也。"表面看这是灵验记，实际上就是白内障手术在敦煌的典型案例。此外，同样的白内障手术案例还记载于《沙州释门都教授张金炫阇梨赞并序》记载："阇梨童年落发，学就三冬。先住居金光明伽蓝，依法秀律师受业，门弟数广，独得升堂。戒行细微，蛾（鹅）珠谨护，上下慕德，请往乾元寺，共阴和上（尚）同居。阐扬禅业，开化道俗，数十余年。阴和尚终，传灯不绝，为千僧轨模，柄一方教主。慈母丧目，向经数年；方术医治，意（竟）不瘥退。感子至孝，双目却明；后经数年，方尽其寿。幽两寺同院，此寺同飡，如同弟兄。念其情厚，略述本事，并赞德能。炫教授门弟诸贤请知旧事。因婆两目再朗，复是希（稀）奇，笔述因由，略批少分。希哉我师，解行标奇。处众有异，当代白眉。量含江海，广运慈悲。戒珠圆洁，历落芳菲。孝过董永，母目精晖。一方法主，万国仍希。禅枝恒茂，性海澄漪。帝王崇重，节相钦推。都权僧柄，八藏蒙施。示疾方丈，世药难治。阎浮化毕，净土加滋。声闻有悟，忧苦生悲。菩萨了达，生死如之。灵神证果，留像威仪。名传万代，劫石难移。"张金炫母亲的感子至孝双目却明就是白内障手术，只不过敦煌人将其神化而已。白内障手术就是由胡人医学家带入中国的医术，它在敦煌传播足见外来医学在敦煌的影响力。

敦煌医学研究还要关注历史学的资料。

研究敦煌医学还要关注敦煌其他文献的敦煌医学资料，比如相面、解梦中的医学内容。这些既是中国古代人民生活经验的总结和实践，也是医学知识在其他学科的普及和传播。敦煌解梦文献中非常注重人的面部气色。面部气色分本色和客色，相面主要看客色，根据客色推测人的身体状况和运气。面部色气黄色滋润是好气色，其次黑色、白色、青色和红色都是不好的颜色。黑色、青色和白色表示身体有病，红色表示肝火旺盛，容易生气。特别是不风面有尘，就是我们说的面色土苍苍的，也是不好的颜色。哪些颜色好呢？根据敦煌相书记载，面色欲得光白，眉目白黑分明，面色光白，光泽滋润，阳光润泽，眼目鲜明，面如满月，言语清朗捷利，行走稳健，龙虎凤行，具备这些特征的肯定身体强壮，精神饱满，这与中医诊断中的"望"是一个道理。这里面毫无疑问有迷信和宗教的成分，但也有人们生活经验的总结。敦煌梦书的很多记载同样了反映人的身体状况，也是医学研究的内容。我们应当将敦煌研究的领域扩展一些，注意与其他学科的交叉，并接受其他学科的内容，这对敦煌医学的发展和提升会起到积极的作用。

李金田校长主持编纂的《敦煌医学研究大成》丛书，邀我为之写序，我对敦煌医学没有深入地研究，只能将自己的一些肤浅认识写出来，权为其研究做个引子吧！

2019 年 12 月于兰州大学

* 郑炳林：兰州大学教授，长江学者，兰州大学敦煌研究所所长。

立足新时代，扛起敦煌医学研究的大旗

　　在恢宏灿烂的"敦煌学"体系中，"敦煌医学"确属新宠。

　　20世纪70年代以前，学者对敦煌文物医学史料的研究也仅限于对原件的复制和初步的整理。如1915年春，罗振玉得到日本橘瑞超从敦煌石窟中劫走我国现存最早的原抄本草学著作《本草经集注序录》残卷影印本，遂影印刊行，这是敦煌遗书医学卷的首次面世。1925年，罗振玉辑印的《东方学会丛书·敦煌石室碎金》，又收入了他从日本狩野直喜处转抄的《〈食疗本草〉残卷》。1948年，罗福颐从当时北平图书馆收存的英、法劫走的敦煌遗书照片中选取医药部分，与日本黑田源次的《法国巴黎国立图书馆藏敦煌石室医方书类纂稿》手抄本、黑田氏影印的原藏于德国普鲁士学士院的四种敦煌古医书想参照，加上罗氏家藏的卷子，共计残卷、残简50件，摹写汇集成《西陲古方技书残卷汇编》。1958年，王庆菽等发表《英国伦敦不列颠博物馆藏敦煌卷子中的古代医药方文献图片》。随着研究的逐步开展，罗振玉、王国维、李盛铎、唐王重民、刘铭恕、向达、罗福颐、范行准、姜亮夫等学者致力于敦煌遗书的整理和编目，其中涉及医药残卷的编目及阐述题跋者。期间也有对于个别医学卷子的专门研究，有20余篇论文发表。其中具有代表性的如：范行准的《敦煌石室藏六朝写本本草经集注校注》，日本渡边幸三的《罗振玉

敦煌本〈本草集注序录〉跋的商榷》，日本中尾万三的《〈食疗本草〉之考察》，侯详川的《中国食疗之古书》，戴志勋的《食疗本草之研究》，日本渡边幸三的《〈食疗本草〉的书志学研究》，洪贯之的《唐显庆〈新修本草〉药品存目的考察》，马继兴的《在我国历史上最早的部药典学著作——唐〈新修本草〉》，尚志钧的《现存〈唐本草〉残卷的考察》，谢海洲的《补辑〈新修本草〉》，陈可冀的《关于敦煌石室旧藏〈伤寒论·辨脉法〉残卷》，马继兴的《唐人写绘灸法图残卷考》等。关于敦煌壁画中医学内容的研究，最早是周宗岐对 196 窟刷牙图的报道，他发表的《揩齿考——从敦煌壁画"揩齿图"谈到我国历代的揩齿、刷牙和洁齿剂》论文，揭开了研究敦煌壁画医学史料的序幕。

进入 20 世纪 80 年代，敦煌文物医学史料的研究出现了系统整理、全面研究的繁荣局面。首先是藏医文献的整理和研究。洪武娌《敦煌石窟〈藏医杂疗方〉的医史价值》和王尧等《敦煌本藏医学残卷介绍》最先在《中华医史杂志》1982 年 4 期发表。紧接着，洪武娌和蔡景峰又发表了《现存最早的灸法专著——〈敦煌古藏医灸法〉残卷》。更有分量的成果是中央民族学院罗秉芬、黄布凡编译出版的《敦煌本吐蕃医学文献选编》。书中收载藏文抄写的吐蕃时期藏医文献四卷，作者精心考证，汉文翻译，并经著名藏医强巴赤列审订。藏医残卷抄写于公元八九世纪，在《四部医典》成书之前，是迄今所见西藏最早的古文献，卷中论及多种常见病的藏医治法，以及火灸和割刺放血疗法，说明早在 8 世纪，藏医已具有相当水平；同时可见唐代汉、藏医学的交融和印度、波斯医学的传入，反映出当时各民族文化、各种医药学的广泛交流。

敦煌医药残卷因近古而广泛应用于散佚医籍的辑校，颇具规模的有《新修本草》和《食疗本草》两书。《新修本草》是唐政府在公元 659 年颁发的我国乃至世界第一部国家药典，敦煌《新修本草》残卷（P.3714，S.4534，P.3822）等存药 46 种，最早的抄写时间距该书颁行不到 10 年，朱墨杂书，极近原貌，故以该卷为可靠底本。1981 年，尚志钧辑校的《唐新修本草》全书辑复本出版。《食疗本草》是唐代孟诜所撰我国第一部食疗专著，敦煌《食疗本草》残卷（S.76）存药 26 种，朱墨分书，基本保持了原书体例。1984 年，谢海洲等辑复的《食疗本草》，即以敦煌残卷为可靠底本。随着研究人员和涉足的范围不断扩大，研究论文日益增多。如王洪图《敦煌古医经残卷与〈素问·三部九候论〉之异文考释》；谭真《敦煌本〈食疗本草〉残卷初探》；马继兴《敦煌出土的古针灸图》；王惠民《敦煌壁画刷牙图考论》；黄仓等《敦煌石窟气功功法概要》；欧阳广瑛《敦煌补益方中十味药物微量元素分析》；张军平等《敦煌长寿方药延缓衰老的实验研究》；张侬《敦煌〈脉经〉七方考》；王冀青《英国图书馆藏〈备急单验药方卷〉的整理和复原》等。

1988 年，马继兴主编的《敦煌古医籍考释》出版，该书是系统整理研究敦煌遗书医学文献的专著，书中收载敦煌卷子医书 80 余种，分为医经类，五脏论类，诊法类，伤寒论类，医术类，医方类，本草类，针灸类，辟谷、服石、杂禁方类，佛家、道家医方类，医史资料 11 类，每种医书按照"书名""提要""原文""校注""按语"及"备考" 6 项叙述，书前有"导言"，阐述敦煌医学卷子的来源，保存情况，整理研究工作，文献学特征，时代考察和学术价值。该书的特点和重要意义是：全面收载了现存可见的各种敦煌遗书中的医药文献；文献学研究精详，诸如卷子的形制、出处、成书年代、撰者、抄写年代及文字校注等，翔实可靠；简述了每种医书的主要内容方药功用、主治、方义，以及与其他古文献资料的对照和阐发，概述了敦煌医药文献的学术价值；该书将敦煌医药文献的研究推进到系统整理研究阶段，有很高的学术价值和实用价值。

至此，敦煌医药文献的整理研究，逐渐成为敦煌学中的新宠，成为敦煌宝藏中最后绽放的奇葩。

成立于 20 世纪 70 年代末的甘肃中医学院（2015 年更名为甘肃中医药大学），建院伊始就对敦煌医药文献的整理研究表现出了极大的关注。自 1984 年起，赵健雄、徐鸿达、王道坤、张绍重、丛春雨、张侬、宋贵杰、李金田、李应存、史正刚、刘喜平、李应东等百余名老师主持或参与了敦煌医药文献的整理、考订、阐发，敦煌医方的临床实践，敦煌方药的药理研究，以及敦煌医学的教学尝试等。到目前为止，35 年中，已经出版的研究专著有赵健雄的《敦煌医粹》，丛春雨的《敦煌中医药全书》，刘喜平的《敦煌古医方研究》，李应存等的《俄罗斯藏敦煌医药文献释要》，李金田、戴恩来的《敦煌文化与中医学》等 15 部，公开发表研究论文 150 余篇，先后获得国家社科基金和教育部科研项目资助 4 项、甘肃省及兰州市科学研究项目资助 20 余项。特别是由赵健雄、王道坤、徐鸿达等主持完成的"敦煌医学研究"项目，首次提出了"敦煌医学"的新概念，指出其内涵是整理研究敦煌遗书、敦煌壁画，以及其他敦煌文物中医药史料的一门科学。敦煌医学是敦煌学新的分支，与敦煌文学、敦煌史地、敦煌音乐、敦煌舞蹈属同一层次，而与中医学、西医学不是并列概念。1989 年，该项目通过部级鉴定，全国著名的医学史、中医文献学、中医学、敦煌学专家方药中、刘渡舟、李经纬、余瀛鳌、施萍亭、齐陈骏、周丕显等对该项研究给予了很高评价，认为"令人信服地确立了敦煌医学作为整个敦煌学分支学科的地位"，填补了敦煌学研究的空白，居国内外领先地位。1991 年，该成果获得国家科技进步三等奖。"敦煌中医药馆"也于 1993 年获普通高等学校优秀教学成果省级一等奖、国家级二等奖，被科技部、中宣部、教育部、中国科协确定为全国青少年科技教育基地。

1994 年，丛春雨团队在马继兴《敦煌古医籍考》的基础上，对敦煌医学的卷子又一次进行了较为全面的整理，涉及的卷子数量增至 80 余种，突出阐述了壁画医学（形象医学）的内容。初步实现了对敦煌医药文献的全面整理。

此后，以李金田、李应存、史正刚、刘喜平等代表的新一代学者，在继续挖掘整理敦煌医学文献的基础上，将敦煌医学的研究成果成功地应用于教学，开设"敦煌医学汇讲"选修课，深受学生的好评，作为"特色教学"项目，得到教学水平评估专家的首肯。

2012 年，教育部在甘肃省批准建立了第一个以医药类基础研究与应用基础研究为主的重点实验室——"敦煌医学与转化"重点实验室，下设敦煌医学文献研究基地、敦煌医学实验研究基地、敦煌医学临床应用与转化基地 3 个基本功能平台，参与研究的专兼职科研人员达 65 人。其中教授、主任医师 37 人，博士学位 28 人，涵盖中医学、敦煌学、文献学、药理学、药剂学、病理学、分子生物学、临床医学等多个学科，为敦煌医学文献、文化传承、方药应用基础及临床应用研究等奠定了坚实的基础；确定了敦煌医学学术特色的挖掘、敦煌医学文献的数字化信息提取与整理、基于甘肃中藏药资源的敦煌古医方应用基础研究、敦煌医学研究成果的转化应用等 4 个研究方向。实验室针对敦煌医学发展过程中存在的文献资料散在、信息资源共享度不高、敦煌医方及诊疗技术的机制研究不够深入、敦煌医学成果转化应用不够广泛等瓶颈问题，以敦煌医学传承研究为起点，以敦煌医学开发转化研究为重点，系统挖掘敦煌医学学术特色，推动信息资源快速查询与共享，开展敦煌医方和其他诊疗技术的基本理论及作用机制研究，推进敦煌医学成果转化。截至目前，实验室已设立开放科研基金 80 余项，实现成果转化 9 项：①院内制剂：敦煌消定膏、敦煌消痹痛贴、敦煌活络洗液、敦煌石室大宝胶囊、平胃胶囊、萎胃灵胶囊；②敦煌古方美容面膜：美白玉颜面膜、养颜消斑面膜；③其他：敦煌 272 腹带。

2015 年，李金田、戴恩来主编的《敦煌文化与中医学》，以独特的视角、翔实的史料、严谨的论证，阐明了敦煌文化与中医学思想的内在联系。其得到总主编陈可冀院士的好评，出版后荣登"2017 年度好书推荐"榜。

2016 年，我校第一附属医院（甘肃省中医研究院）潘文、袁仁智出版的《敦煌医学文献研究集成》，收录了自敦煌藏经洞发现后近百年来研究敦煌医学的论著和部分论文。其以目录概览和文章辑录的形式，从文献研究、临床应用、实验观察、其他相关研究四个方面全方位、多层次地展示敦煌医学博大精深的内容，为中医学人及敦煌学研究者提供学术参考。同年年底，袁仁智的导师、南京中医药大学教授沈澍农的《敦煌吐鲁番医药文献新辑校》，将敦煌医学文献的收集整理推向了一个新的水平。

2019年，世界中医药学会联合会"敦煌医学研究及文化传承专业委员会"成立大会在甘肃省敦煌市召开，李金田教授当选专委会第一届理事会会长。专委会将以设立敦煌医学论坛、承办学术会议、请进专家交流、派出访问学者等多种形式，增强学术氛围，扩大国内外学术影响力，推动敦煌医学的转化研究，并让敦煌医学走出馆藏、走向课堂，走出经卷、走向实践，走出国门、走向国际。

早在20多年前，赵健雄教授就曾对敦煌医学的研究前景作过满怀信心的展望：目前研究涉及的敦煌遗书医学卷近百卷，随着国内外敦煌遗书的不断发现和公布，医学资料还会进一步充实，尽快编辑出版一部《敦煌医学文献全集》，已为研究所急需。敦煌壁画中医学内容的全面深入考察，必将有新的发现敦煌出土的汉简及其他文物中的医学史料，需要细致的发掘和认真整理遗书、壁画和文物的综合研究，更有待于开拓。可以预言，随着敦煌学的发展和敦煌文物考古事业的推进，敦煌医学史料的发掘整理研究一定会有丰硕的重大的发现在敦煌医学研究成果的发展应用方面，前景十分广阔。

如今，伟大祖国的中国特色社会主义发展已经进入了高质量发展的新时代，敦煌医学的文献研究也应该掀开崭新的篇章。正像习近平总书记在2019年9月19日视察敦煌研究院时指出的："研究和弘扬敦煌文化，既要深入挖掘敦煌文化和历史遗存蕴含的哲学思想、人文精神、价值理念、道德规范等，更要揭示蕴含其中的中华民族的文化精神、文化胸怀，不断坚定文化自信。""要推动敦煌文化研究，服务共建'一带一路'，加强同沿线国家的文化交流，增进民心相通。要加强敦煌学研究，广泛开展国际交流合作，充分展示我国敦煌文物保护和敦煌学研究的成果。"

因此，全面总结100多年来敦煌医学文献研究的成果，挖掘、拓宽新的研究空间和领域，已经是摆在我们面前的历史任务，我们责无旁贤，又必当仁不让。

立足新时代，我们必须扛起敦煌医学研究的大旗！

为此，我们组织编写了这套《敦煌医学研究大成》丛书，其框架结构及内容如下。

《敦煌医学研究大成·总论卷》 李应存、史正刚主编。该卷主要论述了敦煌藏经洞遗书的发现及医学卷子的来源、保存情况；敦煌医学的概念、学术价值及敦煌医派概要；敦煌医学研究的经历、现状及展望；敦煌医学主要内容介绍；甘肃中医药大学（原甘肃中医学院）在"传承敦煌医学文化，提升学生综合素质，突显敦煌医学办学特色"等方面的概况。

《敦煌医学研究大成·简明总论卷（英文版）》 李应存、史正刚主编，张艳萍翻译。该卷是从《敦煌医学研究大成·总论卷》中精选出适合国外读者学习以及适宜于国际交流的内容，将其翻译，让敦煌医学真正走出国门，造福于人类，同时展示我们在敦煌医学领域的研究成果。

《敦煌医学研究大成·诊法卷》 田永衍主编。该卷上卷对英、法、俄等国所藏敦煌医学文献中8类27部诊法类卷子，在前人研究基础上，以高清图影与文字对照的形式，进行进一步的整理校勘与注释，尤其对前人校注中可能出现的错误与疏漏进行了进一步考证；下卷以题录加摘要的形式摘编了近40年学术界对敦煌诊法类卷子的研究论文，以期能够较为全面地反映敦煌诊法类卷子的研究现状。

《敦煌医学研究大成·医方卷》 刘喜平、段永强主编。敦煌古医方，创源久远，现存单方、复方1100余首，涉及医经卷号达28余，为敦煌遗书医学卷子存量文献之最。涉及内、外、妇、儿、五官、皮肤诸病证，另有食疗方剂、佛道教方剂、疗服石方剂、藏医方剂和美容方剂，蕴意丰富，但散存佚文，尚有缺憾；今之应用，须辨疑识惑，明晰方证，继承发挥，故本卷以原汁敦煌医文医方为基，借鉴前贤名家研究之果，并经图文相应、医文补充、方源校录、组方配伍、方义解析、用法功效、临证应用等方面研究归类，疏证呈现，以期敦煌古医方更为今用。

《敦煌医学研究大成·本草卷》 梁永林、杨志军主编。在本草学方面，古抄卷子本主要保留了隋唐及其之前本草类著作的写本，即《本草经集注》《新修本草》《残本草》《食疗本草》。该卷主要整理275味药，按功效进行分类，列出原文，进行释文、校注，并对各味药从药性、功效、临床应用、用法用量等现代角度进行诠释。

《敦煌医学研究大成·针灸卷》 严兴科、魏玉婷主编。该卷分为两部分。第一部分重点撷取了敦煌医学针灸文献中《灸经图》《新集备急灸经》《灸经明堂》《明堂五脏论》《针灸甲乙经》《脉经》《吐蕃藏文针灸图》等敦煌针灸学的核心内容，对经卷原文进行了整理，并对主要研究专家注解进行了汇总和分析。第二部分包括敦煌针灸文献的理论研究，主要对敦煌针灸经络理论进行了整理比较；梳理和总结了敦煌针灸疗法的现代应用与研究资料，以促进敦煌针灸医学的传承和发展。

《敦煌医学研究大成·养生与杂论卷》 朱向东、袁仁智主编。该卷从敦煌食疗药物及其医方、精神疗法与气功在养生中的重要作用、敦煌佛教相关养生、敦煌道教相关养生、养生杂论五个方面展开论述。一方面反映了佛教、道教对中医养生的影响，同时也反映了敦煌作为佛教圣地是多种文化交流的有力象征；另一方面与佛教、道教相关的医学养生卷子具有很大的理论研究潜力与医用价值。

《敦煌医学研究大成·藏医学卷》 本考主编。该卷用藏汉两种文字编著。上卷为英国和法国所藏藏文敦煌古藏医药文献和我国敦煌附近发现的古藏医文献藏文原文摹写，部分附有复制的图片；中卷为敦煌古藏医药文献的汉文译释；下卷在前人研究的基础上，对敦煌古藏医文献进行了进一步的校勘，对9世纪初叶藏王厘定藏文正字法前的古藏文进行了译注。附录中以提录的形式将近40年学术界对敦煌古藏医文献的研究成果进行了汇总。

《敦煌医学研究大成·形象医学卷（英汉对照）》 王进玉主编。在浩如烟海的壁画、莫高窟藏经洞绘画中，描绘了不少古代医疗卫生发展演变以及中西交流方面的历史图像。本卷综述了敦煌医学图像的研究与展望，精选了100多幅壁画和藏经洞保存的精美图像，从医疗活动、针灸图像、卫生保健、药师佛信仰与心理疗法、养生修炼、环境卫生、体育活动等方面予以介绍，以期达到图文并茂的阅读效果。并以题录加摘要的形式摘编了截至目前学术界涉及医学图像的主要图书和研究论文。本卷采用彩色印刷，英汉双语对照排版，以利于国际学术交流。

《敦煌医学研究大成·人物与专著卷》　袁仁智、王燕主编。该卷全面而系统地介绍了敦煌遗书自面世以来对涉医文献进行研究的重要人物及著作。人物介绍侧重于每位学者在敦煌医学研究方面的主要贡献。著作介绍侧重于研究的具体对象、研究方法、研究体例及提出的新观点或解决的新问题。

唐诗云："却顾所来径，苍苍横翠微""回看射雕处，千里暮云平"。该套丛书无论从广度和深度都是一个新的展示，将会成为敦煌医学研究史上的新节点。回望敦煌医学研究走过的百年之路，犹如苍山叠嶂，亦如千里暮云，更无异于诗一般的山花烂漫！而此情此景的呈现，离不开甘肃中医药大学"敦煌医学与转化教育部重点实验室"的精心组织，离不开中医学、中药学、中西医结合三大学科的具体实施，离不开各卷主编、副主编、编委们的精心打造、用心良苦，以及中国中医药出版社田少霞责任编辑的辛勤付出。在此一并致以诚挚的感谢！

特别感谢中国中医科学院教授、中国科学院院士、国医大师陈可冀先生，兰州大学教授、长江学者、兰州大学敦煌研究所所长郑炳林先生能拨冗作序，为本书增光添彩，其奖掖后学之用，功莫大焉！

古人说得好，文献的整理校对犹如扫落叶一般，一遍有一遍的问题。遗书残卷，年久风化，辗转伤损，字迹漶漫，本就有相当大的难度，加上水平所限，谬误在所难免，至于见仁见智之不同，更不待表。恳切希望同行大家能不吝赐教，以便再版时修订提高。

2019 年 12 月

目 录

人物篇

硕博士论文

人物篇

（按姓氏笔画排序）

丁文君　　　　男（1978—），汉族，甘肃省中医院副主任医师，医学硕士。主要从事肾内分泌疾病的临床、教学及科研工作。在敦煌医学方面发表论文有《敦煌辅行诀大泻肾汤联合西药治疗慢性前列腺炎60例》《靳锋主任医师运用敦煌辅行诀大泻肾汤治疗白塞综合征经验》。

于业礼　　　　男（1990—），安徽省涡阳县人，上海中医药大学科技人文研究院助理研究员，中医医史文献学博士，主要从事敦煌吐鲁番医学文献、中医医史文献等研究。在敦煌医学方面发表的论文有《吐鲁番出土牛疫方考》《俄藏敦煌医学文献新材料整理研究》。

于晓雯　　　　女（1989—），博士研究生，主要从事神经系统疾病基础与临床研究。在敦煌医学方面发表的论文有《辅行诀大补肾汤加减方治疗眩晕临床观察》《基于〈辅行诀〉探讨情感性心境障碍的中医治疗》。

马　骏　　　　男（1989—），河南信阳人，硕士研究生，从事敦煌医学文献及脾胃学术思想与临床应用研究。在敦煌医学方面发表的论文有《敦煌医学：身陷困境盼"飞天"》《敦煌〈辅行诀五脏用药法要〉》。

马继兴 　　男（1925—2019），回族，中国著名医史家及中医文献学奠基人，中国中医科学院研究员。自1960年起，马继兴先生即投入敦煌古医学卷子研究。著有《敦煌古医籍考释》《敦煌医药文献辑校》，这两部学术著作是最早全面系统研究敦煌出土医籍的科研成果，并因此获首届全国科技优秀图书一等奖、国家新闻出版署首届古籍整理图书二等奖、1999年国家新闻出版署国家图书奖。在敦煌医学方面发表的论文有《敦煌出土的古针灸图》《继敦煌残卷中发现〈内经〉古诊法后的再发现》《俄国现藏的中国出土古医药文献》等。

　　马继兴先生是整理和研究敦煌出土古医籍文献的第一人，他厘定了敦煌医学研究的基本思路、整体框架和学术规范，为敦煌医学研究做出了许多开创性工作。

王　尧 　　男（1928—2015），汉族，江苏涟水人，曾任中央文史研究馆馆员。在敦煌学方面著有《敦煌本吐蕃历史文书》《敦煌吐蕃文献选》《法藏敦煌藏文文献解题目录》《敦煌古藏文文献探索集》《敦煌本吐蕃历史文书增订本》《王尧藏学研究文集》等数十部，发表论文有《敦煌吐蕃写卷〈医马经〉〈驯马经〉残卷译释》。

王天生 　　男（1947—），兰州市安宁区人民医院副主任医师。主要从事针灸治疗神经系统疾病及痛证。在敦煌医学方面发表论文有《关于〈敦煌灸经图〉保健灸、治未病组方探讨》《从敦煌〈灸经图〉看早期膀胱经脉循行》《敦煌石窟〈灸法图〉特点及临床价值探讨》《敦煌遗书〈灸经图〉载穴临床应用体会》《敦煌遗书〈灸经图〉治疗五劳七伤特点初探》等10余篇。

王凤仪 女（1970—），医学博士，甘肃中医药大学教授。主要从事敦煌医学研究及敦煌古医方药的应用。在敦煌医学方面发表论文有《治白屑头风痒的敦煌古医方考析》《美容增白之敦煌古医方考析》《敦煌古方"紫苏煎"对慢性支气管炎大鼠血清、肺组织中 NO、ET-1 含量的影响》等 10 余篇。

王亚丽 女（1973—），四川武胜人，博士，贵州民族大学文学院副教授。主要从事文献学和文字学研究。在敦煌医学方面发表论文有《敦煌古医籍中的名量词》《〈俄罗斯藏敦煌医药文献释要〉补释》《敦煌写本张仲景〈五脏论〉用字考》《出版史上抄写书卷特点探赜——以敦煌医籍写本为例》《敦煌写本为中古用字提供书证例考——以敦煌写本医籍为中心》等 10 余篇。

王芝意 男（1948—），甘肃中医药大学职工。甘肃中医药大学兰州三元敦煌医学有限公司董事长兼总经理，主要从事敦煌医学研究与开发。在敦煌医学方面发表论文有《敦煌 272 腹带（男科型）治疗阳痿 32 例临床疗效观察》《敦煌 272 腹带（前列腺型）治疗慢性前列腺疾病》。

王兴伊 男（1963—），博士，上海中医药大学教授，长期从事中医药典籍文献研究、西域医学文献研究。在敦煌医学方面著有《新疆出土涉医文书辑校》，发表论文《吐鲁番出土牛疫方考》。

王进玉　　　男（1954—），甘肃临泽人，敦煌研究院研究员，主要从事文物保护科技、科技史和敦煌学研究。相关著作有《敦煌石窟全集·科学技术画卷》《敦煌学和科技史》。发表论文有《敦煌古代医学研究概况》《敦煌石窟中的古医方》《敦煌藏经洞"神仙粥"及其食疗价值》《敦煌矾石考》。

王杏林　　　女（1978—），浙江绍兴人。博士，浙江师范大学副教授，主要从事敦煌学研究。在敦煌学方面的论文有《敦煌本〈备急单验药方〉并序考释》《跋敦煌本〈黄帝明堂经〉》《敦煌本〈伤寒论〉校证》《敦煌本〈新集备急灸经〉研究》。

王春艳　　　女（1977—），博士，上海市中医文献馆门诊部主任医师。从事中医妇科临床及中医药文献研究、海派中医研究。在敦煌医学方面的论文有《近20年来敦煌古医方研究概况》《敦煌遗书性医方考》。

王重民　　　男（1903—1975），河北高阳县人，字有三，号冷庐主人。中国古文献学家、目录学家、版本学家、图书馆学教育家、敦煌学家。其著作《敦煌古籍叙录》《敦煌遗书论文集》《敦煌遗书总目索引》等，是敦煌学研究方面的必备书目。

王家葵　　　男（1964—），字曼石，博士，四川成都人。医学博士，成都中医药大学教授，主要从事本草文献考证及药理学方面的研究。与敦煌医学相关的著作有《神农本草经研究》《陶弘景丛考》，发表论文有《恒山讳字考》《几种龙门药方摹

写校点本讹误举例—兼论几种相关敦煌医方卷子校点讹误》

王雪苔　　男（1925—2008），汉族，辽宁省义县人。中国中医科学院资深研究员。在敦煌医学方面撰写了《辅行诀脏腑用药法要校注考证》，该书对于澄清《辅行诀脏腑用药法要》的书名、内容、传本、流传经过和校勘经过，正本清源，还原其本来面目做出了实质性贡献。

王淑民　　女，中国中医科学院研究员，主要从事中医医史文献研究工作。在敦煌医学方面的著作有《神农本草经辑注》《敦煌古医籍考释》《敦煌医药文献辑校》《敦煌学大辞典》《英藏敦煌医学文献图影与注疏》《敦煌石窟秘藏医方》《形象中医》等。发表论文有《敦煌吐鲁番出土古本五脏论的考察》《〈辅行诀脏腑用药法要〉与〈汤液经法〉〈伤寒杂病论〉三书方剂关系的探讨》《敦煌〈备急单验药方卷〉首次缀辑》《敦煌石窟医学卷子概览》《〈汤液经法〉传承文献考》等10余篇。

王晶波　　女（1964—），吉林洮南人。历史学博士。兰州大学敦煌学研究所教授。主要从事敦煌学、古典文献学的研究与教学。相关著作有《敦煌占卜文献与社会生活》。

王道坤　　男（1941—），汉族，祖籍山西省和顺县河绪村。甘肃中医药大学教授，主任医师。全国老中医药专家学术经验继承工作指导老师。发掘敦煌医学秘方而研制了"萎胃灵"系列制剂，在临床上取得了很好的疗效，为敦煌古医方的守正创新、古为今用做出了突出贡献。在敦煌医学方面著有《医宗真髓》，发表论文有《敦煌医学初探》等20余篇。

王冀青　　　　男（1961—），陕西渭南人。兰州大学历史文化学院教授。主要从事国际汉学史研究。相关著作有《中外敦煌学家评传》。发表论文有《备急单验药方卷 S.9987 的整理复原》。

石　琳　　　　女，医学博士，研究员。主要从事中医文献研究。在敦煌医学方面的论文有《大小勾陈大小螣蛇出处考》《〈辅行诀脏腑用药法要〉现存版本对比研究》。

卢善焕　　　　男，中国社科院历史研究所研究员，与师勤主编了《中国敦煌吐鲁番学著述资料目录索引》。

田永衍　　　　男（1979—），汉族，甘肃武威人，医学博士，历史学博士后，河西学院教授，主要致力于汉唐中医医史文献研究、中医儿科学的理论和实践教学及研究。在敦煌医学方面著有《敦煌医学文献与传世汉唐医学文献的比较研究》。发表论文有《〈辅行诀脏腑用药法要〉非藏经洞遗书考——从文本形式与文献关系考察》《〈辅行诀脏腑用药法要〉非藏经洞遗书考——从主体学术思想考察》等。

史正刚　　　　男（1963—），陕西洛川人。医学博士，甘肃中医药大学教授,甘肃省名中医。主要从事中医儿科科研和临床工作。在敦煌医学方面的著作有《敦煌中医药全书》《敦煌佛儒道相关医书释要》《俄罗斯藏敦煌医药文献释要》《实用敦煌医学》等,发表论文有《敦煌美容医方特色述评》《敦煌遗书膏摩古医方探析》等10余篇。

史成礼 男(1924—),河南陕县人。兰州医学院主任医师,著有《敦煌性文化》。

丛春雨 男(1941—),吉林扶余人。甘肃省中医药大学教授。主要从事中医妇科临床与研究。在敦煌医学方面著有《敦煌中医药精粹发微》《敦煌中医药全书》,发表论文有《"八法"与敦煌遗书古医方》《谈敦煌古医籍的学术成就和文献价值》《敦煌壁画"形象医学"的历史贡献》《论敦煌遗书古医方在外治法的应用》《〈辅行诀脏腑用药法要〉心病症治探秘》等10余篇。

丛春雨注重于敦煌壁画的研究,首次提出了"形象医学"新概念。"形象医学"是指壁画中反映古代劳动人民在生产与生活中同疾病做斗争的方式方法。如在敦煌壁画中就有治病救人、子病请医、讲究个人卫生、揩齿刷牙、运动和气功、洒扫庭院、拦护水井、剃头洗浴、建造厕所、煮沸食物等画面。丛春雨认为"形象医学"是敦煌中医药文献的稀世至宝。

邝士元 历任香港大学、香港中文大学、香港科技大学历史学科教授。著有《敦煌学研究论著目录》。

朱凤玉　　　女，安徽泗县人。博士。台湾德明商专兼任讲师，嘉义师范学院语教系教授。相关著作有《敦煌研究论著目录》（与郑阿财合编）等。

朱向东　　　男（1973—），回族，博士后，甘肃中医药大学教授。在敦煌医学方面发表论文有《敦煌辅行诀大泻肾汤治疗大鼠非细菌性前列腺炎的作用机制》《敦煌医学宝藏奇葩——敦煌医学的学术和研究价值探析》等。

任继愈　　　男（1916—2009），汉族，山东平原人，著名哲学家、佛学家、历史学家、国家图书馆馆长。主编《国家图书馆藏敦煌遗书》。

刘　新　　　男（1958—），主任医师，广州中医药大学教授，广东省名中医。在敦煌医学方面发表的论文有《硝石雄黄散贴敷至阳穴防治冠心病心绞痛的临床研究》《硝石雄黄散贴敷至阳穴防治冠心病心绞痛 61 例临床研究》。

刘　稼　　　女（1961—），甘肃兰州人，医学学士，甘肃中医药大学教授，在敦煌医学方面发表的论文有《敦煌遗书中小补泻汤数术思想研究》《敦煌遗书〈辅行诀〉小补泻汤数术思想研究》《〈辅行诀〉组方思想对五输穴配穴的启示——六腑五输穴配伍法则新发现》等。

刘进宝　　　男（1961—），甘肃榆中人。浙江大学历史系教授。著有《敦煌学论著目录（1909—1983）》《敦煌学述论》《敦煌文书与唐史研究》《藏经洞之谜——敦煌文物流散记》《敦煌历史文化》《敦煌学通论》《敦煌学术史：事件、人物与著述》《转型期的敦煌学》《百年敦煌学：历史、现状、趋势》《新国学三十讲》等。

刘英华　　　男（1963—），北京人，中国藏学研究中心副研究员，主要从事寿命吠陀和藏医文献研究，在敦煌医学方面发表的论文有《敦煌本藏文穴位图研究》《西藏山南当许镇蚌巴奇塔出土藏文医书浅析》《从敦煌藏文写本看藏医唇裂整复术》《敦煌古藏文医算卷"人神"喇禁忌研究》《7世纪入蕃汉医名实考》等。

刘喜平　　　男（1973—），医学博士，甘肃省中医药大学教授。在敦煌医学方面的著作有《敦煌古医方研究》《敦煌医方的理论与实践》，发表的论文有《敦煌遗书中的"挑擦法"》《敦煌遗书〈亡名氏脉经〉佚方考》《敦煌遗书中的黏膜给药医方初探》《敦煌古医方的研究概况》《敦煌遗书中的中医方剂学成就》《敦煌韦慈方抗氧化作用的实验研究》《敦煌遗书的中医食疗学思想探析》等。

刘敬林　　　男（1957—），河南镇平人，西北师范大学中文系毕业。现为安庆师范学院文学院教授。主要研究汉字学、训诂学。在敦煌医学方面发表的论文有《敦煌文献〈食疗本草〉补校》。

刘嵩隐　　　　男（1963—），本名刘志良，字北平，号嵩隐。中国太湖世界文化论坛常务理事，主要从事易、医、书画等中国传统文化研究，在敦煌医学方面发表的论文有《〈辅行诀脏腑用药法要〉争议与探究》《敦煌遗书〈辅行诀脏腑用药法要〉奥义解析》。

衣之镖　　　　男（1948—），河北威县中医院中医师。在敦煌医学方面的著作有《伤寒论阴阳图说》《辅行诀五藏用药法要研究》《辅行诀五脏用药法要校注讲疏》《辅行诀五脏用药法要临证心得录》《辅行诀五脏用药法要药性探真》等，他在辅行诀医理的阐发和临证实践方面有许多独到见解，对辅行诀医理的传播、发扬和应用功不可没。

汤志刚　　　　男（1979—），副主任医师。主要从事敦煌医学及中医脾胃论。在敦煌医学方面发表的论文有《论敦煌遗书〈灸经图〉的文献价值》《透刺电针敦煌穴组治愈脑外伤致动眼神经和面神经损伤1例》《敦煌〈灸经图〉背部腧穴取二寸三分与横向经脉》《开创中医头疗先河的敦煌〈灸经图〉》《敦煌〈灸经图〉四天庭穴组的历史价值》《敦煌遗书〈灸经图〉治疗涎潮证一例举隅》《敦煌遗书〈灸经图〉治未病之保健养生按摩法》等。

许继宗　　　　男（1979—），河北唐山人，硕士，北京市延庆县中医医院副主任医师，研究生，主要从事中医内科及针灸。在敦煌医学方面发表的论文有《〈辅行诀脏腑用药法要〉用药规律初探》《依据〈辅行诀脏腑用药法要〉探讨经方组方规律在针灸学中的应用》《从〈辅行诀脏腑用药法要·汤液经图〉看五行传变规律》《依据体感音乐经络微循环规律及汤液经法五行规律探讨音乐治疗的应用》等。

牟惠琴　　　女，兰州人，甘肃中医药大学教授，硕士生导师，主要从事心脑内科、急诊科工作。发表相关论文有《大阳旦汤治验》《敦煌"大阳旦汤"与〈金匮〉阳旦汤关系考》。

严兴科　　　男（1974—），医学博士，甘肃中医药大学针灸推拿学教授，主要从事针灸学、康复医学教学科研和临床工作。在敦煌医学方面发表的论文有《敦煌遗书中灸法研究与应用》《敦煌石室文献中的贴敷疗法与应用》《敦煌石室文献中淴浴疗法的整理总结》《敦煌针灸文献中敷贴疗法分类与临证特色研究概述》《敦煌石室文献中针刺疗法的整理与研究》等。

李正宇　　　男（1936—），河南省正阳县人，敦煌研究院研究员，著有《敦煌吐鲁番学研究》《敦煌名胜古迹导论》等。

李永新　　　女（1967—），医学学士，甘肃省中医院主任医师。主要从事中西医结合肾病研究。在敦煌医学方面发表的论文有《敦煌残卷治疗黄疸病方探析》《敦煌医学卷子疗鼓胀病方探析》。

李廷保　　　男（1965—）汉，甘肃会宁人，医学硕士，甘肃中医药大学副教授。在敦煌医学方面著有《敦煌遗书及古代医籍同名方集萃》。发表的论文有《基于数据挖掘对敦煌及古代医籍中麻黄汤用药配伍规律研究》《基于敦煌医方半夏汤与古代医籍中同名方组方配伍相关性研究》《敦煌及古代医籍中柴胡汤用药配伍规律的数据挖掘研究》《基于敦煌及古代医籍中黄连散用药配伍规律的数据分析研究》《敦煌及古代医籍中麦门冬汤用药配伍规律的数据挖掘研究》等 20 余篇。

李并成　　　男（1953—），山西浑源人。西北师范大学教授。主要从事敦煌学、历史地理学以及西北历史文化的研究和教学。著有《河西走廊历史地理》《敦煌学百年文库·地理卷》《敦煌学教程》等。

李希斌　　　男（1966—），汉族，甘肃定西人，甘肃中医药大学教授，主要从事医学与体育保健研究工作。在敦煌医学方面发表的论文有《敦煌固本方对运动负荷小鼠股四头肌细胞内钙离子含量和相关酶活性的影响》《敦煌固本方对运动负荷大鼠股四头肌相关酶活性及心肌保护作用的研究》《敦煌固本方抗疲劳作用的实验研究》。

李应存　　　男（1966—），甘肃武山人。博士，甘肃中医药大学教授。主要从事敦煌医学文献整理及临床研究。在敦煌医学方面的著作有《敦煌佛儒道相关医书释要》《俄罗斯藏敦煌医药文献释要》《敦煌佛书与传统医学》等。发表的论文有《以佛书为主的敦煌遗书中的儿科医方概要》《俄罗斯藏敦煌医药文献的学术价值初探》《俄藏敦煌文献 Дх02822"蒙学字书"中之医药知识》《敦煌写本医方中20种主要的外治法述要》《俄罗斯藏敦煌文献 Дx18165R、Дx18165V 佛儒道相关医书录释》《敦煌紫苏煎方源及相关医方探析》《敦煌医方中杏仁组方用治肺系病证探析》《敦煌疗风虚瘦弱方的方源及临床治验举要》等90余篇，在敦煌医学方面撰写的论文最多。其著作《俄罗斯藏敦煌医药文献释要》是俄藏敦煌医学研究的开山之作。在敦煌佛医和道医方面也有许多建树，先后主持国家社科基金和教育部项目，开设敦煌医学的教学工作，将敦煌古医方运用于临床，对敦煌医学的传承和普及作出了杰出贡献。

李具双　　男（1962—），河南省固始县人，河南中医药大学教授。主要从事中医古籍语言文字研究与中医古籍整理。在敦煌医学方面发表的论文有《〈辅行诀脏腑用药法要〉中〈汤液经法〉图试读》。

李金田　　男（1964—），甘肃省秦安县人。甘肃中医药大学教授，甘肃省名中医。主要致力于敦煌中医药文献的挖掘整理研究、《伤寒论》及中医外感热病学证治规律研究、中医药防治呼吸系统疾病研究。在敦煌医学方面著有《敦煌文化与中医学》。发表的论文有《敦煌医学宝藏奇葩——敦煌医学的学术和研究价值探析》《敦煌写本张仲景〈五脏论〉本草学内容特色简述》《关于敦煌写本张仲景〈五脏论〉的作者与成书年代》等。主持敦煌甘肃中医药大学敦煌医学研究与转化基地，在李金田教授的带领下，团结和培养了一大批敦煌医学的爱好者，矢志不移，坚守敦煌医学研究阵地，始终专注于敦煌医学文化的传播、敦煌医学的临床应用与转化研究，被公认为敦煌医学研究的旗帜和标杆。

李崇超　　男（1979—），汉族，中医学博士，南京中医药大学中医药文献研究所副研究员，研究方向为方剂学。在敦煌医学方面发表的论文有《〈辅行诀五脏用药法要〉的学术价值探讨》《谈谈中医"肾"与"坚"的关系》。

杨雅丽　　女（1980—），硕士，甘肃中医药大学讲师，主要从事生物化学与运动医学研究。敦煌医学相关论文有《敦煌固本方对运动性疲劳小鼠自由基代谢及 DNA 损伤的影响》《敦煌固本方对运动性疲劳小鼠肝组织自由基代谢及超微结构的影响》。

杨富学　　男（1965—），河南邓州人，敦煌研究院研究员。主要从事西域、敦煌出土回鹘文、梵文等文献研究。著有《回鹘文献与回鹘文化》，发表相关论文有《20 世纪国内敦煌吐蕃历史文化研究述要》《高昌回鹘医学稽考》。

吴红彦　　男（1963—），博士，甘肃中医药大学教授，主要从事方剂药理与新药开发研究。在敦煌医学方面发表的论文有《桂枝汤及其类方的源流衍化考》《敦煌遗书中有关方剂学的文献研究》。

余　欣　　　男（1974—），浙江黄岩人，博士，复旦大学历史学系教授、普林斯顿高等研究院研究员。主要从事敦煌学、博物学研究。在敦煌学方面的著作有《敦煌的博物学世界》，发表的论文有《敦煌吐鲁番出土〈本草集注〉残卷研究述评》。

余占海　　　男（1964—），兰州大学口腔医学院、兰州大学教授、主任医师。在敦煌医学方面发表的论文有《首次"敦煌口腔医学座谈会"纪要》《从敦煌壁画谈我国古代口腔保健》。

沈澍农　　　男（1956—），医学硕士，文学博士，南京中医药大学基础医学院教授。长期从事中医古籍语言文字研究和古代中医文献整理研究。在敦煌医学方面的著作有《中医古籍用字研究》《敦煌吐鲁番医药文献新辑校》，发表的论文有《敦煌医学文献医方篇疑难字词考》《敦煌医药文献 P.3596 校证》《敦煌医药文献 P.3596 若干文字问题考证》《敦煌医药卷子 S.1467 文献校证》《敦煌医方卷子 P.3877 初考》等。

沈澍农长期从事中医古籍语言文字研究和古代中医文献整理研究，尤其擅长于古代抄本医书的校勘和整理，专注于敦煌古医籍疑难字词的破译工作，首次提出"异位字"概念并开展了较为深入的研究，在国内外同行中有很高的学术影响。日本学者称其为"医古文特别是疑难字辨识第一人"。其敦煌医学的代表性著作《敦煌吐鲁番医药文献新辑校》被著名医史文献专家郑金生教授评价为"达到了这一领域最高的研究水准"。作为首席专家主持国家社科基金重大项目《敦煌西域出土汉文医药文献综合研究》，这项研究将对敦煌西域出土医药文献展开文献校录、中医学术、语言文字、医药文化多角度的综合研究，将为全面揭示敦煌西域医药文献群的学术价值发挥重要作用。

宋贵杰　　男（1938—2015），甘肃省清水县人，甘肃中医药大学教授，主任医师，全国 500 名名老中医之一，甘肃省首届名中医。他以敦煌医学所载"摩风膏方"为主方研制出系列敦煌外用膏剂及洗剂，创新了敦煌医学。在敦煌医学方面发表的论文有《消肿镇痛贴治疗软组织损伤的临床分析》《应用消肿止痛膏治疗软组织损伤》《敦煌医学中膏摩方管窥》《敦煌消肿镇痛膏外敷为主治疗小儿髋关节一过性滑膜炎 80 例》《敦煌消定膏治疗膝关节镜术后肿胀疗效观察》等。

张　侬　　男（1947—），甘肃中医药大学教授，致力于中医、针灸教学、临床和科研工作。在敦煌医学方面的著作有《敦煌石窟秘方与灸经图》。发表的论文有《敦煌遗书存方临床尝试》《敦煌〈脉经〉初探》《敦煌〈灸经图〉古代俞穴考》《敦煌〈脉经〉针灸学术浅述》《〈灸经图〉之"髓空"》《敦煌遗书中的针灸文献》等 20 余篇，对敦煌针灸医学开展了深入的研究。

张　辉　　男（1975—），内蒙古通辽人，博士，主要从事中医证和辨证论治基础理论的研究。在敦煌医学方面发表的论文有《敦煌吐鲁番〈五藏论〉文献研究进展》《敦煌写本《张仲景五脏论》中有关药对及方剂之探析》。

张　瑾　　　　女（1980—），江苏徐州人，博士，贵州中医药大学基础医学院副教授。主要从事中医古籍文献、中医思想与文化研究。

张大昌　　　　男（1926—1995），字唯静，湖北武昌人，中医师。敦煌辅行诀的重要目历者和实践者。著有《辅行诀五脏用药法要传承集》等。

张永文　　　　男（1975—），甘肃白云人，医学硕士，副主任医师，主要从事方剂的配伍及临床应用。在敦煌医学方面发表的论文有《以敦煌遗书〈法要〉探讨张仲景经方之源》《敦煌遗书〈辅行诀脏腑用药法要〉探究》《敦煌遗书〈辅行诀脏腑用药法要〉急症治疗方剂浅析》《再探敦煌遗书〈辅行诀脏腑用药法要〉煎药及服药规律》等10余篇。

张弘强　　　　男，甘肃中医药大学副主任医师，主要从事人体生命定向自控学术的临床、科研与教学工作。在敦煌医学方面著有《敦煌石窟气功一分钟脐密功》。

张军平　　　　男（1965—），甘肃平凉人，天津中医药大学教授、主任医师，主要从事中西医结合防治心脑血管疾病研究。在敦煌医学方面发表的论文有《敦煌长寿方药延缓衰老的实验研究》《敦煌长寿方对培养兔主动脉平滑肌细胞的影响》。

张如青　　男（1954—），上海中医药大学科技人文研究院教授，主要从事出土医学文献、中医文献研究。在敦煌医学方面发表的论文有《俄藏敦煌古医方两首考释》《俄藏敦煌钟乳散方释读考证》《论出土医学文献的整理研究》等。

张景红　　女（1966—），甘肃景泰人，理学博士，华侨大学分子药物所教授，副主任药师。主要从事中药心血管药物研究。在敦煌医学方面著有《敦煌外治法与保健养生》。

陆庆夫　　男（1944—），河南省孟津县人。兰州大学历史系教授。主要从事中国古代史和敦煌学教学与科研工作。相关著作有《中外敦煌学家评传》。

陈　明　　男（1968—），北京大学外国语学院教授，主要从事印度古代语言文学、佛经语言和文献、中印文化交流史、医学文化史、古代东方文学图像等方面的研究。敦煌医学方面的著作有《殊方异药——出土文书与西域医学》《敦煌出土胡语医典〈耆婆书〉研究》《敦煌的医疗与社会》《印度梵文医典〈医理精华〉研究》，发表论文有《〈医理精华〉是一部重要的印度梵文医典》《俄藏敦煌文书中的一组吐鲁番医学残卷》《"八术"与"三俱"：敦煌吐鲁番文书中的印度"生命吠陀"医学理论》《情性至道：西域"足身力"方与敦煌房中方药》《汉唐时期于阗的对外医药交流》《印度梵文医典〈药理精华〉及其敦煌于阗文写本》《敦煌出土的梵文于阗文双语医典〈耆婆书〉》等10余篇，是敦煌藏医药文献研究的领军者。

陈可冀　　男（1930—），汉族，福建福州人。中国中医科学院首席研究员，中国科学院院士，国医大师。主要从事中医、中西医结合心血管病及老年医学的研究。相关论著有《关于敦煌石室旧藏〈伤寒论·辨脉法〉残卷》。

陈志欣　　男（1952—），字向荣，河北省广宗县邱家庄村人，中医师。著有《辅行诀五脏用药法要·临证指南医案》。

陈增岳　　男（1966—），浙江温岭人，肇庆学院文学院教授。主要从事古代汉语、训诂学的教学与研究。发表相关论文有《〈敦煌中医药全书〉杂识》《〈敦煌中医药全书〉补识》《敦煌医方〈杂证方书第八种〉校勘拾遗》《〈敦煌中医药全书〉校理拾正》《敦煌古医籍校读札记》等。

范崇峰　　女（1971—），河南洛阳人，博士，南京中医药大学副研究员。主要从事中医文献及文化研究。在敦煌医学方面发表论文《谈敦煌卷子中的量词"掘"》《敦煌医药卷子P.3930校补》《敦煌医方量词两则》《敦煌医卷词语零诂》。

范新俊　　男（1951—），汉族，甘肃敦煌人，敦煌市中医院主任医师。在敦煌医学方面著有《如病得医——敦煌医海拾零》，发表《敦煌汉简医方用药小议》《敦煌遗书〈食疗本草〉残卷初探》《敦煌壁画中的医学史料》等论文7篇。

尚志钧　　男（1918—2008），安徽全椒人。皖南医学院教授。相关著作有《唐·新修本草》（辑复本），发表论文《雷公药对考略》《敦煌出土〈本草经集注序录〉的考察》。

尚志钧长期矢志于本草文献学研究，发明了"本草三重证据法"，他继承运用了乾嘉学派的考据学方法，融目录、版本、校勘、考据、章句、修辞于本草学之中，自觉运用新材料、新视野、新方法，在二重考据基础上结合现代植物分类及药物学新知识，创造性将"三重考据"运用于本草文献领域之中，形成了独特的"尚派"本草考辨经验和风格。

罗秉芬　　女（1931—），广东省新会县人，中央民族学院语文系教授，主要从事藏语言学、藏医药学文化研究。在敦煌医学方面著有《敦煌吐蕃医学文献精要：译注及研究文集》，发表论文有《敦煌本吐蕃医学文献〈长卷〉译注》《试论敦煌本古藏医文献研究的重要性》《象雄语医学文献》。长期致力于敦煌吐蕃医学文献研究，注重发掘敦煌藏医文献的学术见解和古老医方对现代医学的指导作用，探索古代藏医临床经验技术在现代临床的实用性，以及在历史层面的科学性。

罗福颐　　男（1905—1981），字子期，笔名梓溪、紫溪，七十后自号偻翁。罗振玉之子。江苏淮安人，古文字学家。北京大学文科研究所副研究员。著有《敦煌石室稽古录》。

季羡林　　男（1911—2009），山东省聊城市临清人，字希逋，又字齐奘。国际著名东方学大师、语言学家、文学家、国学家、佛学家、史学家、教育家和社会活动家。北京大学的终身教授。相关著作有《敦煌学大辞典》。

金 华 男（1970—），博士，甘肃中医药大学教授，主任医师。主要从事心脑血管疾病及其危险因素的基础与临床研究。在敦煌医学方面发表有论文《敦煌医学宝藏奇葩——敦煌医学的学术和研究价值探析》。

金雅声 男（1955—），蒙古族，内蒙古通辽人，西北民族大学教授。在敦煌学方面主编了《法国国家图书馆藏敦煌藏文文献》（第 1 册~第 10 册）《英国国家图书馆藏敦煌西域藏文文献》。

周祖亮 男（1974—），湖南浏阳人，博士，广西中医药大学教授。主要从事出土医药文献、医药词汇研究。在敦煌医学方面发论文《汉简兽医资料及其价值考论》《出土医书资料对医古文文字教学的作用探讨》。

郑阿财 男（1951—），台湾台北人，博士，教授。主要从事敦煌学、中国佛教文学、俗文学及域外汉文文献研究，敦煌学著作有《敦煌孝道文学研究》《敦煌文献与文学》《1908—1997 敦煌学研究论著目录》《1998—2005 敦煌学研究论著目录》《港台敦煌学文库》等，主编《敦煌学》学刊。

郑炳林　　　　男（1956—），陕西省黄陵县人。兰州大学历史文化学院教授。主编《敦煌学研究文库》《敦煌学博士文库》《当代敦煌学者自选集》《敦煌吐蕃文献选辑》等系列丛书10余种。发表相关论文有《从敦煌文书看唐五代敦煌地区的医事状况》《唐五代敦煌医学酿酒建筑业中的粟特人》。

屈直敏　　　　男（1972—），苗族，贵州松桃人，历史文献学博士。兰州大学敦煌学研究所教授，主要从事敦煌文献、史学理论与方法、佛教文化与石窟艺术研究。著有《敦煌文献与中古教育》。

孟陆亮　　　　男（1968—），甘肃中医药大学教授，主任医师。主要从事儿童神经精神及呼吸消化疾病的中西医结合诊治。在敦煌医学方面发表有论文《敦煌医学卷子S.3347疗消渴方探析》《敦煌医学残卷"开九窍疗法"初探》。

赵怀舟　　　　男（1972—），医学博士，山西省中医院主任医师。主要从事中医儿科临床和中医医史文献研究。参与专著《辅行诀五脏用药法要校注讲疏》》，论文《〈辅行诀〉抄本寻踪》等的编写。

赵俊欣　　　　男（1964—），河北省威县李寨村人，中医师。著有《十一师秘要》。

赵健雄　　　男（1942—），陕西省榆林人，兰州医学院主任医师，甘肃省名中医，全国老中医学术经验继承指导老师。在敦煌医学方面著有《敦煌医粹——敦煌遗书医药文选校释》并制作出版有《敦煌医学幻灯片》，发表《敦煌遗书医学卷考析》《敦煌壁画医学内容考察》《敦煌遗书藏医文献初析》《敦煌医学研究的回顾与展望》《敦煌医学的学术特征》等12篇论文。

　　赵健雄主持完成的卫生部科研项目"敦煌医学研究"，首次提出了"敦煌医学"的新概念，首次系统整理和全面研究了敦煌壁画和敦煌遗书中的医药文献，为弘扬中医学和敦煌学作出了创造性贡献，并因此获得了1990年甘肃省科技进步一等奖，次年获国家科技进步三等奖，开全国中医文献研究获国家级科技进步奖之先例。《敦煌医粹》获首届全国优秀医史文献图书及医学工具书银奖，西北西南地区优秀科技图书一等奖。

郝春文　　　男（1955—），汉族，北京通州区人，历史学博士，首都师范大学教授。相关著作有《英藏敦煌社会历史文献释录》《敦煌遗书》。

段永强　　　男（1974—），汉族，博士，甘肃中医药大学教授。主要从事中医脾胃病和老年病的临床和科研工作。在敦煌医学方面撰有《敦煌石室大宝胶囊对衰老大鼠脑组织 MAO-B、Na^+-K^+-ATP 酶活性的影响》《敦煌石室大宝胶囊对衰老大鼠血清 MDA 含量、SOD 和脑组织 GSH-Px 活性的影响》《敦煌石室大宝胶囊对果蝇寿命影响的实验研究》《脾虚证进程中小鼠特异性/非特异性免疫功能变化及中药的干预作用》等20篇论文。

段逸山 男（1940—），上海市人，上海中医药大学教授。在敦煌医学方面著有《新疆出土涉医文书辑校》。

姜春华 男（1908—1992），字秋实，汉族，江苏南通市人，著名中医学家、中医藏脏象及治则现代科学奠基人。相关论文有《伤寒药失落或改名之方拾遗》《〈伤寒论〉与〈汤液经〉》。

姜亮夫 男（1902—），原名寅清，字亮夫，以字行，晚号成均老人。云南省昭通人。国学大师、著名的楚辞学、敦煌学、语言音韵学、历史文献学家、教育家。复旦大学教授。相关著作有《敦煌学概论》。

袁仁智 男（1970—），汉族，湖南人，医学博士，甘肃省中医院研究员。主要从事中医古籍文献整理及文化研究。在敦煌医学方面主编《敦煌医药文献真迹释录》《敦煌医学文献研究集成》，发表论文《敦煌吐鲁番医药卷子校勘及其文献研究》《〈俄罗斯藏敦煌医药文献释要〉校补》《敦煌医药文献 Дx00506V 校录拾正》《俄藏黑水城敕赐紫苑丸方考释》《敦煌及武威医简中有关消化类疾病的文献探讨》等。

钱超尘　　　男（1936—），北京中医药大学教授，河北省玉田县人，我国著名中医训诂学家和中医文献学专家。相关著作有《辅行诀五脏用药法要传承集》《伤寒论文献通考》《影印南朝秘本敦煌秘卷〈伤寒论〉校注考证》，发表论文有《〈汤液经法〉〈伤寒论〉〈辅行诀〉古今谈》《王圆篆手里为何有〈辅行诀〉敦煌原卷》《〈辅行诀〉抄本寻踪》等。特别是敦煌《辅行诀五脏用药法要》这部极为罕见的中医著作，经过钱超尘教授、赵怀舟及张大昌众弟子的共同努力，将保存于张大昌弟子手中的21个抄本汇集于一，并有相关研究性论文，通过文献互证，对重要问题进行考证，为研究敦煌原卷及研究中国医学史先秦至六朝之发展提供了翔实材料，亦为研究张仲景《伤寒论》所据底本及其流传演变开辟了新的路径。

徐　涛　　　女，医学博士，博士后，青岛市妇女儿童医院主任医师。博士论文为《敦煌医药文献校录与文字辞汇研究——医经诊法类、本草针灸类卷子》。

徐　浩　　　男（1982—），河南唐河人。博士，博士后，河南财经政法大学副教授，主要从事敦煌文献和词语训诂研究。在敦煌医学方面发表有论文《〈辅行诀·汤液经图〉诠释》《〈辅行诀〉五脏病症方组方法则探微——经方配伍法则的新发现》。

高启安　　　男（1957—），汉族，甘肃省景泰县人，历史学博士，兰州财经大学教授。著有《唐五代敦煌饮食文化研究》。

高振华　　　男（1965—），马鞍山市十七冶医院主任中医师。主要从事中医内、妇科及中西医结合治疗肿瘤等疑难杂症诊疗工作。在敦煌医学方面发表论文《略论〈辅行诀脏腑用药法要〉之学术价值》《试探〈辅行诀脏腑用药法要〉制方用药特色》。

高田时雄　　日本著名敦煌学家，复旦大学历史学系特聘教授，日本京都大学荣誉教授，研究方向为敦煌学、语言史。主编《敦煌写本研究年报》。

郭秀梅　　　女，长春市人。日本医科大学东洋医学科、北里研究所东洋附属医学综合研究所医史学研究部、顺天堂大学医史学研究室客座研究员。著有敦煌卷子本《本草集注序录》。

郭树芹　　　女，文学博士。兰州大学教授，主要从事中国古代文学与人文素养教育研究。在敦煌医学方面著有《唐代涉医文学与医药文化》。

黄　征　　　男（1958—），又名黄徵，号江浙散人。汉族，江苏淮阴人，博士，南京师范大学教授。主要从事敦煌文献学与语言文字学的研究。著有《敦煌俗字典》。

盖建民　　　　男（1964—），哲学博士，曾任厦门大学人文学院教授。专长于道教南宗历史与文献、道教医学、道教科技专题研究。在敦煌医学方面发表论文《从敦煌遗书看佛教医学思想及其影响——兼评李约瑟的佛教科学观》《敦煌道教医学考论》。

梁玉杰　　　　男（1962—），汉族，甘肃省皋兰县人，甘肃中医药大学副教授。主要从事历代著名脾胃学术思想及临床应用研究。在敦煌医学方面发表《敦煌大宝胶囊对肾阳虚小鼠抗应激作用影响的研究》《敦煌大宝胶囊对衰老大鼠及肾阳虚小鼠肝脏代谢能力的影响》等论文 13 篇。

梁永林　　　　男（1975—），博士，甘肃中医药大学教授、主任医师。在敦煌医学方面发表有《〈辅行诀脏腑用药法要〉五味的五行归属辨识》《〈辅行诀·汤液经法图〉述义》《〈辅行诀·汤液经法图〉例解》《敦煌遗书〈辅行诀〉大补泻汤数术思想研究》《敦煌遗书〈辅行诀五脏用药法要〉中的五脏互藏五味》等论文 16 篇。

彭　馨　　　　男（1969—），医学博士，文学博士后，遵义医科大学教授。主要从事医籍整理和人文医学研究。在敦煌医学方面发表论文《敦煌医药卷子俗字及相关语言文字现象研究》《敦煌手抄医药卷子文字辨认方法例释》《敦煌医药卷子中的记音与俗音》《敦煌医药文献〈张仲景五脏论〉校读拾遗》《从敦煌文献看古代民间医药文献的传抄特点》。

蒋礼鸿　　　　男（1916—1995），著名语言学家、敦煌学家、辞书学家。浙江嘉兴人。曾任杭州大学中文系教授。著有《敦煌文献语言词典》。

程　容　　　　女（1970—），医学硕士，甘肃中医药大学副教授，主要从事中医脏象学说和老年病的研究。在敦煌医学方面发表《敦煌石室大宝胶囊对衰老大鼠脑组织单胺类神经递质的影响》《敦煌石室大宝胶囊对衰老大鼠脑组织钙稳态的影响》《敦煌大宝胶囊对衰老大鼠脑组织 NO/NOS 表达水平及钙平衡的影响》《敦煌石室大宝胶囊对亚急性衰老大鼠脑功能的保护效应及作用机制研究》等论文 9 篇。

曾小鹏　　　　男（1970—），湖南人，文学博士，教育学博士后，西南科技大学教授。在敦煌医学方面发表论文《〈敦煌中医药全书〉中的量词（一）》《〈敦煌中医药全书〉中的量词（二）》。

曾昭洋　　　　男（1970—），硕士，甘肃中医药大学附属医院主任医师，甘肃中医药大学教授。主要从事骨伤科疾病的中医诊治。在敦煌医学方面发表《敦煌消肿镇痛膏治疗急性软组织损伤临床观察》《敦煌消肿镇痛膏对腰椎间盘突出症患者髓核常量元素含量的影响》《敦煌消痹定痛酊对胶原诱导性大鼠关节炎模型 NO、cAMP 和 PGE2 影响的实验研究》《敦煌消痹定痛酊对胶原诱导性大鼠关节炎模型 TNF-α、IL-1 和 IL-6 影响的实验研究》《敦煌消痹定痛酊治疗类风湿关节炎活动期 56 例》等论文 8 篇。

谢盘根　　　男（l942—），河南扶沟人，河南中医药大学副教授、副主任中药师。在敦煌医学方面发表论文《古佚经方"阴旦汤、阳旦汤"考释》《张仲景"四神汤"探源》。

僧海霞　　　女（1976—），河南省卢氏县人。历史学博士后，西北师范大学历史文化学院副教授，主要从事医史文献和历史人文地理研究。相关敦煌医学的论文有《敦煌文书中的药用酒研究》《敦煌遗书中美容医方初探》《敦煌〈备急单验药方卷〉考补》《敦煌〈备急单验药方卷〉缀辑本考补》《敦煌医药文书考补的重要依据》《唐宋时期"药中王"诃梨勒医方探析——基于敦煌医药文献考察》等10余篇。

谭　真　　　（1942—），黑龙江五常人，敦煌研究院副研究员。在敦煌医学方面发表论文有《敦煌古药方〈神仙粥〉剖析》《敦煌古药方〈神仙粥〉》，译有《敦煌本〈张仲景五脏论〉校译注》。

颜春鲁　　　男（1979—），博士，甘肃中医药大学副教授，主要从事中药药理与疾病的调控机制研究、中药抗骨病的分子生物学机制研究。在敦煌医学方面发表论文有《敦煌医方大补肾汤对镉染毒大鼠骨和肾功能的影响》《敦煌医方小补肾汤对镉染毒大鼠骨和肾功能的影响》等近10篇。

潘　文　　　女（1963—），安徽和县人，甘肃省中医药研究院主任医师。在敦煌医学方面的著作有《敦煌医学文献研究集成》《敦煌医药文献真迹释录》，论文有《敦煌养颜面脂延缓皮肤衰老的实验研究》《俄藏黑水城敕赐紫苑丸方考释》等。

戴恩来　　　男（1963—），甘肃省武山县人，医学博士。甘肃中医药大学教授、主任医师，甘肃省名中医。主要从事中西医结合临床，以及甘肃中医药文化的整理与传播。在敦煌医学方面的著作有《敦煌文化与中医学》，发表论文有《敦煌医学宝藏奇葩——敦煌医学的学术和研究价值探析》等。

专著篇

（按出版时间排序）

《敦煌石室稽古录》

【作者】罗福颐。

【出版发行】私立岭南大学中国文化研究室，1947 年。

【内容介绍】罗福颐在《历史教学》1951 年第 2 卷第 5 期《敦煌石室文物对于学术上的贡献》一文中称本书为"敦煌石室文物发现史的小小总结"。本书引经据典，资料翔实，是中华人民共和国成立前敦煌学研究的一次汇总。

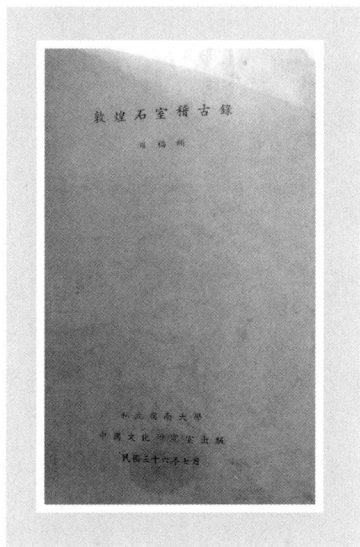

本书共计八章，每章分两节共十六节，包括敦煌县及千佛洞之历史（敦煌县之沿革、敦煌石窟之历史）、石室发见之年月及古人封闭之时代（石室卷轴发见年月之传说、以卷轴上所记年月考石室封闭之时代）、外国人调查开始及其取求（英国遣斯坦因调查之开始、斯坦因氏取去古卷轴之原委、法国伯希和氏取去古卷轴之概略、日本人购去古卷轴之约数）、清末政府之收购及至京时之结果（清政府籍没残余古卷轴之始末、古卷轴运京时之散失及民国以来之结果）、美国学术团之调查及我国之参加（美国哈佛大学之调查、美国敦煌考古队调查及我国北大之参加）、石室卷轴散出国内外之约计（流出国外石室卷轴之约计、国内所有石室卷轴之约计）、民国以来敦煌石窟之改革及学者之调查（民国以来石窟之近状及学者之调查、政府派学者至英法调查之结果）、关于石室卷轴之文献及余说（关于石室卷轴文献之分类目、余说）。

罗福颐认为发现时间一般以为是 1900 年 4 月，最早记载是叶昌炽《语石》，然结合《艺术丛编》、陈万里《西行日记》看或许应该是 1899 发现的石窟，而根据敦煌写本尾题年月考证，石窟封闭时间应在宋初。

本书第八章第一节中关于石室卷轴文献之分类目录一节中将文献分

为影印类，下列字类 11 种、书类 30 种；录文类，下列影抄两种、排印 19 种；目录类 12 种；通考类 28 种；分考类，下列经史类 8 种、子集类 16 种、释典类 36 种；题跋类 79 种；杂记类 14 种。

《敦煌石室古本草》

【作者】孟诜著，范凤源订正。

【出版发行】新文丰出版公司，1976 年。

【内容介绍】《食疗本草》原名《补养方》，是唐初孟诜所著的一部食疗专著，后经张鼎增补，更名为《食疗本草》。《食疗本草》原书已佚，但后代医书如《证类本草》《医心方》中存有佚文。1907 年，敦煌莫高窟出土该书古抄本残卷，为英国人斯坦因所得，现收藏于英国伦敦博物馆，编号为 S.76。该残卷载药 26 味，采用朱、墨两色书写，其中性味主治与传世文献中《食疗本草》的佚文基本相符。

1930 年，日本学者中尾万三对《食疗本草》进行了较为系统的研究，亲赴伦敦检校原卷，撰成《食疗本草之考察》（《上海自然科学研究所汇报》第一集 3 号）。该书分为两编，第一编为"敦煌石室发现食疗本草残卷考"，第二编为"食疗本草佚文"。第二编结合敦煌残卷和其他传世文献中的佚文，对《食疗本草》进行了较为完整的校注整理，收药 241 种，是为近代最早的辑注本。

1931 年，范凤源将中尾万三的辑本摘出，删去校注及日文假名旁注，正文内容基本未动，仅就文字进行订正，更名为《敦煌石室古本草》，由大东书局铅印发行。1976 年，新文丰出版公司对范凤源本予以刊印，

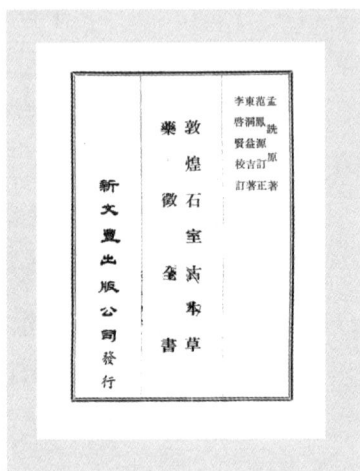

将之与《药征全书》一起合订发行，是为本书。

本书的发行有助于《食疗本草》在国内的传播，然其底本为中尾万三的辑注本。该本作为最早的辑注本，对专业研究具有重要的学术价值，但在不少药物和条文的收集上有所疏漏，对佚文的处理又仅是罗列堆积，在校勘、编印等方面亦有失误。目前学界早有更为全面的辑本问世（1984 年谢海洲重辑本），一般读者可径选新本阅读。

《唐·新修本草（辑复本）》

【作者】苏敬等撰，尚志钧辑校。

【出版发行】安徽科学技术出版社，1981 年。

【内容介绍】本书前附《范行准先生为辑复本序》中指出"这部《新修本草》是在陶弘景《本草经集注》一书的基础上发展起来的"，并梳理了《新修本草》在历史中的沉浮和作用。提及历史中亡书的整复方法对新修本草的指导作用。

作者在《关于〈唐·新修本草〉辑复前记》中对《新修本草》的编纂署名、本来面貌、散失和残本的发现、辑复意义、对本草研究工作的具体作用、辑复的依据和处理原则做了比较翔实的论述。

作者在"散失和残本的发现"一节中指出"1899 年在敦煌石窟中发现《唐·新修本草》手抄卷子本，背面有干封二年（公元 667 年）字样，该年代距离该书颁行的时间仅 8 年，说明该书颁行后很快就传播到我国交通不便的西北地区了"（前记前有附图三"1952 年罗福颐氏影抄1900 年敦煌出土《唐·新修本草》唐写卷子本"。下注：其卷十钩吻条

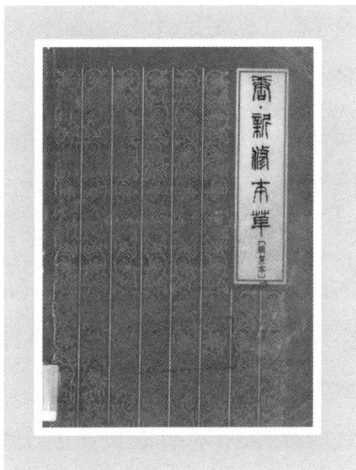

的正文和注文。正文大字可见原朱、墨杂书的款式。注文中"秦钩吻"为后世本草所漏列。）

本书以商务版《重修政和本草》辑复，按照《医心方》所载目录编排，并以《备急千金要方》及其他书校对，以敦煌卷子本《唐·新修本草》（卷十残卷和卷十八片断）等校勘，辑复首先以吐鲁番出土的《本草经集注》残简和敦煌出土的《本草经集注》残卷为底本，《本草经集注》所缺以敦煌出土卷子本《唐本草》为底本。本书《梁·陶隐居序》采用了敦煌石室藏陶弘景《本草经集注序录》（本书注释中与《本草经集注》皆简称《集注》）为底本。

《唐·新修本草》草部下品之上卷第十合35种，其中《神农本草经》31种，《名医别录》4种；菜部卷第十八合38种，其中《神农本草经》12种，《名医别录》19种，新附7种。

《唐·新修本草》原书54卷，本草文字20卷，另有目录1卷，药图26卷，图经7卷。本书补辑的是其中本草文字20卷。

《唐·新修本草》原有《本经》文与《别录》文之分，并以朱、墨书区别。在现存各种刊本《证类本草》中，皆以白字为《本经》文，黑字为《别录》文。本书以最早底本为准，《本经》文（在唐代原底本作"朱书"，在宋代本草引用时作黑底白字，明代本草中以文字注明）本书排为黑体字。《别录》文（在唐代原底本作"墨书"，在宋代本草引用时作黑字，在明代本草以文字注明）本书排为宋体字。唐代新修时附增药物的正文（唐底本标以"新附"，宋代本草注"唐本先附"，明朝本草注"唐本"或"苏恭"）本书排为宋体字，条末承唐旧例，以小字注明"新附"。

《敦煌吐蕃文献选》

【作者】王尧，陈践译注。

【出版发行】四川民族出版社，
1983 年。

【内容介绍】本书根据巴黎出版社
《敦煌古藏文手卷选集》（法国藏学研
究中心与巴黎图书馆合作于 1978 年和
1980 在巴黎出版社出版过两辑）的影印
件选编，包括吐蕃律例文献（3 个编号）、
社会经济文书（17 个编号）、古代藏文译文（2 个编号）、藏文记载的
吐蕃周边其他民族情况（2 个编号）、早期藏医藏药（3 个编号）5 个方
面的内容。译注者对原文以解读后译成汉文，并附以必要的注释，为不
能直接使用藏文的人研究吐蕃社会历史，提供新的重要资料。

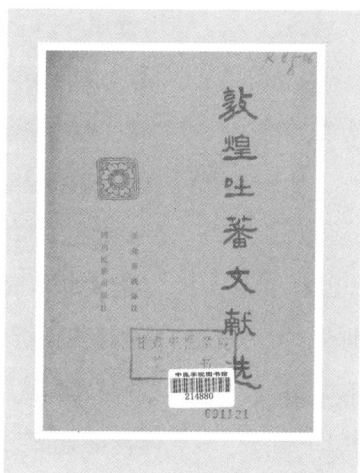

早期藏医藏药文书包括 P.T.1057《藏医杂疗方》、P.T.1044 号及 P.T.127
号两份《藏医灸方》。记录了古代藏族医家对疾病的认识、观察、分析
和治疗。他们经验的积累、知识的传播主要是心传口授，然后才靠文字
记录。这几篇藏医杂疗方和针灸方，并不是一时一人的著作，而是长时
期多人的经验的积累，在某一时期由某位医家著录成文。从藏文本身材
料文苍古、风格朴素，保存了古藏文特点，尤其是书写字形上保存了反 i 字，
my 和 da 强音辅尾的形态，可以无可辩驳地断定是公元八世纪的文献。

P.T.1052《藏医杂疗方》共有 36 个方子，下注"普遍适用之验方，
抄自玉府"。既包含纯药物治疗方，也包含纯手法治疗，更多的是药物
与手法配合治疗。一些药物非常有藏地地方特色如"聂尔布""玛萨牟""衮
保谢吞""衮盘"等药。如"治喉病方：咽喉感到噎塞疼痛的话，用龙胆、
阿魏、景天裹在干净的羊毛里呛之则愈。用凉水撒膝盖后曲节处，用以
上诸药熏喉部则愈"——纯用药物治疗；"治腰病方：人腰部和盲肠患病，
头心放血则愈。将蜥蜴（去头切尾，头尾有毒）剁碎烧焦后食之则愈"——

两种方法，一种用放血疗法，一种用服药；"治背痛方：上身未伤而疼，按摩背部，涂以酥油在太阳下晒，按摩手心，在疼痛部涂以厚厚一层赭石粉即愈"——以手法加药物治疗。

P.T.127 号《藏医灸法残卷》与 P.T.1044 号《藏医灸法残卷》体例比较相似，多为"灸某处，治某病，灸几次"或"患某病，灸某处，灸几次"的形式。如 P.T.127 号《藏医灸法残卷》："若于第三浮肋以上近处灸之，则对气虚、肾脉肿硬致使腰疼，和上躯上部、骨眼患风病均有疗效，灸九次即可。" P.T.1044 号《藏医灸法残卷》："妇女小便不畅而尿频和患热瘟，从肚脐往上量三个一寸，于三处各灸九次即可。"

《敦煌学论集》

【作者】甘肃省社会科学院文学研究所。

【出版发行】甘肃人民出版社，1985 年。

【内容介绍】本书是 1982 年 7 月下旬至 8 月上旬，甘肃省社会科学院文学研究所在兰州、敦煌两地召开的敦煌文学研究座谈会收到的学术论文选集。

全书共分为三部分：第一部讨论了敦煌学研究的意义、历史、港台地区的研究进展、未来；第二部分专门对敦煌文学、佛教经典、历史文献进行了探讨；第三部分利用敦煌文献进行语言学和其他学科的研究。

本书第三部分有《敦煌古〈脉经〉残卷考略》一文涉及敦煌医学，作者论述了敦煌出土《脉经》的意义，对《脉经》原文进行注释，并引用《素问》《伤寒论》《难经》等进行互证。文章通过文字避讳推测卷子抄写年代，同时对一些传世文献中存疑的地方进行校勘。

《敦煌学研究论著目录》

【作者】邝士元。

【出版发行】新文丰出版公司，1987 年。

【内容介绍】本书为繁体排版，对 1899 ~ 1984 年间中外学者特别是中日学者研究敦煌学的论著论文进行了整理索引，收载论文、论著题目 6084 条，并提供了论著目录分类索引，著者索引，论著目录编年索引三种索引方式，便于读者查询。尤为可贵的是，本书还收录了 107 条英法等国学者论文论著信息，为了解国际敦煌学发展提供了便利。

该书中收录敦煌医学研究论著共 62 条，索引号为 4411 到 4473 号，共分为医学和医药两类，涉及中、日、法三国研究者 40 余人，涉及论著 10 余部，论文 50 余篇。

作者认为，这一时期（1899—1984）敦煌医学研究以本草学研究最为突出，如范行准的"敦煌石室六朝写本本草集注考"，中尾万三对食疗本草的研究、渡边幸三对本草集注的研究等。

需要注意的是，本书由于编排的关系，医学类论著索引未能全部收录研究成果，如三木荣、罗福颐等的研究需要通过著者索引查找。由于资料所限，未能全部收录敦煌医学早期研究成果，如罗振玉的《开元写本本草经集注序录残卷》《吉石盦丛书》未能收录。

通过《敦煌学研究论著目录》，可以了解 1899 ~ 1984 近百年的敦煌学发展研究历程，也可明晰敦煌医学早期研究重点和学者研究成就。

《敦煌古医籍考释》

【作者】马继兴。

【出版发行】江西科学技术出版社，1988年。

【内容介绍】本书为简体排版，是我国中医文献领域第一部全面而系统地整理研究敦煌古医籍的学术专著，其内容是对以甘肃省敦煌县出土的古代卷子医书为主所进行的文献学研究。

该书作者马继兴从20世纪50年代起就开始收集有关敦煌医药卷子的资料，经过多年的整理，从1980年开始编写工作，在1984年完成编写工作，1988年得以出版。

全书共收英藏、法藏、日藏、德藏敦煌卷子古医书80余种，敦煌以外如吐鲁番、黑城、吐谷浑、楼兰、于阗等地出土卷子医书10余种，均依书名、提要、原文、校注、按语、备考6项考释体例来论述。根据每种医书的内容，分成医经类，五脏论类，诊法类，《伤寒论》类，医术类，医方类，本草类，针灸类，辟谷、服石、杂禁方类，佛家、道家医方类，医史资料类11类，便于读者有选择地查找。

该书的出版，使长期散见于世界各处的敦煌医药文献得以比较完整的系统整理与研究。使广大中医药工作者通过此书了解敦煌医药文献，为之后蓬勃发展的敦煌医学研究提供了基础。该书获得1989年首届全国科技史优秀图书一等奖、华东地区科技出版社优秀图书一等奖、1992年中华人民共和国新闻出版署全国首届古籍整理图书二等奖。

本书所涉及的敦煌卷子包括：

英藏卷子： S.76、S.202、S.1467、S.1468、S.2072、S.2438、S.3347、S.3395、S.3822、S.4329、S.4433、S.4434、S.4534、S.5435、S.5598、S.5614、

S.5737、S.5742、S.5747、S.5761、S.5795、S.5901、S.5968、S.6030、S.6052、S.6084、S.6085、S.6107、S.6108、S.6168、S.6177、S.6245、S.6262。

法藏卷子：P.2115、P.2378、P.2565、P.2637、P.2662、P.2665、P.2666、P.2675、P.2703、P.2755、P.2882、P.3036、P.3043、P.3093、P.3144、P.3201、P.3244、P.3247、P.3287、P.3378、P.3447、P.3477、P.3481、P.3596、P.3655、P.3714、P.3331、P.3749、P.3930、P.3960、P.4038、P.4433、P.5549。

日藏卷子：龙 530、龙 3032、龙 3033、龙 3036、龙 3050、龙 3054、龙 3056、龙 3062、龙 3076、龙 3088、龙 3091、龙 3092、龙 3094、龙 3095、龙 3096、龙 3097、龙 3098、龙 3099、龙 3220。

《敦煌医粹——敦煌遗书医药文选校释》

【作者】赵健雄。

【出版发行】贵州人民出版社，1988 年。

【内容介绍】本书为简体排版，是甘肃省第一本研究敦煌医学的专著。是赵健雄教授根据《敦煌遗书总目索引》选择其中的十五卷进行考释，记有：《灵枢·邪气脏腑病形》残卷、《素问》《伤寒论》《脉经》残卷、《伤寒论·辨脉法》残卷、《玄感脉经》残卷、《五脏论》残卷、《平脉略例》残卷、《新集备急灸经》残卷、《新修本草》残卷、《食疗本草》残卷、医方残卷。可分为医经七卷、本草四卷、医方四卷。每一篇文章分原文、校勘、注释、按语四个部分。后附赵健雄教授五篇研究心得。

本书所涉及的敦煌卷子包括：P.3481、P.3287、S.202、P.3477、S.5614、

P.2675、P.3714、P.4534、P.3822、S.76、P.2565、P.2662、P.3930、S.5435。

《敦煌吐蕃文书论文集》

【作者】王尧、陈践。

【出版发行】四川民族出版社，1988年。

【内容介绍】本书是20世纪80年代吐蕃藏文研究成果的论文集，是《敦煌本吐蕃历史文书》和《敦煌吐蕃文献选》两书的续编。

全书分为汉文和藏文两个部分。汉文部分由前言、16篇论文和20篇译文组成。论文部分对敦煌吐蕃时期的文书进行了研究和翻译，具体包括宗教、社会经济、民族关系、语言文字、占卜、伦理道德、兽医、驯马等多个方面，其内容可以充实藏文史料，有助于吐蕃史的研究。其中《〈医马经〉〈驯马经〉残卷译释》一文对P.T.1062（《敦煌古藏文医马经》）和P.T.1065（《敦煌古藏文驯马经》）两个卷子背面所载的内容进行了研究，并全文翻译。其中《医马经》原卷藏文110行，载有22条治疗马疾的方法，具体的治疗方法包括放血、扎针、血针、火针、烧烙、药物灌饮，反映了兽医学内、外科并重，医治与休养同举的原则，说明吐蕃的兽医学与普通医学的发展相一致，是藏医学的分支。该文是对P.T.1057《藏医杂疗方》、P.T.1044和P.T.127《藏医针灸方》研究翻译工作的赓续，可供医学和兽医学研究使用。

该书藏文部分是书中所涉及的藏文原文，可为相关研究提供相应的原始资料。

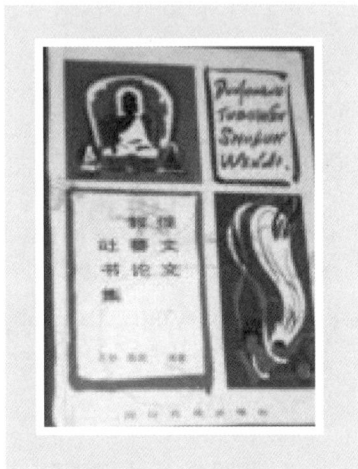

《英藏敦煌文献》（汉文佛经以外部分）

【作者】中国社会科学院历史研究所等合编。

【出版发行】四川人民出版社，1990年。

【内容介绍】本书是英国国家图书馆、中国社会科学院历史研究所、中国敦煌吐鲁番学会敦煌古文献编委会、伦敦大学亚非学院合编的。

本书共14册，选材范围为斯坦因获自敦煌的汉文文献，包括原藏于英国国家博物馆今藏于英国国家图书馆者、藏于伦敦英国印度事务部图书馆者、藏于英国国家博物馆者。

英藏敦煌文献汉文佛经以外部分的内容丰富多样，包括儒家经典、道教摩尼教经典、史书、地志、传记、文集、类书、字书、韵书、书仪、童蒙读物、医书药方、算书，以至命相、占卜、阴阳书等，无不具备。有些后世虽有传本，但现存最早的南北朝和唐时写本，对于校勘、补阙和探求宋以后木刻本的源流，都功用至宏。至于大量抄本，在两晋唐宋流传之后，湮没亡佚，重新发现，更是十分珍贵。一些学术领域的缺略，据此得以弥补。后世不甚了然的某些政治文化、社会风尚、人群心态，借此得以略窥。

英藏敦煌文献中不乏具有重要价值的孤本，如医书中的我国最早一部饮食疗法专著食疗本草》（S.76）、《灸经人体针灸图》（S.6262）、《伤寒论·辨脉法》（S.202）等弥足珍贵。

本书将英藏敦煌文献中汉文佛经以外部分全部重拍，做到图版清晰可读，使之成为一部既有保存价值又有实用价值的影印本。根据拍摄的照片来看，除去少数因原件字迹漫漶者外，基本上达到了预期的效果。

这部影印本能为各国学者提供过去未有的方便，有利于解决研究者的困惑和以往著录中的讹误，有助于促进敦煌学的研究发展。

《敦煌石窟气功·一分钟脐密功》

【作者】张弘强、杜文杰。

【出版发行】甘肃科学技术出版社，1990年。

【内容介绍】《敦煌石窟气功·一分钟脐密功》(简称敦煌脐密功)，与《一分钟脐密功》不同，它是《一分钟脐密功》的继续和发展，在原有的基础上又增加了许多内容。

"一分钟脐密功"源于敦煌石窟，特别是第272窟低腹大脐的众多菩萨、飞天、伎乐天。"一分钟脐密功"包括三部分：一分钟、脐密、功。一分钟是指练功者将本功的基础练法练到一定功候(肌肉通)之后，便可以利用很短的时间对两种根本功法(养脐功或壮脐功)进行累进练法，即只要有一分钟的空闲时间，就可以进行练功。脐密，脐指脐中，密指秘密，脐密就是说脐中具有奇特生理奥秘。功指功夫，功夫是由时间的连续积累而成就的。

本书介绍了"一分钟脐密功"的功法源流及型属，功法的功理、功法、效应判定标准、练功体会(案例)。

本书重点在功法一章，包括常用基本姿势(坐姿、立势、卧势、行势)、结印诵诀卮言、复常缓解动作、功法要义通解、功法实施心传、系列功法各述，系列功法共介绍了24种功法，养脐功、炼脐功、壮脐功、冲脐功、吽脐功、诵脐功、慧脐功、映脐功、印脐功、荡脐功、泰脐功、

斡脐功、珍脐功、药脐功、敬脐功、悦脐功、叩脐功、抖脐功、摩脐功、刑天采气法、张布采气法、外炼石丹法、唵声养生法、大悲加持课。其中养脐功和壮脐功为根本功法，是主干，养脐功以修性为主，兼以固命。炼脐功和冲脐功为辅助功法，是枝叶。炼脐功辅助养脐功以醒窍，冲脐功辅助壮脐功以调息。吽脐功为歧生小术，是花果之一。养脐功属后天返先天功法，进象无极。壮脐功属于先天演后天功法，呈象太极。吽脐功属先天后天共扼功法，摄象灵极。它们各自为用，又相辅相成。其余功法均不出此范围，或为变法，或为类法。每一节功法以释义、机制、性质、功能、应用、预备、修习、附言的形式表述，部分附图。

《俄藏敦煌文献》

【作者】（俄）孟列夫、钱伯城主编，俄罗斯科学院东方研究所圣彼得堡分所、俄罗斯科学出版社东方文学部、上海古籍出版社编。

【出版发行】上海古籍出版社、俄罗斯科学出版社东方文学部，1992 年。

【内容介绍】本书共 17 册，收录俄罗斯科学院东方研究所圣彼得堡分所收藏之全部敦煌文献，以及被收藏者列入敦煌文献编号的其他文献。

1929 年前称为亚洲博物馆的现俄罗斯科学院圣彼得堡分所敦煌藏品，绝大部分是 С·Ф·奥登堡率领的俄国西域考察团 1914 ～ 1915 年间搜集的写卷，还有一部分同类型汉文写卷，则分别由当时俄国驻乌鲁木齐领事 Н·Н·克罗特科夫、1906 ～ 1909 年间前往和田的 С·Е·马洛夫考察团、 1909 ～ 1910 年间前往吐鲁番的 С·Ф·奥登堡考察团所

搜集，所有这些文献都称之为敦煌藏卷。

B·M·阿列克谢耶夫于 1919 年首次将其公布于世，K·K·弗鲁格于 20 世纪 30 年代开始研究，完成了 357 件写卷（以他名字的缩写字母"Ф"作为代号）以及近 3000 件残卷（与其他各件一起，以"敦煌"两字译音的缩写字母"Дх"作为代号）的编目工作，同时发表了两份数量不大的东方研究所藏汉文藏卷（佛教和非佛教部分）的目录，利用敦煌文献资料编撰了《宋代刊本书历史（10 ～ 13 世纪）》。K·K·弗鲁格于 1942 年去世，研究就此中断了 15 年。1957 年，本书作者之一的 Л·Н·缅什科夫提出了恢复敦煌文献研究工作的倡议，得到了 И·A·奥尔别利和 B·C·科洛科洛夫（即国质生）的支持。由一个工作班子撰写了《敦煌藏卷汉文写卷叙录》（近 3000 件）两卷本。其后，研究工作进一步深入进行：Л·И·丘古耶夫斯基（敦煌文书和历史）、Л·Н·缅什科夫（全面研究敦煌变文和文学）、И·Т·佐格拉芙（变文文法）、И·C·古列维奇（变文）、M·И·达尼道娃（刊本书史）、A·C·马尔得诺夫（从政治思想方面研究文物）。

这部分俄藏敦煌文献内涵极为丰富：有历代大藏经未收的佛教佚籍，有可与英藏联缀合璧的著名变文，有《诗经》《礼记》《左传》《论语》《老子》《庄子》《史记》《唐律》《切韵》等传统四部典籍古写本，还有数百件官私社会文书和医药科技文献等。

《敦煌文献语言词典》

【作者】蒋礼鸿。

【出版发行】杭州大学出版社 1994 年。

【内容介绍】本书由著名语言学家蒋礼鸿任主编，黄征、张涌泉、俞忠鑫、方一新、颜洽茂撰写，由于敦煌世俗文献中

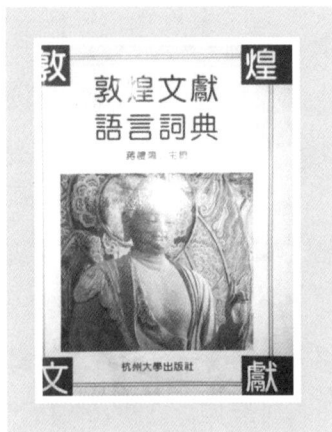

包含大量字面普通而义别或字面生涩而义晦的俗字、俗语词，从而给文献的校对和整理工作带来了很大困难。

《敦煌文献语言词典》全书共 40 余万字，在《敦煌变文字义通释》的基础上，对变文、诗词、卷契等敦煌通俗文书中的俗语词进行了系统的辑录和考释，增补 700 多个条目，共收词条 1526 个。

在检索方法上，相较于《敦煌变文字义通释》的四角号码检字法，《敦煌文献语言词典》按汉语拼音字母进行索引检索，更有利于读者查阅。在具体词条上，本书体例先标词目，再注音，接着释义，并列出敦煌文献中的用例；在敦煌文献之外，再列其他资料为助证，另起一段，加"按"字为别；各条目有相互关系的，用"见"或"参见"引出。整个释义层次分明。而《通释》词条下并无注音，释义后直接以长篇引文为例证，难免繁杂。

该书的出版，反映了我国有关敦煌词语研究的最新成果，不但是敦煌文献研究的必备参考书，而且对汉语词汇史的研究，对历代诗、词、典的研究，以及对大型词典的编纂，均有很大的参考价值。

《敦煌中医药全书》

【作者】丛春雨。

【出版发行】中医古籍出版社，1994 年。

【内容介绍】中医药文献在敦煌石窟艺术和敦煌遗书中占有重要的地位，在大量的壁画、彩塑、图案、题记、书法及藏经洞大批遗书中都有相当数量的记载和描绘。本书是对敦煌中医药文献的专题性研究著作，对国内外敦煌文物资料进行了系统的收集整理，充分显示

了敦煌中医药学术的特色与内涵。

本书研究的对象主要包括敦煌文献和石窟壁画两类，其中又将敦煌中医药文献分为9类，具体包括医理、藏医药、针灸、诊法、本草、医方、道医、佛医、医事杂论。

全书体例上分为总论和各论两大部分。总论部分首先概述了敦煌石窟艺术和各类敦煌遗书的源流及其所具有的重大学术价值，继而就医药文献进行专门探讨，按照九大类别的划分，对所属的卷子进行了介绍和分析，并探讨了其具有的学术内涵和文物价值。总论的最后部分，运用"形象医学"的概念，就石窟壁画中反映出来的古代社会生活中的医药卫生状况进行了梳理和探讨。各论部分是对敦煌中医药卷子的汇集整理，其中收录了88部敦煌古医书卷子，又分编成102部单独标目，按照前述9类分类汇总。每部敦煌古医学著作，均按编号、题目、述要、原文、厘定（古藏医药类作为"汉译"）、校注、按语7项加以论述。全文后还附有敦煌遗书编号索引和图版资料索引，以供读者查阅。

《医宗真髓》

【作者】王道坤，尹婉如。

【出版发行】甘肃民族出版社，1995年。

【内容介绍】本书为简体排版，是作者结合多年中医教学和临床经验，围绕中医理论体系，摘本草、方剂之瑰宝，采《黄帝内经》《伤寒论》之精要，选取历代名医之成果，掘敦煌医学之秘籍，取其精华，"删繁就简，参入己见，编著成册"。

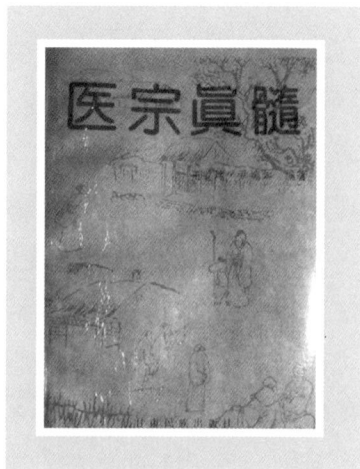

全书共分为八卷。卷一为医经类要,从养生之道、阴阳五行、藏象、经络、病因病机、治则六章论述了中医基础理论;卷二为诊断津梁,从诊法经论、四诊要诀、辨证论治妙诀三章阐述了中医诊断学的精髓;卷三为本草精要,分中药歌括、新订药性赋、治病主药诀、药性功用说约四章论述中药学;卷四为医方精粹,分经方类选、时方精要、成方加减变通示例三章概括论述了《伤寒论》《金匮要略》的精华,选取了徐大椿、柯琴等人的"以方类证"和近代伤寒大家刘渡舟的经验等;卷五为针灸集锦,分为经络腧穴、灸刺法、流注与八法、治疗歌赋四章,摘取历代针灸传世歌诀;卷六为敦煌医方选粹;卷七为临证指南秘诀,包括内科疾病、妇科疾病、儿科疾病中的常见病、多发病;卷八为医学史三字经,作者对原始社会到中华人民共和国成立以来中医学发展史中涌现出的名医名家以三字经的形式加以概括,读来别有一番趣味。纵观全书,有很多歌诀,读来朗朗上口,有利于背诵。

在本书的第六卷敦煌医方选粹,作者从《辅行诀脏腑用药法要》等80多部敦煌遗书的1000多首医方中,精选了72首,分为神仙救急方、延年益寿方、疗百病方、五脏补泻方、美容方、外用方、五官疾病方、霸药方8类。其中霸药方是作者取"用药之王道,勿用药之霸道"之意,认为对一些久治不愈的顽固病患,或病势危亡、生死一线之时,医生也要善用霸药,因此选取了3首敦煌霸药方及9首名医霸药方,结合多年临床经验,加以评点,创新临床思维。

《敦煌石窟秘方与灸经图》

【作者】张侬。

【出版发行】甘肃文化出版社,1995年。

【内容介绍】作者深谙寻求良方之艰辛,遂在阅览之际,留心制卡,分门别类,分析举例,将佛教医方、道教医方及各类医方等辑为两部分。

第一部分又分上编和下编。上编共分为补益方类、美容脂膏方类、生发染发方类、膏麋方类、佛教医方、道教医方等27类167方。又将单验方、藏医方等362方作为下编，以供翻检之便。

本书将敦煌医方大概按照方名、原文、简释、功效、主治、方释、应用举例、按语歌诀为序罗列。重点医方在按语中注明源流，单验方一般只加注说明。针灸处方、祝由方法本书不予收录。功效相近者归为一类，一时不便归类者列入"其他"之列。每个医方只归入一类，不做重复归类，以便于统计，节省篇幅。各医方按原文摘录，一律用简化字，有些难以辨识的字仍然保留原貌，以供方家考证。有些单验方的语序或者某个字序做了小的调整，如摩风膏系治风膏，据《备急千金要方》等做了修正，引用者需要注意，原文一般不再注明出处。考虑到这本书具有手册性质，而各医方来自不同卷册，所处年代相异，内容纷杂繁多，剂量不同，每味药炮制方法因人、因病、因地甚至因书出不同而难以统一。鉴于此，本书只能从敦煌医学卷册中选录出"用药总例""古称铢两"等内容，供读者应用时候权衡考虑。

第二部分为《灸经图》，作者在编写过程中根据自己的理解对残缺的《灸经图》进行复原，并附图。此外，作者对《灸经图》进行了注文说明，并附图，对《灸经图》中的古穴进行了考证，并对《灸经图》的临床实际应用以医案的形式进行了说明。值得一提的是，本书附录以英文的方式，对敦煌《灸经图》中穴位的临床意义进行了讨论。

在敦煌中医药文献研究中，本书是该领域的一个尝试，可供中医院校师生临床、教学、科研参考，也可供敦煌学者、中医师、中药师、中医爱好者进行参考。

《敦煌吐鲁番文献研究》

【作者】郑炳林。

【出版发行】兰州大学出版社，1995 年。

【内容介绍】本书共收论文 38 篇，是兰州大学敦煌学研究所研究人员从事敦煌吐鲁番文献研究的部分成果。内容分三部分：第一部分文献概述，是研究者从不同方向对敦煌吐鲁番文献所做的专题概论；第二部分文书讨论，是就具体文书的拼接复原、定名正误及文书反映的有关问题进行的多种考证；第三部分为综合研究，利用敦煌吐鲁番文献对某一历史问题（包括历史地理、社会经济、古代民族、宗教文化等）进行了深入探索。本书资料翔实、内容丰富、颇多新意，具有较高的学术参考价值。

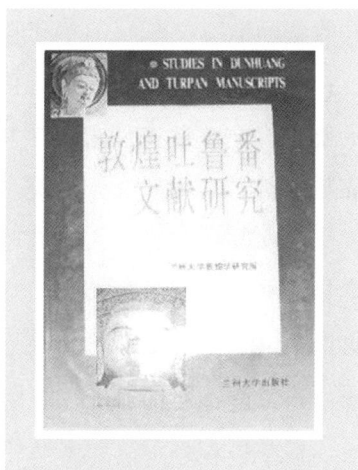

《法藏敦煌西域文献》

【作者】上海古籍出版社、法国国家图书馆合编。

【出版发行】上海古籍出版社，1995 年。

【内容介绍】本书共 34 册，收录范围为法国国家图书馆收藏的由伯希和在甘肃敦煌莫高窟收集的全部文献，以及在新疆库车等地收集的全部文献。各

部分文献按文种和收集地编录。分为伯希和收集汉文文献、伯希和收集都勒都尔－阿护尔汉文文献、伯希和收集藏文文献、伯希和收集梵文文献、伯希和收集焉耆－龟兹文文献、伯希和收集粟特文文献、伯希和收集回鹘文文献、伯希和收集西夏文文献、希伯来文文献和附录。

法国国家图书馆藏敦煌西域文献有写在纸质，有写在丝质长卷轴上的佛教经文，还有从未意料其存在的世俗写本、卷宗（地志、户籍、寺庙账册等）、民间文学、图书专家以为早已绝迹的佚本等，这些文献主要用汉文写成。也有用藏文写成的多达数千件，而藏学家在此之前从未掌握过任何有关古西藏（公元 1000 年以前）的直接历史资料。此外还有回鹘文、于阗文、粟特文书写的文献资料，比中国任何图书馆的收藏更要古老的木刻印刷品（有图有文）和有绘画的抄本。

法藏敦煌西域文献是法国伯希和于 1908 年从敦煌莫高窟第 17 窟（少部分从第 464 号和第 465 号窟即伯编第 181 号和第 182 号窟）直接得到的，少量新疆地区搜集品也编入其中。文献有汉、藏、梵、于阗、粟特、回鹘、西夏、希伯来等文种。由于文种众多、来源复杂、内容繁复，有些尚无鉴定结果。非汉文文书往往写在汉文文书背面，因而有些文献有好几个文种编号，有汉文、回鹘文、粟特文等。有些文种还有临时编号。

伯希和搜集文献保存了大量佛教佚籍和珍本，其中包括早已失传的隋唐"三阶教"经典及许多早期禅宗文献。对于道教、景教、摩尼教等资料，伯希和自然也特别加以注意。

本书与综合性研究刊布不同，主要目的是原原本本地向研究者提供准确、逼真的原卷图版及图版的说明。为了保证图版的完整、使任何内容均不遗漏，为使每一张图版均保持原貌、清晰可读，为力求准确地为每份卷子确定标题，为保持前后统一的体例，为编写数种学术性附录等，编者做了艰辛的工作。

编纂工作的第一步，是系统地搜集资料，了解研究情况，并且将各类最新研究成果归入事先建立的文献卡片上。第二步，是直接展阅文书原件，从外在形态到内容，一一记入卡片。《法国国家图书馆藏伯希和编号敦煌汉文写卷目录》里的每一卷都经过考定和编排，已经相当完备。第三步，全书体例，力求保持一致。第四步是检查摄片的质量。

为了反映一部分有代表性的精彩卷子的面貌和使一些具有多种颜色的卷子更容易为学者辨识，让研究者对原卷有直觉的观感，本书在每一分卷前均安排若干彩色图片。为给读者以较集中的印象，首册的彩图安排了 60 余帧，大抵能反映伯希和搜集品的全面情况。内容包括：佛教著作精品，道、景、摩尼教经典精品，传统经史子集要籍精品，社会经济文书、通俗文学卷子精品，法帖、绘画精品，有代表性的印刷品，各类古代书籍装式样品，非汉文卷精品等方面。在汉文卷和其他文字卷的后面安排若干学术工具性质的附录，另册出版，纳入分卷系列。附录包括叙录、年表、分类目录、索引等。

《敦煌吐鲁番学研究论集》

【作者】北京图书馆敦煌吐鲁番学资料中心，台北《南海》杂志社合编。

【出版发行】书目文献出版社，1996 年。

【内容介绍】本书为繁体排版，是中国敦煌吐鲁番学会收集中国、日本、俄罗斯等国敦煌吐鲁番学者研究论文 41 篇，汇集成册。既有对佛学资料、户籍文书、藏文文书的深入考释，又有对中古祆教东来、高昌国屯田制度、吐蕃对河西的统治与经营等社会学课题的探讨，还有对古代熏香器、敦煌画像砖中的体育形态、敦煌遗书中的梵夹装等细致问题的研究。可以说是内容丰富，学科多样。

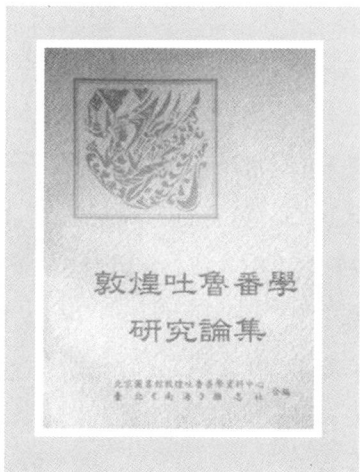

《敦煌医药文献辑校》

【作者】马继兴。

【出版发行】江苏古籍出版社，1998年。

【内容介绍】本书为《敦煌文献分类录校丛刊》之一种。每篇文献包括4项内容：一是定性、定名、定年，二是原件录文，三是题解或说明，四是校勘记。4项内容是一个有机整体，包含了编者的研究心得和见解，并介绍了有关研究论著。每辑之后附有主要论著参考书目和该辑所用敦煌文献卷号索引，以便读者查阅。本辑共分为4编：第一编为医经诊法类，包括P.3481、P.3278、S.202、S.79、S.8289、S.5614、S.6245、S.181、P.2115、P.2755、P.2378、P.3655、P.3477；第二编为医术医方类聚，包括辅行诀脏腑用药法要、S.9987、S.1467、S.3395、S.5435、S.6177、S.6053、S.4329、S.3347、S.6084、S.4433、S.8289、S.9431、S.9443、S.10527、P.3378、P.2565、P.2662、P.3731、P.3960、P.2666、P.2882、P.3144、P.3201、P.3596、P.3930、P.5549、P.2662、P.3885；第三编为针灸药物类，主要包括S.6168、S.6262、P.2675、新集备急灸经乙本、P.3247、龙530、P.3714、P.3822、李振铎藏新修本草、S.5737、S.4534、S.9434、S.5968、S.76；第四编为其他医籍类，包括P.3810、P.2637、P.2703、P.3043、罗振玉藏疗服石方、P.2635、P.3093、P.2665、P.3230、P.4038、P.3036、P.2215、P.2539、S.5795、S.2438、S.11363、S.9936、S.6030、S.5598、S.6107、S.3417、S.3281、S.5901、S.5379、S.4636、S.1468、S.2072。书后还补录了一些俄藏敦煌文献医药卷子，包括敦残00163、敦残10298、弗356。

《敦煌学大辞典》

【作者】季羡林。

【出版发行】上海辞书出版社，1998年。

【内容介绍】《敦煌学大辞典》是由中国敦煌吐鲁番学会、敦煌研究院与上海辞书出版社共同发起，全国二十余所科研机构、高等院校的百余名专家参与编纂的一部有关敦煌学的高水平专业辞典。

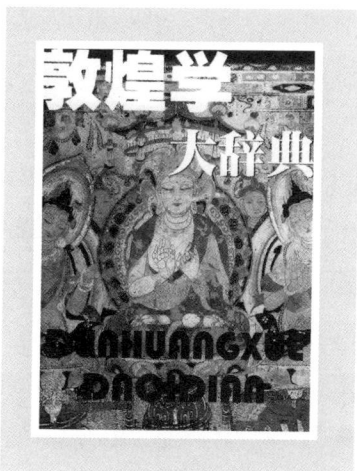

全书共选收敦煌艺术、敦煌遗书与敦煌学研究等方面60余个门类的词条共6925条，收有彩图123幅，随文插图626幅，另有附录10个。

正文首先对敦煌学的基本名词进行了解释，然后按类分门罗列词条。以敦煌石窟为中心，与敦煌艺术相关的词条分类有：石窟考古、各时代艺术·代表窟、彩塑、本生故事画·因缘故事画·说法图、经变画、佛教史迹画·瑞像图·菩萨画像、飞天画像·神道画像、供养画像及其他、建筑画、生产生活画·山水画、图案、服饰、壁画技法、石窟保护、藏经洞遗画、音乐·舞蹈、书法·印章。与敦煌遗书相关的词条分类有：地理、历史人物、政治·法律·军事·经济、书仪·社邑·民俗·写经题记、民族·吐蕃藏文·回鹘文·于阗语·粟特语·西夏文·梵文、语言·文学、版本·教育·体育、算学·天文历法·医学·占卜、寺院、佛教典籍、佛教、道教、摩尼教、景教典籍、四部书。涉及敦煌学研究的词条分类有：公私收藏·编号、著作·刊物、学术组织·学术会议·展览、近现代人物。

其中医学类的词条，对敦煌的医药卷子进行了介绍，说明了相应的编号、卷子的具体情况以及记载的主要内容。具体词条包括：敦煌医药文献、三部九候论、病形脉诊、明堂五脏论、张仲景五脏论、伤寒论、辅行诀脏腑用药法要、玄感脉经、平脉略例、七表八里三部脉、亡名氏脉经、青乌子脉诀、五脏脉候阴阳相乘法、占五脏声色源候、脉经、王叔和脉经、灸法图、新集备急灸经、灸经明堂、本草经集注、新修本草、食疗本草、亡名氏本草序例、唐人选方、单药方、杂疗病药方、不知名医方第一种、不知名医方第二种、不知名医方第三种、不知名医方第四种、不知名医方第五种、不知名医方第六种、不知名医方第七种、不知名医方第八种、不知名医方第九种、不知名医方第十种、不知名医方第十一种、不知名医方第十二种、不知名医方第十三种、不知名医方第十四种、不知名医方第十五种、不知名医方第十六种、不知名医方第十七种、不知名医方第十八种、不知名医方第十九种、不知名医方第二十种、不知名医方第二十一种、不知名医方第二十二种、杂方术、黑帝要略方、备急单验方、王宗杂忌单方、陵阳禁方、呼吸静功妙诀、五石药方、辟谷诸方、疗服石方。

本书是国内外首次以工具书形式反映敦煌学研究成就的大型专业辞典，填补了当时的学术空白，对敦煌传统医药学的研究也有重要的参考价值。

《国家图书馆藏敦煌遗书》

【作者】任继愈主编；中国国家图书馆编。

【出版发行】北京图书馆出版社，2005 年。

【内容介绍】2005 年，国家图书馆善本部与北京图书馆出版社合作，启动馆藏敦煌遗书图录出版工作。至 2012 年 6 月，最终完成全部 146 册的出版。全书刊布了国图馆藏所有敦煌遗书，包

括《敦煌劫余录》著录部分、《写经详目续编》著录部分、残片部分、后续入藏部分及修复时揭下的残片，自 BD00001 至 BD16579 号，以编号顺序编排。至此，国图藏卷已全部刊布。

本套丛书与黄永武的《敦煌宝藏》《英藏敦煌文献》《俄藏敦煌文献》和《法藏敦煌西域文献》等书相比，有以下几个特点：

（1）定名准确。由于很多敦煌遗书是残篇断简，确定这些文书的性质和名称，是一项十分艰苦的创造性劳动。此次《国家图书馆藏敦煌遗书》解决了一大批文书的命名问题。首先，给一些原来未命名的文书确定了名称。如 BD00001 背，《敦煌宝藏》定名"西域文五十七行"，《国家图书馆藏敦煌遗书》具体确定其为"藏文秽迹金刚类经典或仪轨"。其次，纠正了一些错误的定名。如 BD00041，《敦煌宝藏》定名为《大悲明二赞》，《国家图书馆藏敦煌遗书》考定其为《楞伽经禅门悉昙章》和《千手千眼观世音菩萨广大圆满无碍大悲心陀罗尼经咒钞》两件文献。同时，进一步明确了不够确切的定名。如 BD00002、BD00047，《敦煌宝藏》定名《佛名经》，《国家图书馆藏敦煌遗书》定名为《佛名经（十六卷本）》，这比《敦煌宝藏》更加准确和具体。

（2）图版清晰。从整体上看，《国家图书馆藏敦煌遗书》的图版比《敦煌宝藏》提升了一个档次。有一些图版质量的提高与文书修复有关。如 BD00017，从中间断裂为两片，《敦煌宝藏》的图版两片上下未对齐，且两片中间留有裂缝，不便阅读，有的地方甚至无法确定是否缺失文字。《国家图书馆藏敦煌遗书》所印图版为经过修复的文书，上下两片已经对齐，中间无丝毫缝隙，恰成完璧。

（3）补充了一些缩微胶片和《敦煌宝藏》遗漏的图版。编纂资料图录，最重要的就是要保持资料的完整性。由于种种原因，中国国家图书馆以前制作的敦煌遗书缩微胶片遗漏不少卷背的内容，《敦煌宝藏》是依据缩微胶片影印的，自然无法增补遗漏的内容。此次《国家图书馆藏敦煌遗书》补足了一批以往遗漏的内容。

（4）创建了《条记目录》。《条记目录》是《国家图书馆藏敦煌遗书》编者的创举，此前出版的大型敦煌遗书图录如《敦煌宝藏》《英藏敦煌文献》《俄藏敦煌文献》和《法藏敦煌西域文献》都无此项内容。《条记目录》实际著录的内容多达 26 项，有编号、文献的名称（卷本、卷次）、千字文编号、缩微胶卷编号，遗书的总体数据（包括长度、宽度、纸数、总行数与每行字数）、每张纸的数据（包括长度和抄写行数或界栏数）、外观和一件遗书抄写多个文献的情况，文献首部文字与对照本核对的结果、文献尾部文字与对照本核对的结果、录文、说明，首题和尾题，本文献与对照本之区别，本遗书首部可与另一遗书缀接的编号、本遗书尾部可与另一遗书缀接的编号，题记、题名、勘记、印章、杂写、护首与扉页的内容，年代，字体和卷面二次加工的情况，近现代人所加的内容（装裱、题记、印章），揭裱互见、图版本出处及其他（包括研究信息）。上述内容对读者了解、利用和研究遗书具有重要价值。

（5）编排方式更加科学。《国家图书馆藏敦煌遗书》编者现在采用的是按馆藏流水号编排的做法，这也是已经出版的《英藏敦煌文献》《俄藏敦煌文献》和《法藏敦煌西域文献》共同采用的办法。这种编排办法没有分类体系的限制，可以随着遗书的具体内容逐项编排、命题。当然，这种编排方式也留下了读者查找同类文书不便的缺憾，《国家图书馆藏敦煌遗书》编者准备将来通过编纂分类目录的方式来弥补这一缺憾。

《国家图书馆藏敦煌遗书》的出版，被著名敦煌学者郝春文誉为"是我国文化事业发展的一项重要工程，更是敦煌学界一件功德无量的盛事"。

《敦煌石窟秘藏医方——曾经散失海外的中医古方》

【作者】王淑民。

【出版发行】北京医科大学中国协和医科大学联合出版社，1999 年。

【内容介绍】本书是对敦煌出土卷子中方剂文献的分类汇编。作者在前期工作的基础上，从敦煌近百种医学卷子中选录较为完整的医方 475 首，将其按主治疾病分为 65 类，具体包括辅行诀脏腑用药法要、天王补心丸、黄疸病方、反胃方、呕吐方、消渴方、蒸病方、腹满方、风毒脚气方、霍乱方、治一切疰方、主一切恶气方、蛊水方、蛊毒病方、天行、疫疠、传尸病证方、诸痢方、偏风方、中风方、诸风方、癫狂方、疗贼风方、大小便不通方、理中方、伤寒方、疗肺病方、心痛方、久噎方、诸疟方、痃癖方、淋病方、瘦病方、尿血方、省睡方、房中方、痔病方、诸打损伤、腰痛方、内药方、痈疽肿毒恶疮方、瘰疬瘿瘤方、疠风方、干湿癣方、风疹方、蛇咬及恶刺方、脚气病方、救卒死方、治一切冷病方、髓虚方、头风方、头面诸疾、头生白屑方、眼病方、耳病方、鼻病方、咽喉肿痛方、口舌病方、牙病方、妇人方、男子诸病方、小儿方、养生方、生发方、美容方、熏衣香方、疗服石方。

每类医方前多设有解题，介绍此类疾病的症状、致病因素、古文献对此病的记述及方剂源流等内容。每方后加有"注释"和"按语"，注解原方脱、衍、讹误及难懂字词，解释方中用药机理。文末附有作者对《辅行诀脏腑用药法要》与《汤液经法》《伤寒杂病论》三书方剂关系的探讨以及《敦煌石窟秘藏医方》代码与《敦煌古医籍考释》定名对照表。

综上所述，本书是一部简便易读的敦煌医方书，不仅具有重要的文献学价值，又可供临床与方剂研究使用，有助于更好的发掘敦煌医学的精华，使之古为今用。

《如病得医——敦煌医海拾零》

【作者】范新俊。

【出版发行】甘肃民族出版社，1999年。

【内容介绍】本书是作者将多年来研究敦煌医学、古代医学史的论文及临床经验心得集编成册。全书共分为三个部分，第一部分敦煌医学，收录作者研究敦煌医学的论文13篇，其中既有敦煌医药文献考证，也有作者应用敦煌古医方的临证心得；第二部分古医探微，收录论文7篇，既有对中医外科史的研究，也有对唐代医疗设施卫生的考据，还有中医《内经》对皮肤病的辨证论治；第三部分临床应用，收录作者多年临床经验心得体会文章27篇，包含皮肤科、内科、妇科、儿科等科别。此外，还有作者总结的脏腑辨证临床用药、常见病征临床参考、常用中草药药理研究等贴近实用的文章。

纵观全书，既有对敦煌医学的深入挖掘和发挥，又有医史文献价值的学术论文，还有作者多年临床有效之经验心得，三者相得益彰，自成一体。

《敦煌性文化》

【作者】黄健初、史葆光、史成礼。

【出版发行】广州出版社，1999年。

【内容介绍】本书通过对敦煌经卷和壁画的考察，结合其他传世文献，对敦煌出土文献中的两性关系及其所反映的中国传统性学、性文化以及所受的外来影响做了较为系统的研究，是对敦煌性文化的首次探索。

本书分为五部分，第一部分对敦煌及中国传统性学和性文化进行了概述。第二部分对敦煌壁画中反映的性学内容，从神话、宗教、人性本能、女权等不同角度进行了考察和解读。第三部分对嘉峪关魏晋墓中壁画里的性表现予以了评述，并对壁画中难解的内容从性学角度提出了见解。第四部分对敦煌遗书中的性器崇拜、做爱图、《天地阴阳交欢大乐赋》等内容进行了讨论。第五部分为附录，收录了作者前往敦煌进行性文化考察的文章。

性健康亦属于古代医学的范畴，故而作者在研究过程中也多引医药养生等内容为据，具体见于以下章节：

第一部分第二章中，作者在介绍我国传统性学的历史源流时指出，中国传统性学在学术上的最大特点在于将性生活与养生紧密地结合在一起，并围绕这一主旨对历代性学文献进行了梳理，介绍了这些文献的大致内容和学术价值，归纳了中国性学发展的过程和时代特点。其中涉及的医学文献主要有马王堆汉墓出土的医学文献、《汉书·艺文志》中的房中类文献、葛洪的《抱朴子》、陶弘景的《养性延命录》、孙思邈的《备急千金要方》、丹波康赖的《医心方》、张介宾的《景岳全书》、洪基的《摄生总要》、叶德辉的《双梅景暗丛书》等。

第三部分第二章中，作者对魏晋六号墓中七个圆圈的意义进行了解读，并以《胎产术》《广嗣诀》中所载我国传统性医学对结胎受孕的认识为证。第四章则运用房中文献对《天地阴阳交欢大乐赋》予以了性学解析。第六章对敦煌文献中与男女欢爱相关的禁咒术进行了评述。第七章梳理了敦煌文献中与生育相关的内容，包括不育求子、治疗不孕、转女为男、避孕、催产、治疗产后腹痛、产后出血、催乳等。

第五部分第一章中有对 1972 年武威出土的 92 枚医简中部分内容的解读，具体涉及男子性功能障碍及生殖器官疾病。

总而言之，本书收载资料较为全面，重要内容皆有配图，文笔流畅，通俗易懂，是反映敦煌性文化和中国传统性学的一部普及类著作。

《敦煌中医药精萃发微》

【作者】丛春雨。

【出版发行】中医古籍出版社，2000 年。

【内容介绍】本书为简体排版。本书是在作者已经出版的《敦煌中医药全书》的基础上，选取其中最精粹的部分进行再深入的研究。

全书分为正篇和副篇两部分。正篇分为医经篇、诊法篇、灸法篇、本草篇、方剂篇、形象医学篇共 6 部分。医经篇对《辅行诀脏腑用药法要》（以下简称《法要》）进行了较为深入的研究和发挥，认为《法要》展示辨治五脏病症 24 首经方，在于突出五行格局，经纬五脏用药，别具特色。《法要》提出治疗并因误治而生变证之五首泻方，在于突出中医药学辨证施治的科学性，《法要》阐述五首救诸劳损病方，并提出"五菜为充，五果为助，五谷为养，五畜为益"朴素的养生学观念，极具现实指导意义，《法要》妙用五窍以救卒死中恶之方五首，充分论证人体局部和整体的辨证统一观。诊法篇对敦煌医学文献中的脉诊文献进行了整理和研究，指出敦煌遗书提出了四种脉诊方法——三部九候法、寸口诊法、弹踝诊法、趺阳脉诊法，丰富和发展了《黄帝内经》《脉经》的理论和实践，敦煌遗书脉诊著作中脉象胃、

神、根的论述是判断疾病邪正盛衰及预后吉凶的依据，《玄感脉经》23种病脉及主病是继《脉经》之后又一个重要脉诊专论，对于脉诊理论具有重要参考价值。灸法篇介绍了敦煌灸疗遗书——《灸法图》《新集备急灸经》，为现存的最古老的灸疗学图谱，是研究针刺和灸法的发展演变不可多得的珍贵历史资料。《灸法图》中的22个特殊穴位即"古经穴"的记载，有助于进一步考证经络穴位的发展与演变过程，为研究发掘唐代或唐以前中医腧穴学提供历史资料。本草篇对敦煌遗书《本草经集注》进行深入研究，着重阐述了74种内外妇儿各科病症的用药规律和特点，并明细出独具特色的中药药谱。列举了敦煌遗书本草类卷子包括《新修本草》中的30味中药。还有《食疗本草》残卷所记载的26种药物，64首药方。形象医学篇通过7幅敦煌壁画，形象化的表述了古代劳动人与在生产生活中与疾病作斗争的方式方法。方剂篇收录1024首敦煌遗书古医方，分为内科、外科、妇科、儿科、五官科、美容美发、食疗、佛医道医、疗服石9个部分进行论述，对每首"古医方"均按方名、原文、来源、方解4部分进行注释；附篇为作者在国内外学术刊物上发表的有关"敦煌中医药学"的论文汇编。附图片5幅。

总之，《敦煌中医药精萃发微》是《敦煌中医药全书》的浓缩与精粹，可供中医临床工作者以及中医药学研究者参考。

本书所涉及的敦煌卷子包括：P.2115、P.2378、P.2755、S.5614、P.3655、P.3287、P.3481、S.202、P.2115、S.6245、P.3477、P.3655、S.181、S.6168、S.6262、S.5737、P.2675、P.3247、S.4534、P.3822、P.3714、S.76、S.5968、P.2565、P.2662、P.2882、P.3144、P.3596、P.3731、P.3885、S.3347、S.5435、P.2635、P.2666、P.2755、P.3201、P.3378、P.3930、P.3960、P.5549、S.079、S.1467、S.3395、S.4329、S.4433、S.5968、S.6052、S.6084、S.6177。

《敦煌遗书总目索引新编》

【作者】敦煌研究院。

【出版发行】中华书局，2000年。

【内容介绍】本书是在1986年台湾新文丰公司出版黄永武的《敦煌遗书最新目录》基础上增加了许多条目，保留了王重民、刘铭恕、陈垣等先生对一些条目的说明，很好地反映了当时的最高学术水平。

本书实际上是1962年商务印书馆初版、1983年中华书局再版《敦煌遗书总目索引》收录范围的新编本。

本书按各家入藏先后编排即斯坦因劫经录、伯希和劫经录、北京图书馆藏敦煌遗书简目。俄国所藏因尚未全部刊布而未收录，亦未收日藏、各国散藏、中国散藏。

本书条目有：序号、名称、题记、本文、说明。"序号"全部按照旧例。"名称"即写卷之标题，本书在标题之后加了"首题""原题""首尾俱全"等标志。在"说明"项中，加入"中有品题"，解决一些定名问题，主要对一些无头无尾、模糊难认的卷子，纠正了一些定名。"题记"绝大部分录自写卷尾部纪年题识、发愿文、译场列位、写经列位、受持者题写、打油诗等。"本文"指原卷录文，这是刘铭恕先生编《斯坦因劫经录》时一大创举，本书基本保留了刘铭恕的"本文"项。"说明"为编目者所加，本书保留了《敦煌遗书总目索引》中的绝大部分"说明"，本书新加的"说明"采用"按"的形式。

《斯坦因劫经录》（简称S）数字编号6980条、《伯希和劫经录》（简称P）6040条、北京图书馆藏敦煌遗书简目（千字文目录）8738条，后附顺序号与千字文号对照表。

本书索引包括斯坦因劫经录、伯希和劫经录、北京图书馆藏敦煌遗书简目（以千字文编序，后加对应顺序号），索引包括索引检字表、音序笔画对应表索引，索引所列名称首字以《中华大字典》顺序为主。索引条引少则一条，多则几百条，如"佛说无量寿宗要经→大乘无量寿经"条目从 S.0098 到 S.6975 计 288 条、P.2142 到 P.5590l 计 39 条，北京图书馆藏敦煌遗书简目 513 条。

本书以《敦煌遗书总目索引》为底本，校正了《敦煌遗书总目索引》诸多脱误，然而由于敦煌遗书研究纷繁复杂等各种原因，本书亦有部分遗留问题和新问题，近年时有文章进行指正。本书对研究敦煌学具有重要价值。

《敦煌历史文化》

【作者】刘进宝。

【出版发行】甘肃人民出版社，2000 年。

【内容介绍】《敦煌历史文化》是"敦煌文化丛书"中的一本。本书对汉唐时期敦煌地区的历史文化特点进行了较为全面的介绍。

全书分为十章。第一章介绍了敦煌的上古历史与居民，讨论了古文献中对敦煌地理的记载以及汉王朝控制河西以前活动于敦煌地区的主要民族。第二章介绍了学界对"敦煌"释义的三种观点，并倾向认为敦煌一名出自少数民族语。第三章介绍了汉代敦煌的大发展，讲述了汉王朝对敦煌的开拓、郡县的设置、军事防御体系的建立以及移民实边与河西屯田的情况。第四章论述了敦煌艺术产生的历

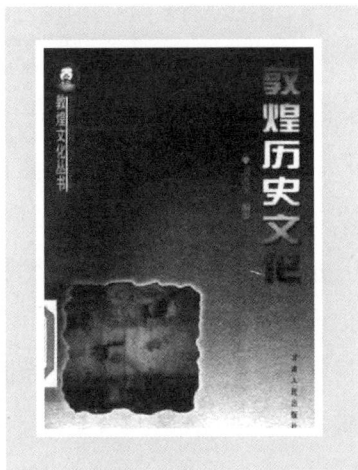

史和文化背景，讨论敦煌特殊的地理条件带来的中外文化的交融、五凉文化的繁荣和佛教的兴盛，对敦煌佛教艺术形成鲜明特点的影响。第五章从政治、经济、军事、艺术、中西交通等方面论述了隋唐时期敦煌的辉煌成就。第六至九章分别对吐蕃、归义军、回鹘、西夏几个政权统治时期的敦煌状况进行了介绍，重点讨论了各时期敦煌艺术的特点与历史起落。第十章阐述了丝绸之路的衰落原因、元朝以后敦煌逐渐沉寂的过程以及敦煌艺术的尾声。

本书内容简明扼要，是一本敦煌学入门的佳作。阅读此书，有助于系统了解敦煌历史文化发展的脉络，掌握敦煌学科的基础与背景知识。

《英藏敦煌社会历史文献释录》

【作者】郝春文。

【出版发行】科学出版社，2001 年。

【内容介绍】《英藏敦煌社会历史文献释录》是《敦煌社会历史文献释录》的组成部分，是大型文献图集《英藏敦煌文献》的文字释录本。本书的敦煌社会历史文献，是指佛教典籍以外的全部敦煌文献。本书收录范围、选择内容均与《英藏敦煌文献》相同，但增收该书漏收的部分佛教典籍以外文献，对于该书所收的部分佛经，本书则予以剔除。凡属增收、剔除之文书，均作说明。

《英藏敦煌社会历史文献释录》共 30 卷，此套书以英国国家图书馆收藏的全部汉文非佛教文献为资料来源，将这些数百年前或 1000 多年前的古代写本，全部按号释录成通行的繁体字，并对原件的错误加以校理，尽可能地解决所涉及文书的定性、定名、定年等问题。每件文书

释文附有校记和 90 年来学术界有关该文书的研究文献索引。此书收录的文献对研究我国古代的政治、经济、军事、宗教、民族、历史、艺术、语言、文学、音乐、舞蹈、社会、建筑、科技及中西交通等都具有重要参考价值。

本书将敦煌文献进行整理，将其全部录成通行的繁体字，为一般学者扫除阅读上的障碍。另一方面，排印的录校本价格较低，为一般研究者所能承受，因而印数可能多一些，流传得广一些。此外，排印的录校本将原本手写文字转换成规范的繁体字，为读者解决了因手写造成的认字问题，大大提高了阅读敦煌文献的速度。

本书的编纂原则，一是坚持精益求精，所有文书释文与文书图版、原件作过反复核查。二是全面吸收以往的释录成果和经验，使每件文献都能反映学术界整理、录校的最新成果。三是多向各学科、各方面的专家请教，以弥补不足。

本书释文和以往不同的地方，酌情用校记说明。有的文书已有多家释文，难以将诸家不同处一一列举，一般只说明本书释文和目前最好的或最新的释文的区别。

《敦煌外治法与保健养生》

【作者】张景红。

【出版发行】甘肃文化出版社，2001 年。

【内容介绍】本书分为"中药外治法概述""古代敦煌外治法概述""敦煌养生保健初探""临床应用" 4 部分。"中药外治法概述"介绍了中药外治法起源及发展、机理与特点、临床应用要点、

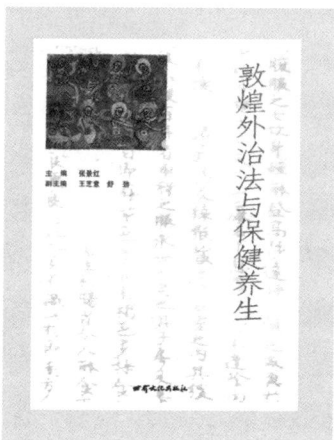

种类与方法以及非药物疗法；"古代敦煌外治法概述"着重介绍了敦煌外治法的特点，敦煌经书古灸法图，以及对 272 洞窟气功图的探和敦煌经书残卷中的部分外治方的研究；"敦煌养生保健初探"介绍了敦煌保健养生方包括道家养生方、食疗方、佛家医方；"临床应用"部分是作者在敦煌经书残卷《杂证方书九种》的基础上创立了外伤用药"敦煌伤肌宁"，并详细介绍了其现代工艺及临床研究。

《敦煌语言文字学研究》

【作者】黄征。

【出版发行】甘肃教育出版社，2002 年。

【内容介绍】本书所收录诸篇，以敦煌俗字、俗语词等俗语言文字内容为研究重点，大底以类相从，前后互通。其中"敦煌语言文字学研究要论"以阐述敦煌语言文字学之性质、范围、研究方法为要务，尤以研究方法为核心；"敦煌写本异文综述"则借敦煌写本异文之分析而全面阐述作者俗字、俗音、俗语词等诸多方面所作基本概念与见解。附录等篇以俗字、俗语词考证为主，俗音考辨揭示了"识字读半边"的原理。本书对于敦煌学文献校勘整理方面有着重要的方法论意义。

《敦煌本吐蕃医学文献精要》

【作者】罗秉芬。

【出版发行】民族出版社，2002 年。

【内容介绍】本书正文共分三编。第一编收录敦煌古藏医文献汉文译文 6 篇；第二编收录敦煌古藏医文献研究论文 12 篇（大部分是从历年发表的有关代表性的论文中选录，部分为作者自著如《古藏医文献的文字特点》）；第三编收入敦煌古藏医文献藏文原文摹写 6 篇及其相关词语注释和 1 篇藏文字母转写的象雄语医学文献。附录部分包括：汉藏对音规律表（黄布凡编）、汉藏词汇对照、藏汉词汇对照、汉藏药名对照、火灸部位和中医穴位对照、敦煌本古藏医文献解题目录、近 20 条敦煌古藏医文献研究论著解题目录（以上均为北京藏医院刘英华大夫协助整理）

本书共收入 6 篇吐蕃时期的古藏医文献和一篇象雄语医学文献。第一篇 S.T.756 上美国依俄华大学柯蔚南（W.South.Coblin）教授从英国伦敦大学博物馆印度事务部借得胶片复制的；第三篇 India Office56，57 是柯蔚南教授从华盛大学图书馆制作的影印件；第四篇 P.T.127 选自法国巴黎国家图书馆影印的《藏文文献选》第一辑；第二篇 P.T.1057、第五篇 P.T.1044 选自该文选第二辑；第六篇 P.T.1058 选自中国国家图书馆善本馆藏照片复制件；第七篇 I.O.755 象雄语医学文献，刊于《AsiaMajor》杂志（1967 年）。这 6 篇古藏医文献中，3 篇是医疗术医言汇编，两篇是火灸术医方汇编，1 篇是穴位图。它们都是手写卷，从书写形式上看保留着 9 世纪初叶藏王厘定藏文正字法之前的古朴风貌，成书时间大致为 8 ~ 9 世纪或更早年代，因此可以认定是迄今发现最早的藏文医学文献，对于研究我国藏医史有较高的文献资料价值。最后一篇象雄语医学文献

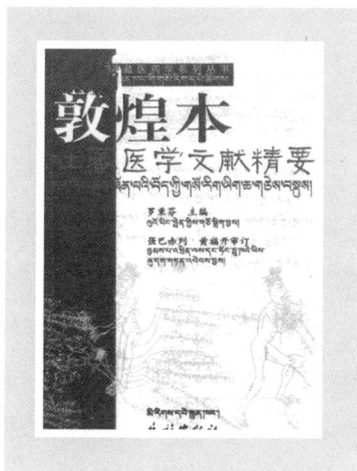

是编者根据拉丁字母转写本，用藏文字母转写还原，刊布于后。

《敦煌学通论》

【作者】刘进宝。

【出版发行】甘肃教育出版社，2002 年。

【内容介绍】这本书是在作者的《敦煌学述论》基础上增补修订而成的，是一部学术性的普及读物。它既有学术著作所具有的严谨性，又有普及读物不可或缺的可读性。全书分为：千载沧桑话敦煌，艺术瑰宝千佛洞，扼腕愤谈伤心史，敦煌遗书，敦煌学研究遍天下 5 个章节。

首先，作者对敦煌学的概念、含义、研究对象进行了论述，作者从敦煌名称的由来谈起，讲到敦煌文书以及文物被盗。介绍了敦煌遗书的内容，敦煌学的发展、目前研究敦煌学的地域和国家进行了论述。其中第 4 章对敦煌医学进行了概述，进而展望敦煌学世界研究之态势。在第 4 章中，作者对敦煌医学进行了概述。作者认为敦煌医学是一个有待发掘的医学宝库，作者提到了敦煌遗书中有 6 种古本草残卷，重要的有 3 种，即《本草集注》《新修本草》《食疗本草》；提到了敦煌遗书中的残卷有十几种，主要有《内经》《伤寒论》《脉经》的片段及《五脏经》《新集备急灸经》；提到了敦煌遗书中珍贵的民间医方。

在附录中，作者对本书成书的过程进行了论述，认为本书尽量吸收了国内外的研究成果，对敦煌学的各个方面研究状况进行了全面而系统的叙述，极便于初学者。对于敦煌学研究者也有一定的参考价值。

《中外敦煌学家评传》

【作者】陆庆夫，王冀青。

【出版发行】甘肃教育出版社，2002 年。

【内容介绍】因为考虑到敦煌学国际化的学科特征，本书共收录已故杰出敦煌学家评传 29 个，其中中国 10 个、日本 9 个、欧美各国 10 个。通过评价他们的生平，评论他们的著作，探讨他们的研究方法，来阐明他们在敦煌学领域的地位与贡献。对此，注明历史学家陈寅恪先生早就指出："东起日本，西迄英法，诸国学人，各就其治学范围，先后咸有所贡献。""在这些学人中，有学识渊博的专家、教授，有精力超人的探险家、考古者，他们有的为了寻访宝藏，曾经万里孤征于惊沙大漠；有的为了保存、整理秘籍，甚至不惜变卖家业；有的为了探索真理，虽双目失明却仍然孜孜以求……它们或筚路蓝缕，开创于前；或弘扬光大，履踪其后；而更多的后起之秀则沿着他们开拓的道路奋勇前行。"他们是：献身于敦煌吐鲁番秘籍整理的第一人罗振玉先生，敦煌领域的开拓者"海宁才子"王国维先生，充满爱国情怀的敦煌学赤子陈垣先生，首唱"敦煌学"的一代大师陈寅恪先生，考古大家黄文弼先生，将中西交通史与敦煌学结合起来的向达先生，敦煌学领域的宿将巨擘姜亮夫先生，敦煌目录学大师王重民先生，敦煌文献摄影事业的先驱者矢吹庆辉先生，国际公认的日本敦煌学和西域史研究一代宗师羽田亨，开辟了利用敦煌及西域资料研究唐宋社会经济文化的那波利贞，国际敦煌学的开山鼻祖马克尔·奥莱尔·斯坦因，俄国"东方学家""考察探险家"谢尔盖·费多洛维奇·鄂登堡，国际公认的中国学家、东方语言学家、中亚考古学家保罗·伯希和……

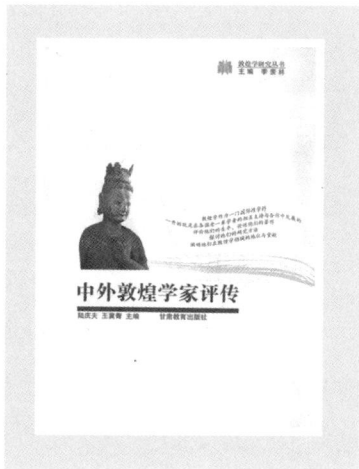

值得一提的是本书后附"本书所收中外敦煌学家主要论著编年目录"，可资检索。

《回鹘文献与回鹘文化》

【作者】杨富学。

【出版发行】民族出版社，2003 年。

【内容介绍】该书简体排版，是全面系统论说回鹘文化的代表作。该书通过对数以万计的回鹘文献的系统整理，结合汉文、阿拉伯文、波斯文史籍的记载，并广泛采用考古资料，系统、全面、深入地对古代回鹘人的语言文字、宗教信仰、文学成就、科学技术以及回鹘与周边民族的文化交流进行了全面系统的研究。该书约 46 万字，除序言、绪论、附录、缩略语表、主要参考文献与后记外，主干内容共分 3 篇，上篇概述了回鹘语文献的发现、收藏与研究、刊布状况。中篇是全文的核心，重点研究了回鹘语文、宗教、文学和科学技术 4 个方面的内容。下篇论述了回鹘与周边民族的文化关系，指出汉文化对回鹘曾产生过全方位的影响。除汉文化外，吐蕃文化与回鹘文化也互有影响。

在本书中篇的第 4 章，作者以敦煌吐鲁番所出土的回鹘医学残卷 TID120（《杂病医疗百方》）对古代回鹘医学进行了探讨。认为古代回鹘医学可分为辨证、药物和施治 3 个方面的内容。

辨证方面，见于回鹘医学残卷的疾病种类就有 60 余种；药物方面，医学残卷记载药物上百种，其中动物药 50 余种、植物药 40 余种、矿物药 9 种、其他药物若干；施治方面，回鹘医学残卷记载药方 84 首，既有内科、外科、妇科、儿科，还有伤科、五官科、牙科、神经科、皮肤科等，分类已经较为详细。

通过对回鹘古代医学文献的整理，作者认为，回鹘医学不仅历史悠久，而且具有鲜明的民族特色和完整独立的医药理论体系，为后来维吾尔医学的发展奠定了基础。在本书的附录二中收录了邓浩、杨富学发表在《段文杰敦煌研究五十年纪念文集》中的《吐鲁番本回鹘文〈杂病医疗百方〉译释》一文，可以让读者更为详细的了解古代回鹘医学。

本书涉及的敦煌卷子：TID120、T Ⅲ M66、T Ⅲ M295。

《唐五代敦煌饮食文化研究》

【作者】高启安。

【出版发行】民族出版社，2004年。

【内容介绍】本书通过对敦煌文献和敦煌石窟壁画中大量饮食资料全面、系统地整理，结合传统史料中的饮食资料及现今河西、甘肃乃至整个西北地区的饮食现象，分别从食物原料，饮食结构，饮食加工具、餐饮具，食物品种和名称，宴饮活动，宴饮坐具、坐姿、座次，婚丧仪式饮食，饮酒习俗，僧人饮食以及饮食胡风十个方面，系统讨论了唐五代时期敦煌人饮食文化的诸多方面，揭示了敦煌饮食文化农牧结合、东西荟萃，内承悠久的中原传统饮食习惯，外融周边游牧民族以及西域乃至中亚、西亚等地的饮食风俗，呈现出色彩斑斓、百花齐放的基本特征，构建出了中古时期敦煌地区饮食文化的基本框架和体系。

全书共分十章：第一章为食原料——食物结构；第二章为食器具——

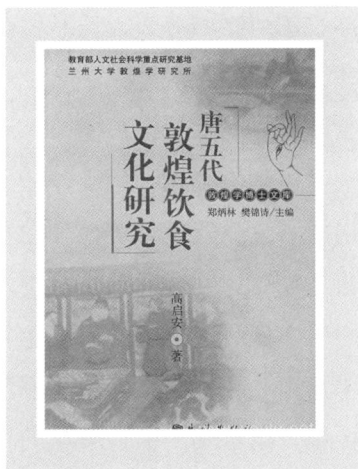

粮油加工具及炊具、餐饮具；第三章为食品种（上）——"饼"称类食物；第四章为食品种（下）——非"饼"称类食物；第五章为食活动——敦煌人的宴饮；第六章为食风俗（上）——饮食坐具、坐姿、座次及其他；第七章为食风俗（中）——婚丧和民间信仰饮食；第八章为食风俗（下）——饮酒习俗；第九章为素食者——僧人饮食；第十章为饮食胡风——敦煌饮食中的外来文化。

　　本书主要论述饮食文化，里面有少量涉及医药的内容，主要见于第七章第四节敦煌的药膳。其中主要讨论了道教卷子《呼吸静功妙诀》文后所附的"神仙粥"、佛教及其他卷子中提到的"药食"，并着重考证了"药食"所具有的药膳性质。此外，还简略地提到了敦煌日常饮食中的浆水粥的药膳功用以及敦煌地区的一些药膳习俗。敦煌地区在特定时间或节日，如佛教徒于月中和月末讲经的"布萨"日或者腊八节，有集体食用药膳的习俗，还有将药酒用于刁难戏耍迎亲新郎的婚俗。此外，在第一章中作者对敦煌文献中所涉及的麦、粟、黍、豆、稻、黄麻等粮食油料作物，萝卜、生菜、同心梨、葡萄等蔬菜瓜果，草豉、荠菜、马芹子等野生植物和菌类，盐、醋、酱、花椒、生姜、豆豉等调味品以及肉类和乳品等进行了梳理和考证，其中品类亦多涉本草。在第三章中，作者在探讨"饼"类食物中，提到了"蒸饼"的种类和制作方法，在所引《本草纲目》中言及"蒸饼……丸药所须且能治病"。又在"梧桐饼"中指出"梧桐泪"即为胡桐泪，并引《本草纲目》详其药性。在第四章中论及浆水粥的消食解腻的功效，引《前定录》中医案为据。第八章饮酒习俗中有药酒一条，引敦煌词文证其功效可延年益寿。

　　本书图文并茂，是研究唐五代时期敦煌饮食文化的一部佳作。其中涉及的医药内容虽然不多，但医药领域的读者从此新鲜视角读之，亦颇具趣味和启发。

《敦煌学概论》

【**作者**】姜亮夫。

【**出版发行**】北京出版社，2004 年。

【**内容介绍**】《敦煌学概论》是
作者为 20 世纪 80 年代教育部委托举办
的敦煌讲习班上课的讲义，经过整理于
1985 年由中华书局出版发行。2004 年
收入"大家小书丛书"。

本书分为六讲，第一讲介绍了作者
的学术生涯以及对敦煌学的研究情况。
第二讲评述了敦煌学在中国乃至世界文
化史上的价值。第三、四讲介绍了敦煌出土经卷的内容，具体包括佛教
经典、道家经典、儒家经典、文学作品、语言材料、史地材料、科技材
料七类。第五讲介绍了敦煌艺术的丰富内容。第六讲讲授了敦煌卷子的
研究方法。正文后附有作者所著《敦煌——伟大的文化宝藏》的节录文选，
简要介绍了敦煌的历史以及敦煌经卷、汉简被发现和劫失的过程。

涉及医学的内容主要见于第四讲敦煌经卷科技材料中的医学类。作
者简要介绍了敦煌出土文献中的重要医药卷子，按照本草、医方、针灸、
切脉四个类别，分别说明了这些卷子的内容、特点、学术价值以及研究
现状。此外，在第三讲谈到敦煌的道家经典时提到印度小乘宗有很多医
药卫生的内容，道教有可能受此影响。

本书言简意赅，是敦煌学入门不可多得的简明佳作，其间多有作者
自身经验的传授，娓娓道来，读之令人亲切且受益良多。

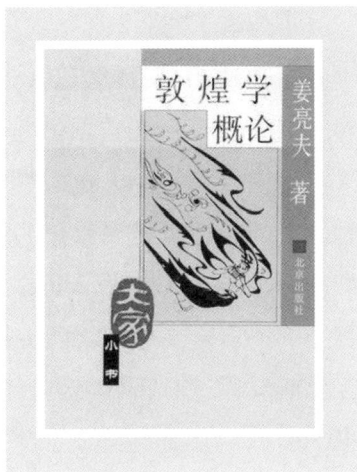

《异药殊方——出土文书与西域医学》

【作者】陈明。

【出版发行】北京大学出版社，2005 年。

【内容介绍】敦煌、西域是具有典型意义的东西医学文化交汇的地区，汉唐之际，不同文化背景下的传统医学在当地的多语言文化圈之间传播交流、相互影响。通过对西域出土的胡语医学文书的研究，可使人们对当时的历史面貌有更清晰的认知。本书广泛搜集了西域出土的胡语医学文书，将之作为整体的研究对象予以了综合考察，其研究成果填补了当时这一研究领域的空白。通过本书对西域出土的胡语医学文书的解读与研究，不仅有助于解明不同语言文化在西域的历史面貌，增进中外医学文化关系史的认识，对建构西域社会生活史也大有帮助。

全书共分十三章。第一章介绍了西域、敦煌等地出土的胡语医学文书及其研究概况，涉及语种和写卷有：①梵语医学文书：新疆库车出土的梵语医学文书《鲍威尔写本》、敦煌出土的梵文于阗文双语医典《耆婆书》、吐鲁番等地出土的梵语医学文书残片、库车出土的梵文龟兹文双语医籍《百医方》残片、大谷探险队收集的晚期印度梵语医学文书；②于阗语医学文书：敦煌出土的于阗语《医理精华》以及众多残片；③龟兹语医学残片；④粟特语医学残片；⑤犍陀罗语医学残片；⑥叙利亚语残药方；⑦回鹘语医学文书；⑧敦煌出土的藏语医学文书。第二章通过对西域现存的梵语、于阗语、粟特语、龟兹语、回鹘语医药方的比对，研究印度古典医学主流体系——生命吠陀的内容以及佛教医学对于阗、粟特、吐火罗和回鹘地方医学的影响。第三章主要考察胡语医学文书中的宗教因素，通过医学观念和实践在婆罗门教、佛教、景教等不同宗教中的表现，反映西域宗教与医事活动的交叉互动。第四至七章，根据生命吠陀的"八分医方"，分别讨论西域的眼科药方、童子方、长年方和"足身力方"的内容和具体应用方法，并将之与敦煌中医文献中的相关内容进行比较。第八至十二章，从医学交流史的角度，探讨胡语医学文化与中医学的关联。其中第十二章以"乌发沐首"这一习俗为中心，对西域古代日常社会生活进行了细节性的探讨。第十三章对前文西域出土的胡语医学文书的分析结果进行了总结，对后续研究加以展望。

作者还将《鲍威尔写本》（卷一～卷三）和《耆婆书》残卷进行了全文汉译，加上《鲍威尔写本》梵汉词汇表，作为附录附于书后。此外，文末另附索引，便于读者翻检使用。

《出土亡佚古医籍研究》

【作者】马继兴。

【出版发行】中医古籍出版社，2005年。

【内容介绍】本书是作者广泛搜集整理全国各地出土的、已亡佚的秦汉以前的医药文献、文物，分别介绍其出土情况，研究论述其内容、散佚情况、文献价值以及对挖掘中医药宝库的重要意义。

本书包含了一系列既有内在联系又相互独立的文章：全国各地出土的秦汉以前医药文化资源、当前世界各地收藏的中国出土卷子本古医药文献参考、关于敦煌卷子中《备急单验药方》书名的确定、敦煌写本的《平脉略例》及其近似文献、千佛洞中发现的隋唐古针灸图、日英俄藏《孙真人千金方》珍稀文献及其重要意

义、云梦秦简里的法医检验和医政管理、双包山汉墓出土的针灸经脉漆木人型、敦煌本张仲景《伤寒杂病论·辨脉法》残文出处考、敦煌汉文针灸图俞穴名称部位考、陇湘鄂三省相继出土的《内经》古诊法残文考、新发现一种最古的中成药刻本仿单、马王堆出土医书中的药学成就、张家山汉墓出土《脉书》初探。其中前两篇是出土文献整体概述，后面的篇章是对一些具体的特别问题展开的探讨。

文章主要探讨出土文献特征、版本、文献比较、各家学说等。出土文献特征主要论述文献所藏地、卷子外观特征、文本特征、完整性、流传情况以及基于此的一些推测；文献比较既有出土文献之间的比较，也有与传世文献的比较，比较多以表格形式，一目了然。文献内容具体涉及医学丛书、针灸、脉学、法医学、医政管理、药学等。

《敦煌出土胡语医典〈耆婆书〉研究》

【作者】陈明。

【出版发行】新文丰出版公司，2005 年。

【内容介绍】《耆婆书》是敦煌出土的梵文于阗文双语卷子，入藏伦敦印度事务部图书馆，编号为 Ch.ii003。写卷大约抄写于公元 11 世纪之前，现存为 4 个部分，其内容以药物为核心，有医方精选集的特点。《耆婆书》的于阗文本反映了它是印度"生命吠陀"医学与于阗本土医学知识交流和融合的产物。本书是对其中梵文文本的首次整体性研究和全文翻译。

全书分为上下两篇。上篇为"耆婆及其医药方研究"，共有 6 章。

首先列条《耆婆书》的内容与结构特色，通过与印度古代医典的一些比较，揭示《耆婆书》的医学成就。其次，考察印度古代其他医典中的耆婆医药方。主要以佛经为基础，研究各语种文本中耆婆故事的文学价值；分析耆婆从人间医生到天神的形象转变，揭示曾经在西域流行并影响我国的耆婆信仰现象。最后，将《耆婆书》与中医典籍中的耆婆医药方进行比较，阐明耆婆医药方在中印医学交流史上的意义。下篇为"敦煌《耆婆书》梵文本翻译"。作者通过对《耆婆书》梵文本的系统性研究，对其全文予以解读和翻译，这是《耆婆书》梵文本的首次全文翻译。作者的研究方法是利用"生命吠陀"系统中其他医典内的相同药方，与写卷中的对应词汇相比对，从而明确其在《耆婆书》中的含义，然后进行翻译。对于没有其他医典相印证的词汇，作者一方面总结《耆婆书》中梵文词形变化规律，并利用这一规律将文本"还原"为古典梵语，另一方面利用写卷中于阗文本中的对应词汇，找出其于阗语词所对应的古典梵语词，进而确定其词形与意义。为了便于读者理解，作者编写了《〈耆婆书〉梵文词汇解读示例》，收录 6 条药方中的重点词汇，以作为示范。

此外，本书还附有"《耆婆书》主要词汇表"和"《耆婆书》的写卷图版"。"《耆婆书》主要词汇表"收录写卷中梵文的主要词汇，词条下对以相应的古典梵语词形以及汉语释义。"《耆婆书》的写卷图版"反映写卷的原貌，二者皆可供有心读者参阅。

《1998-2005 敦煌学研究论著目录》

【作者】郑阿财，朱凤玉。

【出版发行】乐学书局，2006 年

【内容介绍】本书繁体排版，是两位作者继《敦煌学研究论著目录（1908—1997）》后的又一力作。该书收录了 1998 ~ 2005 年间用中文和日文发表的敦煌学著作、论文、札记、书评等各种论著的目录。全书共分12大类，即目录、总论、历史地理、社会、法制经济、语言文字、文学、经子典籍、宗教、艺术、科技、综述。每类之下，又分为若干子目，相关论著，大体按时间顺序列在每个子目下面。每一条目录，尽可能地放在一个子目下，有的论著涉及其他领域，也在另一个子目下重复出现，这虽然造成《目录》篇幅的一定量的增加，但对于研究者来说，是最为方便查阅的一种方法。

本书科技类第五部分是医药类论著目录，从 4709 ~ 4789 条，收录了中、日学者数年间敦煌医学的研究成果。

《敦煌佛儒道相关医书释要》

【作者】李应存，史正刚。

【出版发行】民族出版社，2006 年。

【内容介绍】本书为简体排版，是《敦煌学研究文库》丛书中的一部。本书分六部分对敦煌佛、儒、道相关医书进行了释要。第一部分为写在佛书正面或背面的医书，如《针灸甲乙经·卷之四·病形脉诊》节选本、《张仲景五脏论》等；第二部分为写在儒书正面或背面的医书，如 P.3378V《杂疗病药方》等；第三部分为写在道书正面或背面的医书，如 P.2882V《天宝七载张惟澄奏上

杂疗病方》残卷等；第四部分为佛书中本身所包含的医学内容，如S.5598V《毗沙门天王奉宣和尚神妙补心丸方》、P.3230《金光明最胜王经中之香药洗浴方》等）；第五部分为道教所利用的医书，P.4038《疗病养生延年方》、S.5795《辟谷长生方》等）。第六部分为佛道所共享的医书——《备急单验药方》。

该书反映了佛、儒、道对中医学的影响，同时也反映了敦煌作为佛教圣地是多种文化交流的有力象征，另一方面与佛、儒、道相关的这些医学卷子，具有很重要的理论研究潜力与临床应用价值。因此既可供从事佛、儒、道文化研究者及爱好者参考，也可为中医、中西医结合工作者及医药爱好者提供价值极高的医论和秘方。

为了保持原貌，原卷中的繁体字、异体字全部照录。原卷子录文中插入了部分原卷子图片，以供读者鉴赏。

每种卷子的研究均按"概述""原文""注解""释要"四部分进行。

本书所涉及的敦煌卷子包括：P.3481、P.2115V、S.4433V、P.3378V、S.6177V、P.2882V、P.3144V、P.3596V、P.2666V、P.2665V、S.5598V、P.3230、S.3417、P.3036、S.5379、P.2215、P.2637、P.3244、S.4636、S.5901、P.4038、P.3810、P.3960V、S.6052、S.5795、P.3043、S.2438、P.2635V、S.6030、P.3093V、S.1468。

《敦煌古医方研究》

【作者】刘喜平。

【出版发行】科学普及出版社，2006年。

【内容介绍】本书所录方剂是在马继兴主编的《敦煌古医籍考释》和丛春雨主编的《敦煌中医药全书》所载敦煌

遗书医学卷子及参考其他相关资料的文字考释、医方校勘的基础上，围绕中医理、法、方、药用药思路，突出"方证""治法""配伍"三个方剂学的关键问题，以脏腑病证为纲、具体方证和治法为目分类方剂，并紧密结合最新的临床与实验研究，筛选其中重要的复方进行初步系统的诠释与分析。

本书分为上下篇。上篇总论论述了敦煌遗书医药文献概要（医理类、本草类等）、医方概况（医方类著作、医理类著作等）、敦煌古医方研究回顾、研究展望（方证研究、治法研究等）、治法研究、价值与特色。下篇分肺系（67 首）、脾胃（63 首）、心系（33 首）、肝胆（34 首）、肾系（40 首）方证与方剂等章，每章按病证分节，如第一章肺系方证与方剂下分卫表失调、肺脏自病，每二章脾胃方证与方剂分为纳运失常、脾不统血、升降失常、传导失职等节。

本书选取主治组成等主要内容比较完整的复方（包括内服外敷，丸散膏汤方），方名基本与敦煌遗书原文一致，原文无方名或方名较长者，根据组成或内涵自拟方名。采用脏腑病证分类方剂方法，每首方剂的研究内容，均按组成、用法、治法、方证、分析、配伍、按语编写（部分方子写法顺序略有变化，无治法、按语等项）。组成主要是药味和剂量；用法包括药物加工、制备、服用使用方法和宜忌；方证（部分方原文缺方证，有备注）包括症候和病症；配伍从药味的性味、君臣佐使方面分析药方的合理性；按语是药方与其他历史文献相关药方相关性、互鉴性以及与临床实际发挥。

《中医古籍用字研究》

【**作者**】沈澍农。

【**出版发行**】中医古籍出版社，2007 年。

【**内容介绍**】本书是在作者博士论文《中医古籍用字研究——中医

古籍异位字研究》基础上撰写的。

本书站在现代人阅读古籍的角度，将古籍中凡与现代规范相合者视为"正位字"，不合者则视为"异位字"（现代废弃不用的古代词语，则尊重古人的约定或选取古代常用字形作为正位字，后文此点不一一重复说明）。换句话说，按现代用字规范来书写词语，所得词形就是现代的"正位"，如果古籍中同一词语的写法与现代写法是相同的，也以现代阅读的角度视为"正位"；反之，如果古籍中对同一词语的写法与现代写法不同，就称为"异位"。异位字记写的词语比正位字记写的词语读解难度普遍较大，此正是本书研究的注目点。在既有的术语或表述形式中，与此相近或相关的有"文字变异现象""疑难字"等。但是，以现代标准确定的"异位字"，古代未必都是"变异"的（如"古今字"中，古人用"古字"是本分，并非变异，而现代看却是"异位字"）；而"疑难字"则既有正位的，又有异位的。由于笔者未能找到适合本研究使用的现成术语，因而自撰了"正位""异位"这一对术语（以及几个衍生术语）。创造这些术语只是为了指称的方便。

本书研究站在语用学的角度，强调对古汉语词语的理解。所涉及的研究对象是多层次的，有字，也有词素、词、词组。因此，异位字的研究虽然较多地研究"字"，却不局限在文字学的范畴。其研究态势与传统的训诂学体系相似，凡古代书面语中的疑难点又属于异位变化的，都在本书研究的范围。

此外，另作副篇《中医古籍异位字例释》，分组族（一个正位词语与相应的各异位形式构成一个组族）解析一些较为典型的"异位字"的变化情况。举例以作者自己研究发掘的中医古籍异位字用例为主，酌收少量其他学者研究的佳例，对现代学者论著中的失误也适当地加以评说

（以中医古籍校注中的例子为主）。这两部分互为辅翼。此外，并时时对照大型字词典中的失收、误释等现象。正文中的引例是根据文章内容选取使用的，《例释》则是在一个正位词条之下，尽可能集齐该正位词相应的各个异位词形，尽量全面反映一个词在中医古籍中曾经出现过的各种书写形式，反之则又可以借此看到一个字曾经作为哪些字的异位形式，表现为一种集群式的研究。《中医古籍异位字例释》的编纂形式是作者正在编写中的一部小型辞书的样式，作者认为，这样的特殊辞书对于现代读者研读古籍具有特定价值。

《实用敦煌医学》

【作者】李应存。

【出版发行】甘肃科学技术出版社，2007年。

【内容介绍】本书简体排版，是在甘肃中医药大学院内自编教材《实用敦煌医学汇讲》的基础上进行修订扩充的正式出版本。全书共分上篇、下篇和附录三部分。上篇分三章分别论述了敦煌藏经洞遗书的发现及医学卷子的来源、保存情况，敦煌医学的概念及学术价值，敦煌医学研究的经历、现状及展望。下篇分五章分别论述了敦煌医理类著作、敦煌诊法类著作、敦煌本草类著作、敦煌医方分类选要、敦煌针灸类。为了保持原貌，原卷中的繁体字、异体字全部照录。原卷子录文中插入了部分原卷子图片，以供读者鉴赏。

在敦煌医理类著作中，精选了《针灸甲乙经·卷之四·病形脉诊》残本、《伤寒论·伤寒例》《张仲景五脏论》《辅行诀脏腑用药法要》《明

堂五脏论》五种医学卷子的内容；在度怒昂诊法类著作中，精选了《平脉略例》《五脏脉候阴阳相乘法》《玄感脉经》《占五脏声色源候》《七表八里三部脉》；在敦煌本草类著作中，精选了《本草经集注第一·序录》节选、《食疗本草》两种医学卷子；在敦煌医方分类选要中，精选五十首医方，按照内、外、妇、儿、男、五官、美容美发、急救、佛教、道教分为十类；在敦煌针灸类著作中，精选了《灸法图》甲乙卷、《新集备急灸经》《灸明堂经》《大唐同光四年具历·人神每月日忌流注》五种。所选的敦煌卷子均按"概述""原文""注解""释要"四部分进行研究编辑。

附录为甘肃中医药大学敦煌医学的教学与科研概况。编著该书的目的就是将敦煌医学中最实用、最核心的内容直接应用到教学、科研、临床中去，并为发扬敦煌医学的学术特色作出贡献。

本书可作为医、教、研人员及医学爱好者了解、应用敦煌医学之用，也可作为高等院校的教材使用。

本书涉及的敦煌卷子：辅行诀脏腑用药法要、P.3481、P.3287、P.2115、P.3655、S.5614、P.3477、龙530、S.76、S.6168、P.2675、S.5737、P.3247V。

《敦煌学教程》

【作者】李并成。

【出版发行】商务印书馆，2007年。

【内容介绍】《敦煌学教程》一书是西北师范大学"敦煌学"本科课程使用的教材，介绍了敦煌学各个领域的基础知识。

全书共有八章，前两章为总论，概述敦煌学的基本内容以及敦煌地区的简

史。第三至八章，每章以一至两个主题为中心，结合出土文献介绍该领域内的研究内容，具体包括敦煌学与中国古代政治、经济研究，敦煌学与民族史和古代民俗研究，敦煌教育、科技文献，敦煌文献与古代宗教研究，敦煌学与语言文字研究，敦煌艺术巡览。

其中涉及医药的内容主要见于以下几章：第五章第一节对敦煌出土的医学教材类文献从本草、医典、针灸和医方四个方面进行了论述；第三节将医学文献作为科技文献中的一种进行了探讨，强调了其抄本的性质及其重要的学术价值，并依照前述四个分类对出土卷子的数量、内容、时代、价值等进行了简要叙述。第六章的宗教研究中并没有涉及佛经道教中医学内容，但在讲述敦煌保存的密宗典籍时提到了《服药咒》。在第七章敦煌文学中，记载了几则以医药为题材的创作。如敦煌文书中保存的《下女夫词》有十余篇，反映了刁难戏弄迎亲新郎的习俗，其中有让新女婿喝药酒的情节。敦煌话本《叶净能诗》中有道士叶净能遥采仙药的神奇故事。第八章在评述各时代壁画所反映的社会风俗时，提到其中有行医、健身、洒扫等与医疗卫生相关的内容。

本书是敦煌学的入门性著作，其主旨在于全面介绍，不求精深。全书基本涵盖敦煌学的各个领域，医学内容在科技和教育章节中有较为系统的简要介绍，其余各章也有散在内容，由此也可说明医药作为社会生活的重要组成部分，在众多研究领域内均有所体现。

《敦煌写本研究年报》

【作者】高田时雄。

【出版发行】京都大学人文科学研究所，2007 年。

【内容介绍】《敦煌写本研究年报》创刊号于 2007 年 3 月，由日本京都大学人文科学研究所出版发行，截至 2019 年，已经出版第十三号。

20 世纪初，随着敦煌藏经洞出土的大量中世纪的各种文书而诞生的

"敦煌学"迅速成为东西方历史文化学界关注的焦点，其中日本学界用功尤勤，各个大学和研究机构相继出现了一大批各种形式的专题研究班，这些研究班是推动日本敦煌学不断向前发展的有效手段，也逐渐形成了日本东方学（或称为"东洋学""汉学"）研究的主要方式和特点。

2006年，高田时雄教授联络日本国内的研究人员，举办了"西陲发现中国中世写本研究班"，主要研究敦煌遗书及吐鲁番以及新疆各地出土的古文书。《敦煌写本研究年报》便是该研究班一年研究成果的总结和发表。以"年报"的形式出版研究报告，可以说是一种新的尝试。

2016年3月出版的第十号《年报》刊登了18篇研究论文，第一分册为日汉两种文字编排，第二分册目次部分为日汉双文，正文部分为英文。

在18篇论文中，与敦煌医学相关的有两篇文章，分别是岩本笃志的《敦煌本脉书小考——以俄罗斯藏敦煌文献"平脉略例"为中心》；丸山裕美子的《敦煌写本本草与日本的本草——"本草和名"的历史意义》。

通过《敦煌写本研究年报》，可以了解日本汉学界研究敦煌学的最新动态和成果。该年报为国内学者提供了一个敦煌学国际交流的平台和媒介。

《敦煌莫高窟百年图录（伯希和敦煌图录）》

【作者】郑炳林、高国祥。

【出版发行】甘肃人民出版社，2008年。

【内容介绍】《敦煌莫高窟百年图录（伯希和敦煌图录）》原名《敦煌石窟图录》，是《伯希和中亚之行》的第一卷，是法国人伯希和于

1907 年携其助手夏尔·努埃特等在莫高窟拍摄的当时发掘出的所有洞窟壁画资料。1914 ~ 1924 年间由法国巴黎保罗·格特那书店影印出版。该书被世界学界认为是一部公布时间最早且内容较为全面的莫高窟洞窟壁画图录，但国内学术界很难见到。1997 年，甘肃省古籍文献整理编译中心将其影印出版，由于使用图片的编号为伯希和编号，给研究者造成诸多不便。

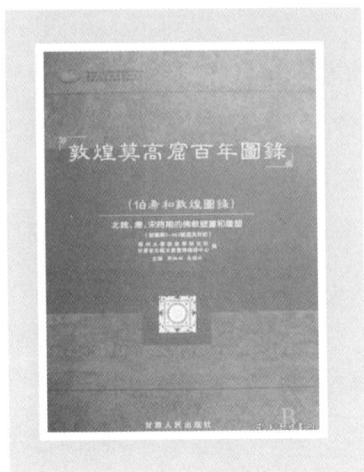

　　2008 年，由兰州大学敦煌学研究所和甘肃省古籍文献整理编译中心合作再版此书。本书集录了敦煌莫高窟原始资料图片 384 帧，内容包括 182 所洞窟，并附有日、英、汉三种文字图版说明及伯希和原序、前言。并在三个方面做了改进：①除了使用敦煌研究院编号外，同时附加伯希和编号；②将原书中"左右壁"等一并改为"东西南北壁"，与目前学术界称谓保持一致；③对原图片增加了文字说明，方便了学界研究使用。

　　自斯坦因、伯希和窃夺敦煌藏经洞文物之后，各国探宝者纷至沓来，千佛洞艺术又一次次遭受了残酷的掠夺——彩塑被盗取、壁画被贴毁，大量的千年艺术遗珍遭受了史无前例的毁坏，部分壁画损失殆尽！由于前述各种原因，原始艺术景观在今天的莫高窟及现代出版的各种有关敦煌的资料中是看不到的，至少是很不完整的。而此书的出版，从补阙和对比的角度为研究者提供了极为珍贵的佐证，具有较高的学术价值。

《辅行诀五藏用药法要传承集》

【作者】张大昌、钱超尘。

【出版发行】学苑出版社，2008 年。

【内容介绍】《辅行诀五藏用药法要》为梁·陶弘景（号华阳隐居）

撰，原藏敦煌藏经洞，是一部罕见的极为重要的中医著作。1918 年河北威县张偓南先生获得此书，世袭珍藏。

敦煌原卷毁于"文革"。后张偓南之孙张大昌将该书抄本捐赠中国中医研究院（现中国中医科学院），王雪苔先生加以整理校注。1988 年马继兴先生主编的《敦煌古医籍考释》将校注本收录，在国内外产生巨大影响。

本书是钱超尘先生及张大昌弟子将保存于张大昌亲传弟子及私淑弟子手中的 21 个抄本汇集于一，按时间先后全文收录，说明抄本来源、传承经过，撰成《辅行诀五脏用药法要传承集》，并精撰 23 篇研究性论文，对重要问题进行考证，为研究敦煌原卷及研究中国医学史（先秦至六朝）之发展提供了翔实材料，亦为研究张仲景《伤寒论》所据底本及其流传演变提供不可或缺的珍秘资料。

全书分为上篇、下篇。上篇为 21 个抄本，下篇为相关论文。前部有抄本影印件，后附有后记，对于尽可能多地了解敦煌辅行诀的原貌及其前因后果均弥足珍贵。

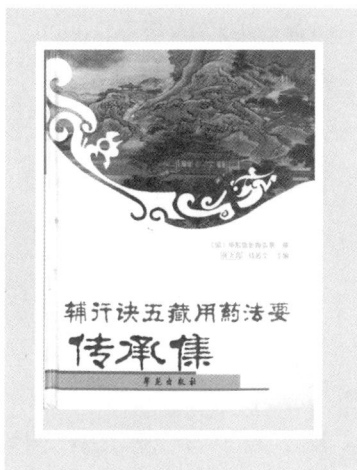

《俄罗斯藏敦煌医药文献释要》

【作者】李应存，李金田，史正刚。

【出版发行】甘肃科学技术出版社，2008 年。

【内容介绍】本书为简体排版，是第一部整理俄罗斯藏敦煌医药卷子的专著。全书共收录了《俄藏敦煌文献》中之医药文献 31 种。

全书共分八章。第一章以概述的形式对俄罗斯藏敦煌医药文献的来源、保存、研究状况及学术价值进行了论述；第二章医理类医书，考释了《黄帝内经》节选残卷、《黄帝内经·素问》"刺疟篇""气厥论篇"、《黄帝内经》《难经》摘录注本、《张仲景五脏论》《耆婆五脏论》《诸医方髓》及其相关的医书内容；第二章诊法类医书考释了《脉经》节选本、脉书残本；第三章医方类医书，考释了治五劳七伤等钟乳散方、除咳逆短气及专中丸方、治上气咳嗽等

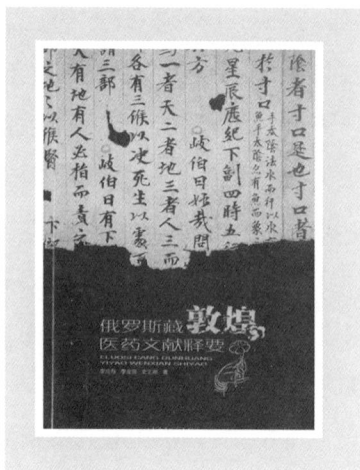

病医方、妇科疾病为主民间单验方、治妇人等病医方书残片、治妇人赤白等医方书残片、治妇人新产后等医方书残片、残存药物医方书等；第五章针灸类医书，有《针灸甲乙经》节选残本；第六章考释了"蒙学字书"中之医药学知识和习字残片中的躯体病名；第七章佛道儒及相关医书，考释了佛家医书、《救诸众生苦难经》《新菩萨经》中的十种死病残片、《劝善经》中的七种死病残片、服药咒、道家丹方、服药符箓仪轨碎片、佛儒道相关医书；第八章与疾病相关之占卜书，考释了驱祟方、医卜书、天字鬼镜图并推得病日法残片、推得病日法残片四种。

各章医药文献从"概述""原文""注解""释要"四部分对残存的俄藏敦煌医学相关文献进行了整理和考释。

原卷子录文中插入了《俄藏敦煌文献》中的部分原卷子图片，以供读者鉴赏。注解部分采用了脚注的形式，为了保持原貌，原卷中的俗体字、异体字全部照录。附录部分为作者在俄罗斯藏敦煌医药文献研究方面的论文题录。

本书是敦煌医药文献研究的重要组成部分，可供广大中医科研工作者参考使用。

本书所涉及的敦煌卷子包括：Д х 02683、Д х 11074、Д х 17453、Д х 00613、Д х 01325V、Д х 08644、Д х 02869A、Ф 356、Ф 356V、

Дx10298、Дx00924、Дx01295、Дx04437、Дx04996、
Дx02999、Дx03058、Дx04679、Дx05457、Дx00235、
Дx00239、Дx03070、Дx02822、Дx04907、Дx18173、
Дx04537V、Дx04942、Ф281、Дx06057、Дx04253、
Дx18165R、Дx18165V、Дx00506V、Дx02800、Дx03183、
Дx01258、Дx04253。

《敦煌学导论》

【作者】李正宇。

【出版发行】甘肃人民出版社，2008年。

【内容介绍】作者李正宇在自序中指出"本书以敦煌学博、硕士研究生为对象，目的在于引导学生进入敦煌学大门并略窥堂奥，所以取名《敦煌学导论》"。"笔者赞成敦煌学与吐鲁番学分门立户"，提倡建立独立的敦煌学，也不要用打上引号的所谓"敦煌学"。

本书较为全面系统地阐述敦煌学概念、性质、内容、价值意义、敦煌艺术、敦煌遗书、敦煌古遗址遗物、学科兴起和发展、学科材料与结构、各分支学研究概况、敦煌学特点及敦煌学研究法等，是一部作者多年教学和研究的学术集成。书中附66幅插图，既有人物、地点、历史事件、文书、实物照片，也有敦煌卷子影印图，其中科技资料一节中以《灸经图》作插图，可谓图文并茂。附录之《敦煌遗书选讲》，引导读者怎样去读懂敦煌社会文书，从而把握其价值意义。

本书在敦煌学体系结构中将敦煌医学划分到敦煌古代科学技术这一

分支学科，敦煌中医药学系列中，下面分敦煌中医药学、敦煌医论研究、敦煌诊疗学研究、敦煌脉学研究、敦煌药物学研究、敦煌医方研究、敦煌针灸研究、敦煌气功研究、敦煌祝由医研究、敦煌民族医学研究、敦煌古代医事活动研究、敦煌医学开发应研究等项目和子项目。

本书将敦煌医学资料归类为科技资料（并配有《灸经图》一张），如医学《医论》、陶弘景《本草经集注》（日本龙谷大学图书馆藏敦煌遗书530号）、唐·苏敬《新修本书》（S.4534、P.3822、P.3714）等都被视为医学方面的教材与读物，将《定风波》三首《阴毒伤寒脉又微》《夹食伤寒脉沉迟》《风湿伤寒脉觉紧》还有S.4508的《药名词》称之为"医类文学"。

作者认为"敦煌古代科学技术研究，最先是从敦煌遗书中的《本草》及《历日》残卷的发现及其文献学研究开始的"。1910～1955年，大致围绕《本草残卷》和《食疗本草残卷》展开讨论。从1959年周宗岐发表的《揩齿考——从敦煌壁现楷齿图谈我国历代的楷齿、刷牙和洁齿剂》，扩展到敦煌遗书中的古医方及卫生保健方面的介绍和研究。此后又进一步扩展到敦煌脉法、灸法、藏医学、敦煌汉简医药学资料研究以及传染病、祝由医等领域，敦煌医药学研究开始飞速发展。

此书探赜发微，广闻博识，时出新见。既是敦煌学专业教材及教学参考书，同时也是古代文化研究者和古代文化爱好者的优选读物。

《敦煌古医籍校证》

【作者】陈增岳。

【出版发行】广东科技出版社，2008年。

【内容介绍】本书在前人今贤的基础上，采取了汇校的方法，重新加以整理和研究，特别是使异文及有些分歧的看法能得到应有的反映。具体体现在以下诸方面：一是对于有些考辨不清而实际上可以解决的原文，尤其是方剂卷子做了进一步的考索；二是对由于原文有讹脱而导致的问题，或者由于整理者自身的安排不当造成的失误，作了一些修正；三是原文无多大问题，由于整理者误解导致的诠释义理不当，造成对某些方子的曲解作了一些更正；四是对一些大段文字的方子，尽可能找到其类似的文献予以互证；五是原文并无错误，因词语解释上存在一些失误的，加以改正；六是对原文有讹误衍脱现象，而先前各本未察或处理不当的，作了许多校勘上的工作。本书主要侧重语言文字方面的整理和解释，在文字校勘、词语解释等方面用力颇多。

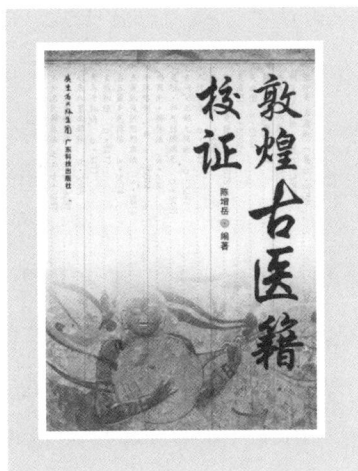

　　本书涉及的敦煌卷子有 P.2115、P.2755、P.3655、P.3287、辅行诀脏腑用药法要、S.6168、S.6262、P.2675、S.5737、P.3247、P.3287、P.3481、S.202、S.5614、S.5614、P.3477、P.3655、P.3287、《新修本草·序例》、P.3714、P.3822、S.4534、S.76、龙.530、S.3347、S.5435、P.2565、P.2662、P.2882、P.3144、P.3596、P.3731、P.3885、P.2635、P.2666、P.3201、P.3378、P.3930、P.3960、S.碎079、S.1467、S.3395、S.4329、S.4433、S.6177、《疗服石方》、S.6052、P.3043、P.4038、S.2438、S.5795、P.3093、P.2665、P.2637、P3230、S.5598、敦煌杂事类医史资料。

《十一师秘要》

【作者】赵俊欣。

【出版发行】学苑出版社，2009 年。

【内容介绍】作者将自己学医过程中遇到的十一位恩师所传授的经

验秘方予以整理。其中第二章"辨证论治要旨"收录了"张师《辅行诀五脏用药法要述略》"，即张大昌先生传授给作者的《辅行诀五脏用药法要》的讲录，多引证《黄帝内经》《伤寒杂病论》《针灸甲乙经》《肘后备急方》《备急千金要方》等，详解体用虚实及临证加减应用。配药味五行生克示意图，阐明五行五味之说，并附《辅行诀五脏用药法要》药释，结合《神农本草经》及《名医别录》注释二十五味药物的气味功用，于临床用药不无裨益。

《辅行诀脏腑用药法要》校注考证

【作者】王雪苔。

【出版发行】人民军医出版社，2009年。

【内容介绍】本书是了解和研究《辅行诀脏腑用药法要》最重要的著作之一，作者王雪苔是国内外著名的针灸学家、中国中医科学院资深研究员。全书共分三篇。上篇收载《辅行诀脏腑用药法要》繁体字校注本、简化字厘定本及作者的校注厘定说明；下篇收载作者对《辅行诀脏腑用药法要》的调查与考证的论述；附篇收录了张大昌弟子的传抄本、张大昌本人的追记本及其他有关《辅行诀脏腑用药法要》的资料选编。

校注中涉及几个重要的版本，其中王子旭于 1964 年依照原卷子抄录后，张海洲又于 1972 年依照王子旭本录了转抄本，即甲本；而张大昌依据记忆整理出来的叫作乙本。这是《辅行诀脏腑用药法要》早期的两个重要版本，甲本保留原貌较多，但在转抄过程中偶有讹误、省略和妄加改动处；乙本内容较全，但难免有误记之处。作者以甲本为底本，以乙本为对校本，凡据乙本补入或改动的文字，一律以符号标示，这样在校勘的基础上整理出两个本子，其一为繁体字校注本，以恢复原卷子的本来面目为重点，凡经校勘证明是原有的文字，虽有明显错误也不改动；其二为简化字厘定本，以展示《辅行诀脏腑用药法要》的准确内容为重点，凡经考证证明原卷子有误，则加以改正。同时也参校了张大昌回忆本意见并予以注明。相关抄本以影印全文载于附篇中，包括转抄本原件全文影印、张大昌序与追记本原稿全文影印、中研本原稿部分与打印原件全文影印、一九七六年卫生部中医研究院老专家座谈会纪要、张大昌来信原件影印、一九七六年调查取证材料原稿影印、依张大昌草图摹绘之三皇四神二十八宿图、考释本原稿部分影印等珍贵的原始材料。作者以翔实的资料和深入的研究，对这部重要的中医药古籍加以校勘整理，其目的是把当年研究调查的情况和早期资料公之于众，并且以此为基础进行考证辨析、正本清源，尽可能地还原《辅行诀脏腑用药法要》的本来面目，对继承和挖掘中医药宝库具有重要的学术价值。

《辅行诀五藏用药法要研究》

【作者】衣之镖。

【出版发行】学苑出版社，2009 年。

【内容介绍】本书分上下两篇，分别从学术思想和历史背景两方面详细论证和描述了与《辅行诀》相关的理论问题和历史现象。上篇"《辅行诀》之学术管窥"的表述逻辑是着眼于现实的，即首先承认《辅行诀》

存在着不同的传抄本系统（并罗列其典型文本三种），接着推出笔者在此基础上完成的"整订文本稿"（并保留藏经洞本复原稿），继而详细阐述其中蕴含的学术理念和整订思路。下篇"《辅行诀》时地人寻迹"的表述方式是着眼于历史的，该篇从《辅行诀》题名作者陶弘景先生的学术、人文背景谈起，并沿着陶氏生前身后《辅行诀》一轴的历史命运，渐次展开与之相关的时事、地缘、人物和文本形态的细致追溯和描述，并以《辅行诀》出洞后的第二故乡和近代主人的情况为其终结。

本书的基本创作思想是在尊重《辅行诀》传本歧出的前提之下，找到合理的解释之道、解决之道。其最本质的核心内容是以陶氏五行体用互含、火土同治等学术思想辨析《辅行诀》五脏补泻方例结构的意义；以阴阳五行合流学说的脏气法时思想和六合辨证理念，解读《辅行诀》外感天行病证治方例。

本书是研究经方理论模式、组方规律，开拓伤寒学形成史和研究思路的创新之作；提供了使经方更好地应用于临床的珍贵资料。适合于广大中医临床工作者和医史文献工作者阅读。

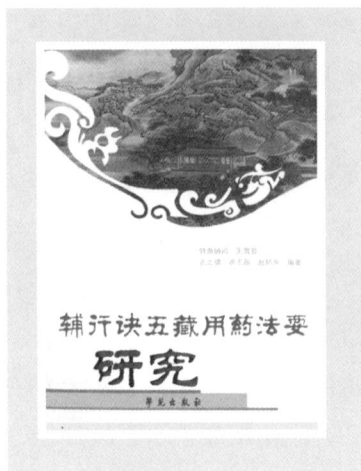

《辅行诀五脏用药法要校注讲疏》

【作者】衣之镖、赵怀舟、衣玉品。

【出版发行】学苑出版社，2009 年。

【内容介绍】该书是对《辅行诀五脏用药法要》一书文字的校注，也是对其内容的讲疏。《辅行诀五脏用药法要》是一部总结《汤液经法》

辨五脏病症组方用药规律的书籍。它承袭《内经》《神农本草经》和《汤液经法》的学术内容，发挥儒、道、释三教合一的哲学思想，在五行五味学说中引进当时思想界的体用思辨方法，同时又增入化的概念，达到了与阴阳学说有机的融合，使基础理论的脏象、经络、诊断与处方学的完全统一，完成了经方组织制度的规范，使之成为一个完整和成熟的理论体系。了解该书这些学术特点，对认识其具体内涵的科学性和实用价值，将会起到积极的作用。本书既是对《辅行诀五脏用药法要》一书文字的校注，也是对其内容的讲疏，以期将《辅行诀五脏用药法要》一书中脏腑辨证与药物配伍的真髓阐述给读者。

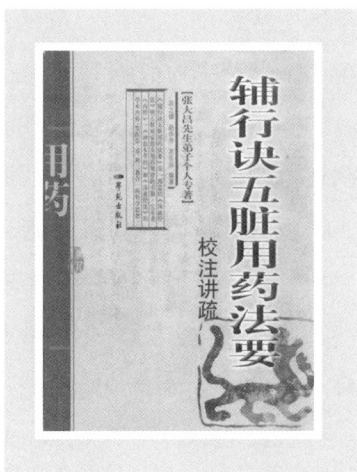

《敦煌古籍叙录》

【作者】王重民。

【出版发行】中华书局，2010 年。

【内容介绍】本书是作者将 1909 ~ 1917 年"诸位老宿对于敦煌四部书所写的题记"和 1925 年以后各报刊上发表的论文（或全录或节录）以及作者自己的题记一起汇编而成的。每种古籍著录包括书名（或兼著篇名）著者姓氏、原藏号码、各种影印或排印本。部分可据原卷或敦煌所出资料作补充的

于题记或论文之内加"重民按"。每种古籍自撰的题记只著年月,非自撰的于题记末尾著撰写年月、姓名、引用原书卷数或报刊卷期年月。

本书所收题记,仅对读者提供一些有关敦煌古籍的参考资料,少有阐述。题记主要记录卷子所藏情况、完好性、卷子作者年代推测、卷子古籍版本推测、与传世同名文献比较等等。

全书按四部分类法排列,有经部、史部、子部上、子部下、集部共计一百四十二种不同古籍。本书未收韵书、佛经、道经、单篇诗文、金石拓本的题记。医药文献在卷三子部上,包括本草集注序录(吉石盦丛书影印本)、新修本草卷十(伯三七一四)、又卷十九(斯四五三四)、食疗本草(斯七六敦煌石室碎金排印本,大东书局出版范凤源校录敦煌石室古本草本)。

《本草集注序录》题记乃是引用的是罗振玉《雪堂校刊群书叙录》卷下,就《唐本草》和《证类本草》论述了卷子中陶弘景序的一些疑点。后有作者按,可参考范行准《敦煌石室藏六朝写本本草集注序录残卷校注一文》。

《新修本草》卷十题记为作者自著,考证《纂喜庐丛书》刻本、《证类本草》《博物志》等书,定此卷为《新修本草》,考证《两唐志》、日本所藏等传世文献,定此卷为《新修本草》卷十。卷十九题记主要比较与《纂喜庐丛书》刻本异同。

《食疗本草》题记引用王国维《观堂集林》卷二十一论述其中药性冷热标记问题,引用罗振玉《敦煌石室碎金》关于本卷为《食疗本草》的真伪问题,引用范凤源《敦煌石室古本草自序》论及《食疗本草》的科学性。

《敦煌学术史——事件、人物与著述》

【作者】刘进宝。

【出版发行】中华书局，2011年。

【内容介绍】本书系南京师范大学哲学社会科学跨学科重大项目成果。

本书以百年敦煌学（1909～2009年）的学术史为主线，对敦煌学史上的一些重要事件、人物，如"敦煌在中国，敦煌学在日本"的来龙去脉、郑振铎与俄藏敦煌文献的关系等进行了辨析，从学术史的角度对相关著作进行了评述，重点探讨了近30年敦煌学研究取得的成就。

本书收录了作者从1988～2009年间在各类学术期刊、杂志（如《历史研究》《敦煌研究》《南京博物院集刊》等）上发表的关于敦煌学的文章共计27篇，包括像《敦煌学术史研究有待加强》《从"唱衣"研究看学术研究的困难》《王永兴先生学术研究中的爱国主义精神》《傅斯年为伯希和的辩解》《童丕评介》等文，较清晰地梳理了敦煌学术史的发展脉络。

《敦煌学和科技史》

【作者】王进玉。

【出版发行】甘肃教育出版社，2011年。

【内容介绍】全书15个专题，充分体现了敦煌学研究中古代科技领域的

特色，结束了国内无人对敦煌科技史全貌作系统研究的状态，也填补了中国科学技术史在这一研究领域的空白。

本书一大特点是发掘出许多新内容，并取得新的研究成果。内容不但"多""全"，而且每章每节都有新内容。特别是在多个专题中，作者将敦煌石窟壁画、敦煌遗书中过去鲜为人知的有关资料列出详细调查表。如第2章中"敦煌遗书中的数学文献统计表"（20余件），第3章中的"敦煌壁画中的提系杆秤、天平图调查表"，第4章中的"敦煌遗书中记载绢的长度与幅宽的文献调查统计表"（50多件，遗书编号、遗书名称、绢名、每匹绢长度（尺）、每匹绢幅宽（尺）、公元纪年、备注（权威出版信息）），第5章中的"记载河西、敦煌矾石的史籍目录表"，第11章的"敦煌壁画、藏经洞绢、纸画中的农作图调查表"（80多幅），第12章中"记载立机的敦煌遗书一览表""记载楼机的敦煌遗书一览表"，第13章中的"敦煌石窟壁画中的舟船调查表"（70多幅）等等。本书收集资料广泛，且重点突出，给人以全新的感觉，是一项突破性的研究成果。

本书的另一特点是作者善于吸收国内外学者的有关研究成果。该书不仅出自作者调查考证的第一手资料和新见解，同时也吸收和总结了国内外专家、学者对敦煌壁画艺术中某些与科技有关的研究成果，并有诸多正误纠谬之处。根据作者统计，本书参考引用文献多达5000多种（次），在考辨资料，纠正前人研究错误方面多有收获。书中对数十位学者的有关观点提出了纠正意见，如对《算经》的定名、对李约瑟和国内学者关于敦煌西夏"酿酒图"中"蒸馏器"的质疑、对一些学者对史书中将"金星矾"断句成"星矾"的错误，对"酿皮"与"酿皮酒"的辨析、对西汉"河内工官"弩机定为晋代弩机的纠正为西汉等。

《中国敦煌吐鲁番学著述资料目录索引》

【作者】卢善焕，师勤。

【出版发行】陕西省社会科学院出版发行室，2011 年。

【内容介绍】本书是中国敦煌吐鲁番学资料丛书的一种，共搜集我国学者自 1909 ～ 1984 年间发表的著述资料目录 3000 余条，并附有引用书刊资料一览表，为研究敦煌吐鲁番学的必备工具书。

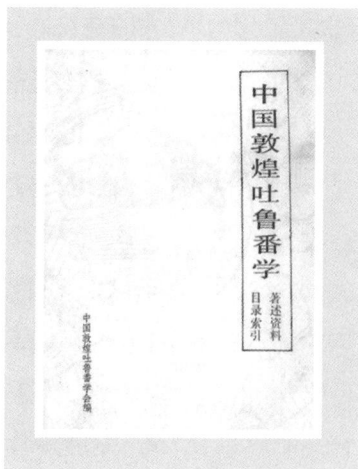

本书分为内地和台湾两部分，并按大体一致的类项（专著、专集、专辑，文物被盗记，概说，目录，资料编录，简牍，石窟史料，历史、地理，古籍、古籍考述，经济、政治、法律，语言、音韵，文学，宗教，少数民族语文书，科学技术，书评、述评、介绍、报道，学会机构、文件）和略依著作刊登先后进行编次。某些项目，因发表文章少，或不便分类，将两类或多类合并于一项。关于吐鲁番研究的论著和资料，一般情况分类列于敦煌研究同类之后。著目著录，一般先列篇（书）名，次列著者、译者，再列书刊报纸名称年份、期数。著录篇目，如见于专集时，一般尽可能依次列出书名、著（编）者、出版社、出版年份。所收篇目，以见于我国公开发行的书刊、报纸为主，并兼录国内内部刊物刊登或内部印行的文章、目录或报道。

本书除重点收录有关敦煌吐鲁番遗书、文书、敦煌艺术方面的著述、资料外，还收录研究敦煌、吐鲁番历史的论文，有关敦煌、吐鲁番的古代史籍，碑刻著录，考古报告，有关对敦煌和敦煌学学者的述评、介绍、学会机构、学会文件、学术活动的情况报道，以及现代敦煌小说、音乐舞蹈、传说和地方风土特产概况等著述或资料等等。为研究敦煌吐鲁番学的发展过程，了解敦煌吐鲁番历史及现状，提供较多的参考资料。

本书有些部分曾在刊物上刊登过。作者进一步收集有关论著，并参考了现代公开发表或内部印行的有关敦煌吐鲁番学的目录索引，对已发表的部分作了较大的补充和修订。

《辅行诀五脏用药法要临证心得录》

【作者】衣之镖。

【出版发行】中医古籍出版社，2011 年。

【内容介绍】本书是作者 30 年来运用《辅行诀五脏用药法要》方例的验案和学习心得集，分上下两篇。上篇"《辅行诀》方例医案选"以五脏辨证用药的特点，将诸大小补泻方例、外感天行大小六神方、救急五开窍方，类分为肝木门、心火门、脾土门、肺金门、肾水门五门，各列其中。各方例验案，附以按语，以期明晰辨证立法用药根据。由于《辅行诀》独特的理论体系，本书在理法方药各个环节上均不乏新颖之处，同时展示了陶氏学术的特质风姿。下篇"《辅行诀》方药践行录"为医论医话，为作者学习研探经方的心得体会和临证见闻随笔，其中"《辅行诀研究余论》"中的"简评陶氏五味理论""学习《辅行诀·序》一得""《汤液经法》用药图表'除□'应为'除逆'""大补肝汤所主晕证诊断一得""《辅行诀》传承本条辨""五脏大泻汤简易记忆法"多理事并议，论不空发，兼有案例穿插其间，可开阔思路，启人智慧。

书后有附录五篇，附录一"《辅行诀》甲乙丙本的书面考察（第二稿）"，对三种原始传抄本的文献学特征做出了初步的书面考察；之后的"《辅行诀》甲乙两本的再次考察"，修正了前篇的不足之处，加深

了对《辅行诀》版本的认知程度；附录三"《辅行诀五脏用药法》要整订稿"，则以马继兴《敦煌古医籍考释》所载为蓝本，参考诸已刊或未刊传抄本整订而成；附录四"《辅行诀》藏经洞本复原校订稿"，则综合利用现存诸传抄本以期恢复藏经洞原本；附录五为"传抄本主治异文分类研究"，赵怀舟试图通过 1965 年传抄本、1970 年传抄本、1975 年传抄本的主治异文的对比，分析并归纳出其形成原因和内容特点。

总之，《辅行诀五脏用药法要临证心得录》是一步理论联系实际的医学佳作，填补了《辅行诀五脏用药法要》临床应用研究的空白，体现了一位基层中医药工作者对敦煌医学的传承、坚守、践行和发扬。

《唐代涉医文学与医药文化》

【作者】郭树芹。

【出版发行】人民出版社，2012 年。

【内容介绍】本书是作者的博士论文"唐代涉医文学研究"的深入研究成果。是"敦煌西域文明与中国传统文化丛书"的其中一部。该书主要论述唐代涉医文学。全书共分为七章。第一章，涉医文学创作的缘起；第二章，唐以前的涉医文学概况；第三、四、五章分别从传世文献中唐代的词、文、小说类涉医作品，传世文献中唐代的涉医诗，敦煌发现的涉医作品，详细论述了唐代涉医文学；第六章主要论述唐代涉医文学反映的医学思想；第七章探讨了唐代涉医文学创作的文化成因，唐代涉医文学对后世的影响等问题。

在本书的第五章，作者探讨了敦煌变文中的涉医作品，如《伍子胥

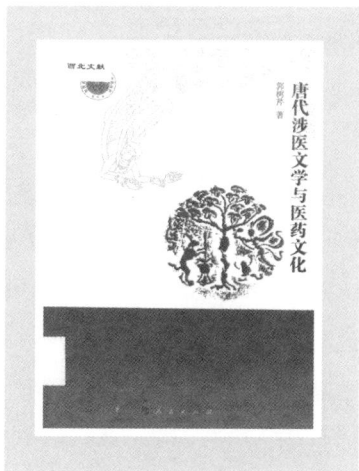

变文》中用药名隐喻对答、敦煌写卷中的医药广告、敦煌写卷《燕子赋》中的民间医疗故事、敦煌佛教文书中的涉医记述、其他文学作品中的药物记载等。

本书涉及的敦煌卷子：P.3213、S.6331、S.328、P.2794、P.3644。

《英藏敦煌医学文献图影与注疏》

【作者】王淑民。

【出版发行】人民卫生出版社，2012年。

【内容介绍】本书是对英藏敦煌医学文献的全彩图文整理注释。图像由大英图书馆敦煌研究计划（IPD）授权使用，图像下的编号属大英图书馆的印刷标志。

全书为繁体排版，分图影篇与注疏篇两部分。图影篇首次载录高清晰敦煌医学文献写卷的彩色图影 152 幅；注疏篇依据图影篇的文献顺序对它们进行释文、注释、疏证，收录敦煌医学写卷 29 种，分为医经诊法类、本草类、灸法类、医方类和其他 5 个大类。书末附有重要词语索引，方便查阅。

注疏篇中，作者在前人研究的基础上进一步精确释文，补入原来因条件所限而无法识别的字，纠正以往的误识文字，并对 11 个敦煌残卷进行了辑补与缀合；对与现行简体字字形相同的古代俗字保留原貌，未加改动；每篇释文，对较难辨识的俗字、异体字、避讳字，首见处用原字，并与该字后的括号内标出同型繁体字，再次出现时径改为其同型繁体字，不再标识，也不再出注说明。对写卷涉及的文献考证内容用"疏证"形

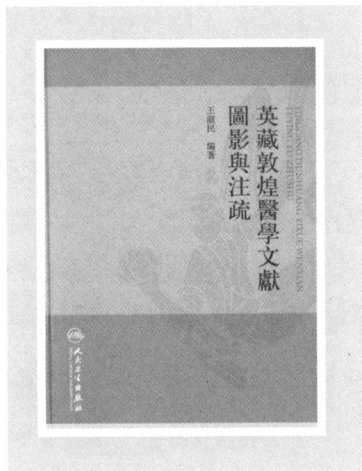

式论证说明。所有校勘与注解，均以注脚形式列于页脚。

本书的出版，弥补了敦煌医学文献只见文字不见写卷原貌的缺憾，对深入研究我国隋唐时期医学文献有重要意义。

《英藏敦煌医学文献图影与注疏》可供从事中医文献、理论、学术史研究的人员参考，对研究敦煌历史、文化者也有借鉴作用。

本书所涉及的敦煌卷子包括：S.202R、S.6245V、9431R、8289R、S.5614F、S.4534R、9434V、S.76R、S.5968R、S.6168R、6262R、S.5737R、S.3347R、3395、9987AR、9987CV、S.1467R、S.1467V、S.5435、S.6177V、S.6052R、S.4329V、S.6084R、S.4433V、S.10527R、S.5795R、S.2438R1、S.6030R、S.5598V、S.5901R1、S.6107R、S.11363R、11363V、S.9936R。

《本草集注序录》

【作者】郭秀梅。

【出版发行】学苑出版社，2013年。

【内容介绍】本书敦煌卷子本《本草集注序录》为日本龙谷大学所藏之彩色仿真影印本，极为清晰，毫末毕现。

解题参考日本藤枝晃"写本解题"，赤崛昭《敦煌本〈本草集注〉解说》，樱井谦介、小林清市《〈本草集注〉关连资料考异》诸文编译而成。

本书解题介绍了卷子本形态与内容、卷子本抄写与流传、卷子本彩色影印之意义。

外观已于原卷加裱青色织锦首尾，以青色绦带系卷，外封白纸签题作"比丘含注戒本都"。此青色织锦封面及签题为现存大谷珍藏敦煌卷子本统一装帧形式，系大谷探险队返回京都后所制，或归藏二乐庄后裱

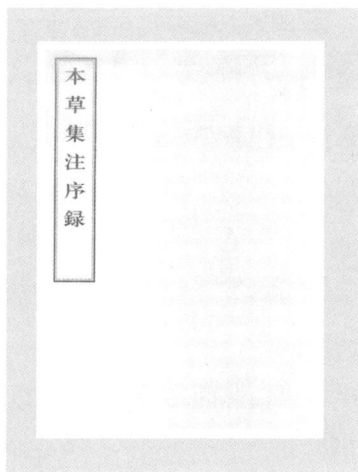

装而成。

此卷子两面书写，实收录三种文献。正面书写内容为《比丘含注戒本》，反面书写《大智度论》及《本草集注序录》。作者认为《本草集注》之遗存实属偶然，即《本草集注》卷子抄写在先，后遭废弃，佛教徒利用背面抄写《比丘含注戒本》，因纸短不足，又续接以《大智度论》卷子抄写。因此相关敦煌文献书目多将此卷著录为《比丘含注戒本》。

卷子本《本草集注》书于楮纸，纸质坚实，凡四十五纸，长约17m，纸幅纵28cm，横40cm，画有栏格，栏高约23cm。栏内引纵行网格线。每纸18行，行距均匀。每行字数，一般为14～15字，间有12字或19字。《本草集注》所存四十五纸，因原卷破损，利用背面抄写《比丘含注戒本》时，第四十五纸被裁去数行，故正文自第四十四纸始，合计总存722行，又原卷有插入四纸，曾经衬纸修补。其中第三、四、五、六、七纸（《七情表》部分），纸质与前后不同，纸幅较短，且无纵行格线。初步推测，或系最初抄写《本草集注》时，裁剪其他写本并入此卷。

卷子本《本草集注》现存五处修补痕迹：第710行、第691行至699行、第644行至645行下方、第392、393行间、第347行下部。除第四处采用现代联缀方法外，其他四处皆粘贴于《本草集注》卷面，为保护《比丘含戒本》而作。

敦煌卷子本《本草集注》1915年有罗振玉石印本，1955年群联出版社曾再次影印，称为《敦煌出土〈本草集注〉》影印本。然而石印本问题颇多，如浅色文字均未显现等；1997年龙谷大学与法藏馆共同摄制出版黑白影印本《本草集注序录·比丘含注戒本》（龙谷大学善本丛书16）。

本书为首次彩色仿真影印，旨在向学界提供卷子本原貌，实具重要意义。

《敦煌的博物学世界》

【作者】余欣。

【出版发行】甘肃教育出版社，2013年。

【内容介绍】《敦煌的博物学世界》是"敦煌讲座书系"中的一本，作者余欣一直致力于重建中国的博物学传统。本书是他运用敦煌资料进行中古博物学史研究的一次尝试，旨在构建敦煌博物学的基本框架和方法示例。

该书从观念和实践两个层面来构筑体系，不仅有具体名物的考证，也包括社会思想的分析。全书列六编，分别以"天""地""时""相物""庶物""异物"为主题。其中涉及传统医药的内容主要见于第五章，此外第二章、第三章也有部分涉及。

第五编为"园菜果瓜助米粮：敦煌蔬菜博物志"，对敦煌文献中涉及的部分蔬果进行了名物考证。该编虽从食物出发，但其中多有药食两用之品，作者亦引历代本草为据，故而从传统药物学的角度对此加以品读，也颇具趣味和启发。第一章为"时要字样：日常蔬果点将录"，其中第一节"字书中的蔬菜名录"对一些蔬果进行了名物的考证，具体涉及 S.3227V、《杂集时要用字》（二）中"饮食部"所载的白瓜、荸荠、胡擂子、马芹，"姜笋部"的荸苫、鹿角、松□（蕈?）；《杂集时要用字》（三）中的兰香、崔蓼子、葵、芥、细叶、荠、蛇瓜、荷姜叶、沙葱、灰调、汉瓜、葫芦；《杂集时要用字》（九）中的茄瓠、荆芥、茵陈、青蒿；《诸杂字一本》（一）中的菠薐、茱萸；《俗务要名林》中的香菜、枸杞、胡葸、苦芙。第二节"本草医方中的'菜药'"对 P.2882V《不知名医方残卷》与 P.2666V《单验解除杂疗方》中所载涉及"菜药"的医方进行了整理，摘录了马炽菜、胡荽、藭梨、兰香、胡苴、薄荷菜、葱等蔬菜入药的医方。第三节"入破历中的生产消费记录"通过对寺院的入破历的研究，复原了葱、葫芦种植生产的农事时间表。

第二章"蕃客入华：诸军达风土记"中通过文献学和语言学分析，对莙荙与苤菜进行了名物溯源，考辨了诸军达与莙荙的异同，考证诸军达为根用甜菜，而莙荙为叶用甜菜，二者皆由波斯传入。

第三章"垢障之间：五辛食禁嬗变史"探讨了禁食葱蒜之类的五辛植物这一观念在佛道、民俗、医疗不同视野下的表现及其背后的缘由。

本书为读者提供了一种中国传统的博物学视角，不仅可以使读者理清这些蔬果的名称、性状、原产地以及它们在敦煌以及中国古代医疗、农业生产、日常生活或民间信仰上的使用状况，更以此为线索，向读者展现出其背后所具有的精神文化层面的意义以及不同文明之间的交流互动，可为习惯于专门领域研究的读者拓展新的视野。

《敦煌文献与中古教育》

【作者】屈直敏。

【出版发行】甘肃教育出版社，2013 年。

【内容介绍】《敦煌文献与中古教育》是"敦煌讲座书系"中的一本。本书以敦煌文献与中古教育为题，结合传世文献与敦煌文献，从中央和地方两个层面出发，对中古时期的教育体制加以考据。其中略论中央教育体制的建置沿革与流变，而详述地方教育的发展与中古教育特质的变迁。

全书共分七章。前三章主要考据汉唐之间中央和地方的教育体制，

其内容以儒学为主体，旁及医学、算学等专门教育。涉及医学的内容主要见于第二章和第三章，考证北魏、隋、唐时期医学制度建置。其中较为充实的部分为：第三章第三节中对历代中央官学医学教育体系系统性的专门论述，对兽医学情况的简述；第三章第四节对唐代地方官学中的医学教育体系的考据。

后四章则专论敦煌的地方教育，论述条理清晰，考据翔实。第四章运用出土文献考证了敦煌的学校教育，其中涉及医学的卷子有：《沙州都督府图经》残卷，记载了有关沙州地方州医学建置的基本情况。在哈喇和卓一号墓出土的编号为64TKMI：28（a）、31（a）、37/I（b）、372（b）的《唐西州某乡户口账》三件残文书与阿斯塔那380号墓出土编号为67TAM380：01（a）的《唐西州高昌县和义方等差科簿》，其中载有西州地方医学教育的内容。《天宝十载敦煌县差科簿》，记录一则医学博士的任职情况。第五章大略提及技术院所承担的医学教育责任。第六章第三节"医学与道学教材"中系统梳理了唐代医学科教习和考试的主要内容，并对敦煌遗书中的医药文献进行了分类整理和提要概述。第八章第二节在论述隋唐时期三教并用政策和融合三教的思想对中古教育的影响时，记载了医僧翟法荣的大致生平。

总而言之，本书在对中古时期官方教育体制研究的整体框架下，对中古时期的医学教育状况，尤其是敦煌地区的医学教育，也予以了清晰的梳理和扎实的考证。阅读此书，有助于读者较为深入系统的了解中古时期的官方医学教育体制的建置以及其在敦煌地区的实际运行状况。

《敦煌占卜文献与社会生活》

【作者】王晶波。

【出版发行】甘肃教育出版社，2013年。

【内容介绍】《敦煌占卜文献与社会生活》是"敦煌讲座书系"中

的一本。本书在前人研究成果的基础上，对敦煌占卜文献进行了进一步的分类梳理与考订，并考察了占卜对民众社会生活的影响及其表现形态，讨论占卜所涉及的家庭婚姻、生育子孙、疾病医疗、出行、居住、丧葬等方面的问题。该书将敦煌占卜文献分为卜法、式占、占候、相书、梦书、禄命、宅经、葬书、时日宜忌、杂占及其他十类。

　　全书共分十二章。前十一章依照具体类别对敦煌文献进行了整理，简略探讨了相应的占卜术法对当时社会的影响。第十二章则集中探讨了中古时期人们在婚姻、生育、子孙、疾病、医疗、猜物游戏等方面对占卜术的运用，反映了当时社会生活的情形。

　　疾病医疗是人们日常生活中尤为关心的事项，这也反映在敦煌占卜文献中，其中存有大量与疾病医疗相关的内容，有的记载较为详细，有的则较为简单。本书各章节中都基本有涉及医疗占卜的写本，其中比较集中的主要见于第十章第六节"敦煌时日宜忌类文献·占病类"，收录敦煌所保存的占病书，里面对占卜内容记载较为详细，涉及疾病类型、症状、病因、发病、治疗等情况。具体包括 26 个卷号，可以缀合成 10 件写本：①P.2856《发病书》；②Дx.00506V+Дx.05924《推得病日法》拟）；③P.3402V+P.4732V《发病书》（拟）；④羽015→P.2978V《发病书》（拟）；⑤S.6196→S.6346《发病书》（拟）；⑥Дx.01258+Дx.03165+Дx.03829+Дx.01259+（Дx.04253V+Дx.04253）+Дx.01289+Дx.02977+（Дx.05193+Дx.05193V）+（Дx.06761+Дx.06761V）+Дx.03162《天牢鬼镜图并推得病日法》；⑦S.6216《年立推病法》（拟）；⑧P.3556VF《推十干病法》（拟）；⑨S.1468A《推得病日鬼法及厌法》（拟）；⑩P.3081V《推病书》（拟）。

　　此外，第五章相书类收录了《面部气色吉凶法》"候病人法"，从五脏、

五行、五色的相配，来判定病人所得何病，有何症状，将死于何日。第十一章杂占类第一节"身体生理占"记载了通过耳鸣、耳热、心惊、手足痒等人体生理现象预示吉凶的占卜法，共有 3 个卷号，分别为 P.2621V、P.2661V、P.3398C。在易占、李老君十二钱卜法、孔子马头卜法、占候书、灵棋卜法、宅经、葬书等类中，也收载了一些含有医疗占卜的卷子，其内容较为简略，或是简单预测疾病的吉凶，或是疾病仅为占卜的结果。

除了上述对写本的整理外，作者在第十二章第三节"敦煌占卜文献与唐五代宋初的疾病、医疗"中对敦煌所存医疗占卜文献的内容及其所反映的当时的社会医疗情况进行了专门探讨。

阅读本书，有助于读者较为系统的了解敦煌文献中所载的医疗占卜情况及其背后所反映的社会生活情形。书中收载文献全面翔实，也可以作为工具书使用。

《辅行诀五脏用药法要药性探真》

【**作者**】衣之镖。

【**出版发行**】学苑出版社，2014 年。

【**内容介绍**】该书是一部运用古代天人合一思想和取象比类方法对《辅行诀五脏用药法要》所有药物进行性能分析、归类的探索之作，其目的在于力图寻求《辅行诀五脏用药法要》原著作者陶弘景对该书所用药物，五行互含属性命名的思路和根据，以期加强对其药学理论的认识，更好地将其方药运用于临床。全书共分三章。第一章"五脏补泻草木方例用药释义"，依据《〈辅行诀五脏用药法要〉整订稿》五味五行互含名位推论，参考《本经》和

《名医别录》，旁及《本经疏证》《本草纲目》等诸家本草相关内容撰成，涉及药味36味。第二章"虚劳五补方菜果谷畜类药释义"，涉及药味23味，作者认为《辅行诀》虚劳五补汤中，除谷类用相应本脏所属之谷物酿制品及菜类为用生姜代脾菜葵之外，其余皆为《灵枢·五味》本脏病者宜食之品，故本章以其内容为基础，结合陶氏学理而成。第三章"五脏补泻金石方例用药释义"，依据五行互含属性对33味金石药功用主治予以阐释。《辅行诀五脏用药法要药性探真》内容丰富，涉及古代文史哲、地理、气象、生物等知识，展现了中医学术与多学科的关系，不但为中医临床医师提供有价值的参考书，也为广大热爱中医文化的读者提供一些有益的启示。诚如曹东义先生在序言中所云"《辅行诀五脏用药法要药性探真》是一部内容十分丰富的大书，不同人可以在其中找到自己需要的内容"，作者亦云"探索陶氏用药椎轮、刳木之本真，以利火车、舰艇之当代技术，乃本书初衷"，诚如所言。

《印度梵文医典〈医理精华〉研究》

【作者】陈明。

【出版发行】商务印书馆，2014年。

【内容介绍】《印度梵文医典〈医理精华〉研究》是"欧亚备要丛书"中的一本。本书是对印度梵文医典《医理精华》的首次汉文翻译，填补了印度医典现代汉译的研究空白，并在大量翻译和实证性研究的工作基础上，从医药文化交流的角度，说明了中外文化交流所具有的积极意义。

印度梵文医典
《医理精华》研究

陈明著

　　本书分为上下两篇。上篇是对《医理精华》的文本研究，下篇则是文本的翻译。

在上篇中，作者对首先对《医理精华》的内容和前代研究进行了概述，继而从中印医学文化交流和印度佛教医学两个角度出发，运用宗教学、语言学、文献学的研究方法，对《医理精华》进行了深入的文本研究。第一章作者主要探讨了以下几个内容：从医学交流的角度出发，通过比较《医理精华》与《鲍威尔写本》中医学理论的特色和医方内容的异同，对《医理精华》在西域地区的流传情况进行了讲述；利用敦煌出土的汉文医学资料，对其所蕴含的印度医理以及药物加以考证，说明印度医学对敦煌的实际影响；通过对与《医理精华》相关的佉卢文、藏文和回鹘文的医方考证，尤以"达子香叶散"方为例，说明了《医理精华》在西域各语言文化圈内医学中的流传与影响；通过对唐宋本草与《医理精华》共载的 16 种主要药物主治功效的比定，说明了唐宋时期的药物引入以及印度医学对传统中医学的影响及被"本土化"的过程。第二章作者从佛教医学的角度，从医学理论、梵汉药名对译和非咒术类药方三个主要方面，对《医理精华》与印度佛教医学材料进行了比较研究。

下篇的文本翻译分为三个部分：《医理精华》的文本翻译、《医理精华词汇》翻译、部分翻译名词详注。其翻译精审，为学界提供了一部印度医典的汉译佳本，为相关研究工作奠定了文献基础。其中又包括大量专有名词的比定、对证和解释，具有一定工具书性质，可供检索部分梵汉医药词汇使用。

全文后还附有词汇表、中文专名索引，便于读者检阅。

《中国出土古医书考释与研究》

【作者】马继兴。

【出版发行】上海科学技术出版社，2015 年。

【内容介绍】本书是一部系统研究中国出土古医书的巨著，亦是集多种失传珍稀古医药著作及医方、本草学、针灸学、养生学、古老技术与理论、民间常用药物及民族医药学为一体的大型中国早期古代医药学百科全书。

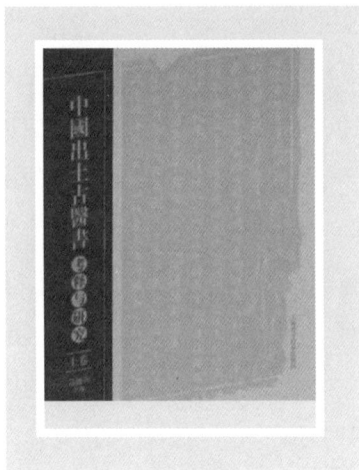

本书所研究的出土古医书主要为境内出土古医书卷子，内容相对完整丰富、学术价值高，对有进一步研究与开发价值的古医书文献进行了考释与研究。本书分上、中、下三卷。上卷主要对出土古医书的来源、我国出土古医书的保存情况、当前世界各地收藏的中国出土卷子本古医药文献等进行汇总。中卷与下卷是对敦煌古医书（医经类三种、五脏论类六种、诊法类十五种、伤寒论类四种、医方类三十二种、本草类十种、针灸类八种、辟谷、服石、杂禁方类十二种、佛家、道家医方类六种、医史资料类十三种）、武威汉代医简、马王堆汉墓医书（十四种）及其他出土古医书如张家山汉墓出土古医书、周家台秦简中的医方以及黑城出土的古医方等进行考释与研究，包括提要（卷子的形制、医书出处、成书年代及撰者、原馆藏编号及卷子医书的定名、抄写年代的考证等）、原文、校注、按语（与其他校本或古文献资料的对照、处方方义的简释、本草药性的功用主治、针灸孔穴的所属经脉及部位、方药炮炙的补充解说，以及有关该段文字的总括或分析等补充发挥与阐述性内容）等条目。

从内容上看，本书主要做了以下四个方面的工作。

一是学术成就的总结与论证。作者多年来在武威汉代医简、敦煌古医书及马王堆汉墓医书的考释方面做了大量的研究工作，取得极大的成绩。本书在这些研究的基础上，结合近年来我国在考古学以及出土文献研究方面的进展（如大量流落在国外的出土文献能以数字化形式得以重现，从而为本书提供了第一手翔实的资料，弥补了原卷实物摄影胶片的不足），系统梳理与总结了我国出土古医书的特点、保存情况、文化价值、学术价值与应用价值，并对具有重要文献参考价值与研究价值的古医书进行了考释与研究，旨在全面反映我国出土古医书的研究进展。通过出土医书具体内容的考察，使优秀学术遗产得以继承，埋没了千余年之久的很多具有重要学术价值的医学理论与实践经验也得以重见天日，再现昔日灿烂的华彩。

二是历史文献的修复与还原。无论是敦煌、马王堆、武威、张家山或是周家台秦简出土的古医书距今年代久远，出土后的原书破损之处甚多。其中虽已有不少零残碎片业经整复补正，但仍有某些有待重新研究与修订之处。该书文献考释部分则根据原文本身的内证，结合传世古籍的旁证将其原文予以复原，包括残文断句的修复、释文欠妥的订正原本文字的还原等工作。

三是医籍原文的注释与串讲。出土古医籍中有大量与后世同文异义或同文多义的字与词。因此必须利用训诂学方法逐字逐词地详考其各种出处渊源，特别是更多借助于传世或出土的汉、唐以前古籍原文与训解，并参考前人研究汉学的成果，经过反复印证与对比，始可得出客观公允的结论。其中尤其对于同一字、同一词而具有异议或疑义者，更需要重点加以辨析，使之既能充分显示各家不同的主要见解，又要突出该字、该词在本帛（简）书中的真实含义。这也是本书力求达到的目标。

四是珍稀典籍的弥补与校正。通过与传世古医书的相互补校、出土古医籍之间的相互校补，从而对出土古医书的原文进行注释及考证，可以提供大量见于最早文字记载的医药史料信息，为深入考察中国医药学各学科发展的渊源提供重要依据。例如在经络学说的发展历史中，《足臂十一脉灸经》和《阴阳十一脉灸经》均早于《灵枢 经脉》篇的事实已经得到当前学术界的公认，也使人们对于经络学说的早期形成过程有了一个更为明确、客观的认识。

《敦煌医药文献真迹释录》

【作者】袁仁智、潘文。

【出版发行】中医古籍出版社，2015 年。

【内容介绍】该书是在其博士论文的基础上编撰而成，为敦煌医药文献研究方面的集大成之作。作者以高清晰的国际敦煌项目组织（IDP）图影及敦煌简图为底本，首次以图版、录文和注文的形式对敦煌藏经洞出土的医药卷子和敦煌出土汉代医简予以全新解读，弥补了前人往往只出录文而图版缺如之憾，既增强了出土文献整理的真实感，也为读者的后续研究提供了便利。该书涉及的卷子有：P.2171、P.2215、P.2718、P.2794、P.3156、P.3244V、P.3378、P.3749、P.3877P1+P.3885V、P.3877P1 P.4506、P.4563、P.4710、P.4837B、S.2072、S.2438、S.4679、S.5379、S.5598、S.5797、S.5969、S.6107、S.6245V、S.9431、S.9443V、S.8289V、S.9517、Дx00613、Дx02683、Дx11074、Дx17453、Дx01325V、Дx02869A、Дx08644、Дx18165R、Дx18165V、Ø356V、Ø356、TK187、Дx00235、Дx00239、Дx03070、Дx00263、Дx00924、Дx01258、Дx04253、Дx02822、Дx02999、Дx03058、Дx04437、Дx04537V、Дx04679、Дx04907、Дx04942、Дx04996、Дx06057、Дx10298、、Дx18173、Ф281、Дx02800、Дx03183、Дx01454、Дx02418V、Дx00506V、Дx05457、Дx01064、Дx01699、Дx01700、Дx01701、Дx01702、Дx01703、Дx01704、Дx00169、Дx00170、Дx02632、A21、TK173、NHB.NO6867、TK221、TK322、Ch354r、Ch354b、Ch396、Ch1617v、Ch483、Ch483V、Ch1986v、Ch3138v、Ch1036r、Ch3167、Ch3218、Ch3725、CH.3725、吐鲁番出土《刘涓子鬼

遗方》、李盛铎藏新修本草、日本藏明堂敦煌残片、日本藏天理大学牛热风心病方、吐峪沟唐钞本草目录残片。

《影印南朝秘本敦煌秘卷〈伤寒论〉校注考证》

【作者】钱超尘。

【出版发行】学苑出版社，2015年。

【内容介绍】本文为繁体排版，分为两部分。一是《太平圣惠方》中收录的南朝秘本《伤寒论》考证。二是敦煌藏经洞《伤寒论》秘卷考证。

《太平圣惠方》始编于北宋太平兴国三年（978），刊成于淳化三年（992），历十四年而书成，卷八收录南朝医师秘传本《伤寒论》，故以"南朝秘本"名之。孙思邈《备急千金要方·卷九》云："江南诸师秘《仲景要方》不传。"

南朝秘本《伤寒论》掩藏于卷帙浩繁的《太平圣惠方》中，一直鲜为人知，本书第一次对此本进行校注考证，以日本金泽文库《太平圣惠方》卷八为底本，以元天历三年（1330）广勤堂本《脉经》、日本宫内厅书陵布所藏宋本《诸病源候论》、日本文政十二年（1829）重雕元大德本《千金翼》卷九卷十、台湾故宫博物院所藏《仲景全书》收录之宋本《伤寒论》及朝鲜《医方类聚》为校本。

南朝秘本《伤寒论》考证共分为南朝秘本《伤寒论》概说、南朝秘本《伤寒论》校注、《伤寒三阴三阳应用汤散诸方》考释、影印日本金泽文库南朝秘本《伤寒论》（《太平圣惠方》卷八）、南朝秘本《伤寒论》的重要价值、宋本《伤寒论》以南朝秘本为校本六部分。通过考证，发现南朝秘本《伤寒论》可补宋本阙文，可校宋本讹字，证候居前，方

剂列后，正是古本《伤寒论》早期面貌。由此可见，南朝秘本是研究《伤寒论》文献师必读之作。

敦煌《伤寒论》秘卷，原无题名，根据抄写内容，与《伤寒论》的《辨脉法》和《伤寒例》相同，只是有些残缺，故名之敦煌《伤寒论》秘卷。这些文书共计三部分，一部分藏在伦敦煌博物馆，编号为 S.202，作者将之命名为"敦煌《伤寒论》秘卷甲本"。《伤寒论》乙本与丙本均出自法藏敦煌遗书 P.3287。

敦煌秘卷《伤寒论》考证共分为敦煌《伤寒论》秘卷、影印敦煌《伤寒论》秘卷两部分。

通过考证，作者认为，敦煌《伤寒论》秘卷甲本（S.202）的抄写时间应在南朝宋齐时期，《伤寒论》秘卷乙本与丙本（P.3287）抄写时代的下限应在唐高宗李治之世。作者认为，通过敦煌秘卷的考证，可证明《金匮玉函经》是梁以前传本，并可以进一步明晰《伤寒论》的流转脉络。

本书所涉及的敦煌卷子包括：S.202，P.3287。

《敦煌俗字典》

【作者】黄征。

【出版发行】上海教育出版社，2015 年。

【内容介绍】《敦煌俗字典》首次以字典的形式收释敦煌写本文献中所见的异体俗字，兼收隶古定字、避讳字、武周新字、合文等，隶、楷、草、行诸书体不限；材料来源于英、法、俄、日等国和我国北京、天津、上海、甘肃、浙江等地所藏敦煌文献。该字典具有突

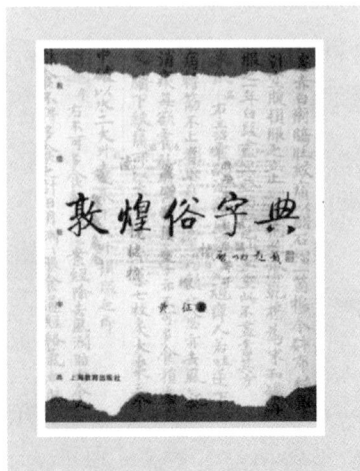

出的开创意义与应用价值，为敦煌、吐鲁番、黑水城等地出土的古代写本文献的解读提供了专用工具，为《汉语大字典》等大型辞书的修订、补充提供了可靠依据，为书法史的研究提供了翔实资料，为汉字史的研究提供了最可宝贵的新鲜资料。除了这些明显的成就、价值之外，《敦煌俗字典》还有如下几个方面的突出特点。

一、以下定义的方式给俗字及敦煌俗字做出了严密的界定

关于俗字，历来有很多看法。《中国大百科全书·语言文字》《汉语大词典》《辞源》《辞海》《中文大辞典》等大型工具书都从不同角度给出了各种不同的解释；蒋礼鸿的《中国俗文字学研究导论》、裘锡圭的《文字学概要》、张涌泉的《敦煌俗字研究导论》等论著，也曾对"俗字"进行过专门的讨论。以上诸家的观点，虽然各有其立论之据，但大都属于描述性的说明，没有做出严密的定义。《敦煌俗字典》明确指出："汉语俗字是汉字历史上各个时期流行于各社会阶层的不规范的异体字"，进而提出"敦煌俗字就是敦煌出土文献中的不规范异体字"。这一标准，为学界今后进一步研究俗字，尤其是敦煌俗字提供了一个可资依据的标准。

二、强调了敦煌俗字自成体系，并非"讹字"

《敦煌俗字典》从汉字演变的手段、规律等方面，举例论证了擅改原卷的错误。

三、首次以大量扫描切割敦煌写本真迹的方式著录俗字

用计算机制图软件切割字形，完全保存了原卷文字的形态，还对原字形周边甚至内部的斑点和杂乱痕迹进行了逐字清理，保证了字典中字形的清晰、大小适中，既注重了字典质量，又注意了使用方便，避免了手抄、描摹以及照片剪贴所造成的字形不准确、字迹模糊、笔画粘连、分辨率低等问题。作者在切割出敦煌写本原卷字形的同时，还把每个例字的所在文句都摘录下来，达到了现代辞书必须有实际用例的要求，科学性大大增强。

四、首次按照模糊笔画数编制索引

《敦煌俗字典》的索引是根据手写体字形编制的。手写体字形笔画复杂。对同一字形，不同的人数起来可能有不同的笔画数，而草书、行书与隶书的笔画往往都不易分离。为了便于使用者检索，《敦煌俗字典》将不易厘清的字形笔画数作两属处理，在归入某笔画数的同时又编入到可能被数到的相邻笔画数中，如一个字可能数成五画，又有可能数成六画，则既收入五画中，又同时收入六画中。这样，使用者即使不知道该字的读音、意义，也能查得，为读者检索提供了便利。这与以往的索引都是根据楷书字头来做的方法有着本质上的不同。

《新疆出土涉医文书辑校》

【作者】王兴伊，段逸山。

【出版发行】上海科学技术出版社，2016 年。

【内容介绍】本书为繁体排版，是首部系统辑录研究新疆出土涉医文书的论著。作者从《俄藏敦煌文献》《英藏敦煌文献》《法藏敦煌西域文献》《斯坦因所获吐鲁番文书研究》《大谷文书集成》《日本宁乐美术馆藏吐鲁番出土文书》《楼兰尼雅出土文书》《吐鲁番出土文书》等典籍中辑录出有关新疆的出土涉医汉语文书 300 余件，进行了整理研究。

在研究体例上，作者将新疆出土涉医文书按语种分为《汉语编》和《胡语编》。汉语文书分为医学理论、本草、医方、针灸、医事、兽医、其他共七大类。其中医学理论类包含医经、五脏论、诊法、医术；医事

类分为医人墓表、涉医案卷、涉医书信及其他三类。《胡语编》分为梵语医学文书、回鹘语医学文书、于阗语医学文书、龟兹语医学文书、犍陀罗语医学文书、叙利亚语残药方六类。其分类简明扼要，符合新疆出土涉医文书内容实际，便于读者查阅和进一步研究。

本书所列汉语文书，每篇共包括编目、文书名称、原编号、提要、释文、校注、按语、图影八方面内容，胡语文书则以目录、提要形式进行编排。

该书系统真实地展示了新疆在魏晋南北朝至隋唐五代时期的丰富医学文献资料。更重要的是其中具有反映人类四大文明医学文化交汇融合的第一手线索，是研究中外医学交流史和新疆古代医学发展的珍贵文献。同时因其材料的世俗性、真实性，还为研究唐代医事制度、医疗活动、医学理论等相关内容的研究，提供了珍贵的文献资料和研究成果。

本书所尤为称道的是，收录了300余幅高清图片，装帧设计赏心悦目，大方雅致，既有效避免了大量零星出土文献资料给人破碎散乱枯燥的印象，更达到了突出其历史沧桑的珍贵文献效果。

《敦煌遗书》

【作者】郝春文。

【出版发行】漓江出版社有限公司，2016年。

【内容介绍】作者从敦煌遗书的内容、时限、文本形态、装帧形态、文字形态等基本概况入手，叙述敦煌遗书的发现过程、数量及收藏情况。本书的重点：敦煌遗书的内容及其价值，敦煌遗书主要包括敦煌宗教文献、敦煌历史地理文书、敦煌社会史文书、敦煌俗文学

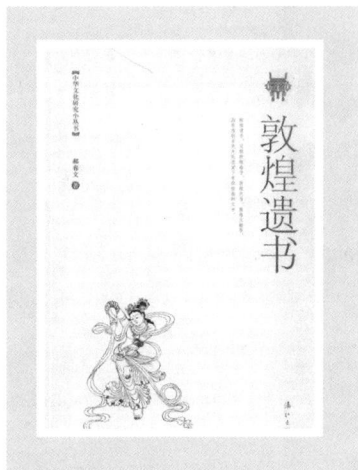

文献、敦煌科技文献、敦煌写本四部书（古籍）的内容与价值。

　　值得指出的是，作者对敦煌遗书中保存的 70 多种医药典籍进行了整理，这些书包括医经诊法、医药医方、针灸药物等，具有重要的校勘价值。譬如敦煌遗书中关于《食疗本草》《新修本草》《本草经集注》等书的记载。敦煌医药文献中保存了很多未见于著录的古医籍和古医方，如《玄感脉经》《青乌子脉诀》《明堂五脏论》《不知名医方》等，这些医方长期在民间流行，虽多未为唐宋典籍所著录，却是百姓治疗常见病、流行病的最便捷、最有效、最实用的医方。敦煌医药文献不仅具有重要的文献价值，对当时百姓的生活产生重要影响，还是我国最早的一批医药学文献抄本，因受到百姓的欢迎而长期在民间流行。

《辅行诀五脏用药法要临证指南医案》

【作者】陈志欣。

【出版发行】学苑出版社，2016 年。

【内容介绍】本书分为上下两篇。上篇《辅行诀五脏用药法要》录验，选取了作者 40 年来学习运用《辅行诀五脏用药法要》的 97 则医案，分别列入五脏泻汤方论、五脏补汤方论、救误五泻汤、救诸劳损病方五首、外感天行病方、救卒死中恶之法五首方。有《法要》原文、有相关医案、有释有引，有按语，处方思路清晰，征引简明扼要，对于理解原文非常有益。为了突出陶弘景原方，精简了繁杂的辨证过程及变方，直截了当力求疗效，以显示陶氏原方的主旨。下篇《处方正范》录验，载案 174 例，涉及临床各科和各种疑难杂症，是现代医家实践《辅行诀五脏用药法要》的精彩医案，

是对汤液经法的一种临床探索，对于研究伤寒论的来源和古中医等都有极大的参考价值。

《敦煌吐鲁番医药文献新辑校》

【作者】沈澍农。

【出版发行】高等教育出版社，2016 年。

【内容介绍】敦煌医药文献广泛涉及中医基础理论与临床各科诊疗，对于中医学术发展史研究、中医文献演化历史研究以及中医临床、中医文化研究有重要的学术价值。

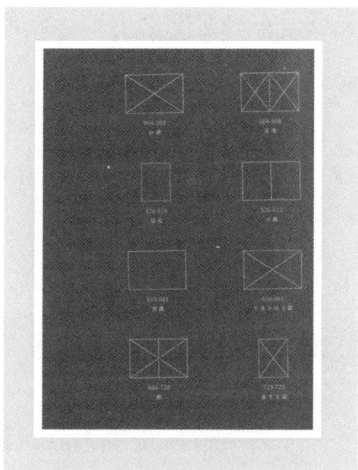

从敦煌藏经洞和吐鲁番地区出土的医药文献共有 200 多种，除去过于零破的残片和外缘涉医文献，具有相对完整内容的医药文书约 100 种。本书选取后者为研究对象，对现存于法国、英国、俄国、日本、德国的 106 个卷号的医药文献进行了全面校理；另附录校理了 9 个卷号的黑水城医药文献。

本书前部的总论，对敦煌吐鲁番及黑水城医药文献的基本情况及其研究概况作了总体论述。包括源出、外流、研究历史、资源分析、内容分类、学术价值、研究现状、研究要点与难点等。全面介绍了敦煌吐鲁番医药卷子的缀合研究情况，分析了既有研究中在文字识别和符号标记认识方面的失误。总论构成了全书研究工作的基础。

本书主部为卷子校录。各卷号下皆首先介绍卷子的基本信息，并讨论其中某些疑难点，再展示图版（除俄藏外基本都为彩图），然后再出录文和校注，方便作图文对检。本书校录体例是：校录忠实于原卷，尽量保留原卷旧文（包括符号标记），在一些疑难字或疑难现象后用加括号释文方式予以释读，并酌情附加校注。校录和校注中，充分利用传世文献作比勘，校必有据，言必有征，确保文本校勘的正确性；对疑难字做了精心研究，辨识了近乎全部的疑难字。与既有校录研究存在有意义的认识差别时，汇聚不同看法加以讨论，因而本书也有汇校性质。

全书校录以国别和卷号为序排列（但可缀合者合并整理），目录后另设"本书主题索引"，以便按内容检索卷号。

《敦煌医学文献研究集成》

【作者】潘文，袁仁智。

【出版发行】中医古籍出版社，2016 年

【内容介绍】本书收录了自敦煌藏经洞发现后近百年来的研究敦煌医学的论著和部分论文，分为两篇，第一篇为敦煌医学主要研究性著作，以目录形式搜集了 1930 ~ 2015 年间出版的有关敦煌医学的论著 110 部；第二篇为公开发表的研究敦煌医学的文章，分为目录概览和文章辑录两部分。其中目录部分文献研究收录文章 266 条、临床研究收录文章 167 条、实验研究收录文章 43 条、其他相关研究与报道收录文章 56 条、硕博士学位论文收录文章 27 条。

在文章辑录部分，敦煌医学文献研究收录 1957 ~ 2013 年间的文章 118 篇，内容主要为敦煌医药卷子的文字校注、所涉方药或针穴的考释、医药文献的历史与文化解以及辅行诀相关文献研究；敦煌医学临床研究收录 1984 ~ 2014 年间的文章 122 篇，既包括藏经洞医药资料，也包括

敦煌汉简医药简的研究。主要为敦煌古方的方义解析和应用、敦煌医方应用于临床的观察报道、敦煌医学思想的现代价值、敦煌古方今用及其开发等；敦煌医学实验研究收录 1990～2013 年间的文章 14 篇，其中主要是敦煌古方的药理实验研究，从现代医学的角度阐述敦煌古方的有效机制。敦煌医学其他研究收录文章 10 篇，主要是敦煌医学中的医林人物传记和敦煌学课程的开展情况，以及敦煌医学研究的相关报道。

通过这部长达 150 余万字的著作，全方位、多层次地展示了敦煌医学博大精深的内容，使读者能深入了解敦煌医学光辉灿烂的悠久文化。

本书是了解和研究敦煌医学思想的重要参考书。适合于各级中医药科研院校、医疗单位和医药工作者阅读和收藏。

《敦煌文化与中医学》

【作者】李金田，戴恩来，

【出版发行】中国中医药出版社，2017 年，

【内容介绍】由中西方交流而形成的敦煌文化博大而精深，与中医药的关系渊远而流长。本书的上篇分八章全面展示了敦煌文化丰富内涵：敦煌文化源流、敦煌之宗教、敦煌之文学、敦煌之艺术、敦煌之典制、敦煌之民俗、敦煌之科技、敦煌文化之本质与内涵；下篇则对敦煌医学文献和涉医壁画中有关中医诊法、本草、针灸、医方、养生、医事制度等方面的内容进行了详尽的阐述,并从"医法自然""尚中贵和""仁爱济世"三个层面诠释了敦煌中医药学之文化内涵。附篇中，既汇总了敦煌中医药学在文献整理及实验、临床等研究的丰富成果，又有对著名

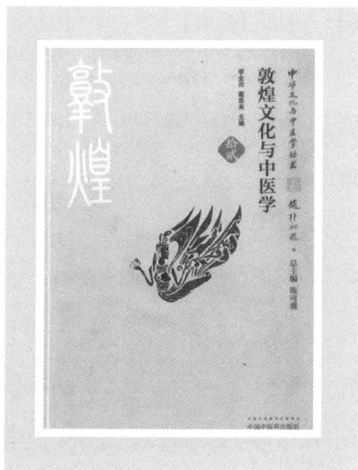

敦煌学、敦煌医学学者郑炳林教授、赵健雄教授的访谈录。是一部较能全面反映敦煌文化精粹和敦煌中医药学的学术专著，并附彩图18幅。

《敦煌医学文献与传世汉唐医学文献的比较研究》

【作者】田永衍。

【出版发行】甘肃文化出版社，2018年。

【内容介绍】本书图影均源自国际敦煌项目（IDP）网站。

本书分为四章。第一章敦煌医学文献产生的历史背景，论述了唐五代时期敦煌地区的医事制度与医事状况（包括唐代中央医事制度、唐代敦煌地区的医事制度与医事状况、吐蕃及归义军时期敦煌地区的医事状况）和敦煌医学文献的总体特点（实用性、杂抄性、地域性）。第二章S.202研究，与一般选择通行的宋本《伤寒论·辨脉法》不同，本书根据研究后文"S.202可能与《金匮玉函经·辨脉第二》源于同一祖本"的研究结论，此章主要选择《金匮玉函经·辨脉第二》为校本，对S.202内容进行重新辑校整理；此外还考证了宋以前《伤寒论·辨脉法》的流传，将S.202与《金匮玉函经·辨脉第二》《太平圣惠方·辨伤寒脉候》、宋本《伤寒论·辨脉法》进行一些比较。第三章S.5614研究，主要是对涉及张仲景《五脏论》《平脉略例》《五脏脉候阴阳相乘法》《占五脏声色源候》四部医书的校释和源流的考证。第四章《辅行诀》非藏经洞遗书考，作者从文本形式（卷首三皇图、编排体制）、文献关系（《神农本草经》《桐君采药录》与《汤液经法》、《伤寒论》与《汤液经法》）、学术思想（五脏五味补泻、五行五味互含）、方济源流（辨五脏虚实病

证书与五脏泻方的来源、救诸劳损五方的来源、天行病经方的来源、救卒死中恶方的来源）四个方面论述了《辅行诀》非藏经洞遗书。正文后附录：敦煌医学文献考论六则、郑炳林教授谈丝绸之路与东西医学交流。

《敦煌的医疗与社会》

【作者】陈明。

【出版发行】中国大百科全书出版社，2018 年。

【内容介绍】《敦煌的医疗与社会》是"南亚研究丛书"中的研究敦煌医疗史的专著。作者从整体观出发，在全面梳理敦煌出土文献中的胡汉医学文本的基础上，结合其他文书，特别是发病书、诸杂斋文、愿文、解梦书、术数文献、佛道写经的文本与题记、宗教仪轨的活动记录、商品买卖的列表，甚至友朋书仪等相关写卷，并与传世史料和简帛资料相比勘，以期重构晋唐五代宋初时期敦煌的医疗史实，探讨敦煌地区的医疗在社会生活中的实际应用情况，其与宗教、外来文化的关系，把医疗史的问题放在社会史和文化交流史的脉络来考察，以落实历史的研究—"以人群的生命历程为核心"，来了解敦煌社会如何处理人的生老病死的问题，解释敦煌医疗的特色与意义，增加对中古生命礼俗史和中国医学史的深度认识。

本书共分五章，分别从医人及其社会角色、病者的治疗与瞻护、身体认知与疾病观、医疗资源及其使用以及医学文化交流角度，对敦煌地区的医疗状况做了全面的考察。第一章分析了敦煌地区医学的官学教育和寺学教育的情况，依据现存的敦煌写本对当时作为教材使用的医学文

献进行了梳理，并对医者的形象、谱系、事迹、身份以及背景等做了讨论。第二章，从病患的角度出发，说明了不同身份的人群，具体包括世俗家庭中的亲长、女性、儿童、兄弟姐妹等亲属以及佛寺中僧尼等，在患病时受到家庭、团体以及社会的医护救助情况。第三章对敦煌文献中反映的身体观、病因观、疾病的种类等进行了考察，主要反映了当时印度医学、佛教以及道教的疾病观念在敦煌地区的影响。第四章以本草为中心，通过对敦煌出土文献与石窟壁画等图像史料的考察，对敦煌的土贡与地道药材、各类文献中涉及的药材名称、药材的贸易流通与使用以及药方的配伍和应用加以评述。第五章考察了敦煌与吐鲁番所见医学文献的多语种译文，印度医学与佛教医学在当地的流传以及与于阗、吐蕃以及西亚地区的医事活动，由此说明中外医学的交流融合情况。

本书系统的考察了敦煌的医疗状况，从医学学术体系的来源构成到医疗在社会生活中的实际表现均一一加以探讨，为读者构建出当时敦煌医疗的全貌，重现了丝绸之路医学文化交流的一段篇章，是生命医疗史研究领域中的一部佳作。

《英国国家图书馆藏敦煌西域藏文文献》

【作者】金雅声、赵德、安沙木。

【出版发行】甘肃科学技术出版社，2018年。

【内容介绍】本丛书是"敦煌古藏文文献出版工程"的成果之一，截至2019年年底，已经出版9册，编号至IOL.Tib.J.VOL.45。该工程是上海古籍出版社"敦煌吐鲁番文献集成"的子工程和延续项目。先后被列为"2011—2020

年国家古籍出版规划""十三五国家重点图书出版规划"项目，分获国家古籍整理出版资助、国家出版基金资助。其主体部分包括《法国国家图书馆藏敦煌藏文文献》《英国国家图书馆藏敦煌西域藏文文献》《甘肃藏敦煌藏文文献》三部丛书。

英藏藏文文献图版部分，正文采用黑白图片编排，遴选重要的写卷作为彩色插页，二者形成互补，既可使研究者对文书写卷内容有清晰认识，又可通过彩色插图还原写卷原本形态，帮助研究者大体把握文献的文物性。

文献编订过程充分考虑到了国际性，、定名采用藏汉双语，并根据出版合作方的不同，序言、前言、前后附件等则采用了中、藏、英等结合的多语言呈现形式。

该丛书是英藏敦煌古藏文文献的首次完整出版。这将有利于研究公元 8 ~ 11 世纪吐蕃的历史文化及当时的民族文化交流史。

对于敦煌古藏文文献的出版，学界评价甚高。藏学泰斗、中央民族大学王尧教授曾说，对这项成果"怎么估计都不会过高"。日本著名敦煌学家、藏学家今枝由郎则说："这对于藏学研究具有里程碑的意义。"清华大学人文学院教授沈卫荣先生认为，"引领中国藏学研究真正能与国际学术接轨，并走向世界前列，《法藏敦煌藏文文献》《英藏敦煌藏文文献》等基础类的第一手文献的整理刊布更是重中之重，其出版惠及学界，功在千秋"。

《敦煌遗书及古代医籍同名方集萃》

【作者】李廷保。

【出版发行】兰州大学出版社，2018 年。

【内容介绍】敦煌遗书中载有 1000 余首敦煌古医方，大多来自六朝隋唐时期的经效医方，但有些与其同名的方剂如"乌梅丸"等在《备

急千金要方》《外台秘要》《太平圣惠方》
等唐宋医籍中多次出现。本书提取记载
的敦煌古医方28首，对应分编为28篇，
搜集整理校订清代以前古籍中出现的同
名方（部分方剂下列异名方和方源，无
方药和主治）共计2056首，同时列出
方源、别名、方药和主治，因为药剂量
缺失且复杂，概无列记。编排及附录顺
序以敦煌方剂名和书名的第一个英文字
母排序为准，一篇中同名方下第一首方

源为《敦煌古医方》，后列按方源成书年代排序。

　　本书言简意赅，内容翔实，简明概要，实用性强，突显了敦煌古医
方及古代医籍中同名方之间的内在关系，也探究了敦煌古医方的历史渊
源，是一部研究敦煌及历代古籍中同名方的工具书。＝

　　本书共收录半夏汤125首，备急丸10首，柴胡汤117首，定志丸19首，
茯神汤54首，葛根汤76首，桂枝汤36首，厚朴丸58首，黄连散154
首，黄芩汤107首，菊花丸11首，理中丸17首，麻黄汤116首，麦门
冬汤111首，牛黄丸146首，平胃丸13首，前胡汤85首，人参汤205首，
升麻汤109首，天麻丸67首，乌梅丸60首，犀角散227首，小青龙汤
12首，泻肺汤20首，泻肝汤44首，泻肾汤5首，泻心汤28首，茵陈
汤24首。后附著作简表，列举436本书的书名，简称和作者。

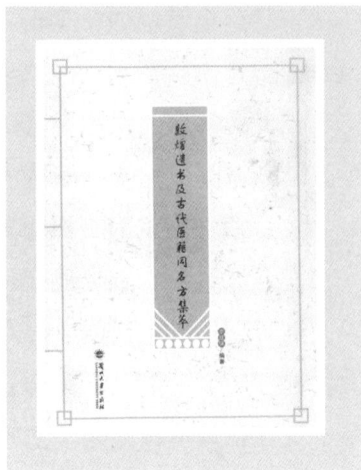

《辅行诀五脏用药法要阐幽躬行录》

　　【作者】衣之镖。

　　【出版发行】学苑出版社，2018年。

　　【内容介绍】《辅行诀五脏用药法要》一书乃陶弘景择录《汤液经法》

要方，总结其按味用药规律之作，书中对五脏补泻方据味组方论述详尽。衣之镖医生《〈辅行诀五脏用药法要〉阐幽躬行录》研究《辅行诀五脏用药法要》多年，对其中二旦四神方用药有相当深入的研究及临床心得，故该书重在用二旦四神之法旨阐明外感天行方按味组方之法。

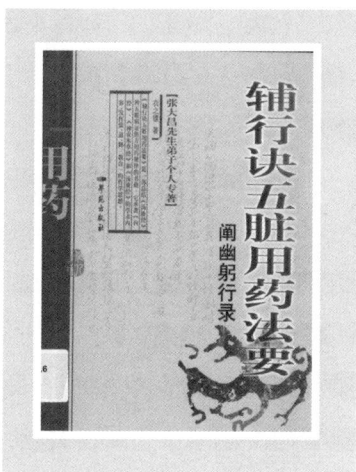

作者从近年来所存医案中选出六十首，以五脏五行分门别类编入该书，阐明五行五脏辨证，以期对读者理解外感天行病按味组方的法度有所启发。

《〈辅行诀五脏用药法要〉阐幽躬行录》分三篇。第一篇为外感天行用药法探微，重在阐明二旦四神方的方药与古天文气象学的斗建和二十八宿星体系的对应情况，包括对阴阳五行合流思想的溯源、火土一家、土水合德学术特色的成因，以及对现存世本《辅行诀五脏用药法要》卷首图的修订等；作者的一个重要发现是二旦四神方的组方用药与脏腑补泻法则基本相同，为寒温统一找了经方的切合点。第二篇为《伤寒论》与《辅行诀》的传承背景及其影响，通过对二者成书及其背景的了解，认识其学术异同的根源，为进一步还原经方鼻祖《汤液经法》的学术思想增光添彩。第三篇为医案新选，虽然以杂病案为主，但不乏经方体系的脏象、病因、病机、治则、用药特色。所选均为个案，却个性鲜明，辨证入微，有临床家本色。

《敦煌佛书与传统医学》

【作者】李应存。

【出版发行】中医古籍出版社，2019 年。

【内容介绍】全书为简体排版，通过对佛书中有关医学内容进行发掘整理。

全书共分四章。第一章主要阐述了写在佛书正、背面的医书，包括《针灸甲乙经》节选本、《张仲景五脏论》用药指南及男女两科方；第二章主要阐述了敦煌佛书中的医学内容，包括陀罗尼杂集四天王所说大神咒略抄中之眼耳腰病方、毗沙门天王奉宣和尚神妙补心丸方、金光明最胜王经中之香料洗浴方、《救诸众生苦难经》《新菩萨经》中的十种死病、《劝善经》中的七种死病、《佛说痔病经》的痔病、佛书《四分律删繁补缺行事钞》中的"治病所须"、佛家辟谷诸方甲本、五辛文书中之佛家修身养生方。第三章主要阐述了敦煌佛书与医学的相关问题，包括敦煌单验方与佛儒道关系、与佛家关系密切的敦煌诃梨勒组方、敦煌佛书中的医学内容与佛教的世俗化、敦煌毗沙门天王奉宣和尚神妙补心丸方、敦煌遗书中佛家咒语与药物疗法、敦煌张仲景《五脏论》总的佛家思想、敦煌药师佛的崇拜与《药师经疏》中的医学内容、"药王菩萨本事品"中的"如病得医"与敦煌医家等。如第四章主要结合第一至第三章内容对本研究的结论进行概括性论述。为了保持原貌，原卷中的繁体字、异体字全部照录。原卷子录文中插入了部分原卷子图片，以供读者鉴赏。

每种卷子的研究均按"概述""原文""注解""释要"四部分进行。

本书所涉及的敦煌卷子包括：P.3481、P.2115、S.4433V、P.2665V、S.5598V、P.3230、S.3417、P.3036、S.5379、P.2215、P.2637、P.3244、S.4636、S.5901、Дx18173、Ф281、Дx18165R、Дx18165V。

硕博士论文

（按时间排序）

《经方之传承脉络：仲景方探源》

【类别】博士论文。

【作者】阿尔诺德·福尔斯莱斯（Arnaud Versluys）。

【指导教师】邓中甲。

【毕业院校】成都中医药大学。

【答辩时间】2006 年。

【内容介绍】本文分为两大部分。第一部分为前三章，主要通过文献检索的方法，论述探讨方剂与经方的产生过程，经方的传承脉络。第二部分为第四、五章，主要通过对照合参《神农本草经》《黄帝内经》和与《伤寒杂病论》同时期的《马王堆五十二病方》《武威汉简方》《辅行诀脏腑用药法要》等。研究认为，张仲景是在《汤液经》的基础上编写的《伤寒杂病论》。其经方学派的传承脉络是神农－伊尹－仲景这一关系。

通过文献研究和理证逻辑推理，作者认为，《伤寒杂病论》的用药特点即《神农本草经》的临床用药特点，其方学特点即《伊尹汤液经》的临床用方特点；其诊断特点即素女脉诀和扁鹊学特点；其理论特点即伏羲黄老的理论特点；故《伤寒杂病论》是东汉前所有医用学说的完美结合，为中医之祖。

《唐五代宋初敦煌地区酿酒、用酒研究》

【类别】硕士论文。

【作者】僧海霞。

【指导教师】李并成。

【毕业院校】西北师范大学。

【答辩时间】2007 年。

【内容介绍】全文由六部分构成。第一部分主要从官酒户和寺院所属酒户两方面探讨了敦煌酿酒业酿酒原料的来源，并且分析敦煌寺院财产的主要来源；第二部分探讨敦煌这一时期酒的种类，主要由粮食酒、果酒、配置酒三类组成，并且对敦煌清酒和白酒与唐史中的清酒、白酒进行对比；第三部分分为三个时期即唐前期、蕃占时期和归义军时期，探讨敦煌酿酒业的管理机构及其管理状况；第四部分探讨敦煌酒的酿造过程，可分为造曲和酿制两步，曲一般由政府供给，造酒技术稍落后于中原地区；第五部分主要探讨敦煌酿酒的出酒率、酒价和酿酒利润，其酿酒业的利润较高；第六部分探讨敦煌这一时期用酒的主要方式，分官府、寺院、药用酒三部分，同时还对敦煌该时期的酒具、女性与酒以及敦煌人对饮酒所持的态度等问题进行分析。

在介绍第六部分时，作者将药用酒单独列出来进行了探讨。在检索敦煌遗书中有关资料的基础上，作者从药用酒的种类、使用方式、用酒量、药用酒注意事项四方面进行了探讨。

关于药用酒的种类，除了常用的清酒、白酒以外，还包括几种特殊的酒，它们是灰酒、蜜酒、牛膝酒。酒入药的方式主要包括和酒服之、"酒浸"、以酒"煎药"、"捣末，白酒和涂"、洗。对于药用酒量分别从和服用酒量、浸泡或淹药的用酒量和用酒煎煮药的用酒量三方面进行了探讨，认为药用酒用酒量的大小与诸多因素有关，如使用方式不同、药性不同、饮酒者自身的酒力等。药用酒注意事项内容主要涉及对汤酒中用的药的限定、对制作清药酒的限定、对膏药制作的限定及其他。作者认为这一部分的资料对于我们今天的中医中药发展仍有借鉴意义。

《敦煌医药卷子俗字及相关语言文字现象研究》

【类别】博士论文。

【作者】彭馨。

【指导教师】沈澍农。

【毕业院校】南京中医药大学。

【答辩时间】2008 年。

【内容介绍】敦煌中医药文献是中医文献宝库中的最为珍贵的资料。由于形成于千年之前，未经后人改易，因此保留了最为存真的原始面貌。在其他历史断代虽然也有这样的原始医药文献被发现，但除马王堆医书尚有一定规模外，往往数据较少，因而价值受到一定影响。而敦煌吐鲁番中医药文献达100多件，因而问世以来，颇受中医药文献工作者的重视。但同时，由于这些文献以手抄方式而形成，文字俗写，变异多样，加上卷子零乱、残破程度较重，因而在其基本层面即文字识读的层面就困难重重，很多学者视为畏途；已经投入此项工作的学者大约不过十余人，而从已经发表的文章和书籍看，出现的错误很多。近年来虽有一些诠正的文章，但还不足以改变该方向研究不足的现状。

作者导师沈澍农教授历时十余年对敦煌医药文献进行了长期而深入的研究，先后指导师姐 03 级博士生徐涛及本人投入这项研究工作。沈澍农教授历时四年主持了江苏省高校哲学社会科学研究项目：敦煌中医文献新校录及文字词汇研究（编号：04SJB870001），指导课题组于2007 年 12 月圆满完成了科研任务。作者工作：以方书整理为主，兼及其他一些整理工作。本论文的所有研究工作都是在导师及师姐徐涛的研究成果的基础上进行的。

本论文着重做了如下几方面的工作。

1. 校勘工作。在导师及师姐校勘模式的基础上，完成了对方书及其他一些敦煌中医药文献的整理校勘工作。以敦煌医药卷子影印本或照片为底本，选择性地参照宋以前抄本，充分利用既往学者在校勘学方面的成功经验，运用对校、本校、他校、理校等方法，借鉴俗字知识、古籍符号标记知识，并结合医理的运用，认真辨读敦煌卷子，总结分析文字变异的特点、类型、产生途径和变化规律，使文字的辨识更为正确，文本的校录更为准确。重新录写敦煌医药卷子，将其写定为更加准确的新录写件，努力使校录与考证达到一个新的水平。

2. 在校勘工作全面完成的基础上，编写《俗字、记音字、古今字、讹误字谱》，直观而全面地反映了敦煌中医药文献的用字情况。为系统研究敦煌中医药文献的用字现象及规律做好了材料准备。

3. 摸索出了一套行之有效的辨认敦煌手抄医药卷子文字的方法，释读并考证了一大批前贤没有认出来的文字。总结出了八大方法：①据书手书写习惯辨认；②据文字自身字形及语义辨认；③据句子语法结构辨认；④据上下文义辨认；⑤据同义、近义字辨认；⑥据生活常识辨认；⑦据医学知识辨认；⑧据药学知识辨认。

4. 系统地研究了敦煌医药卷子中记音与俗音现象，为医书的整理及音韵学开辟了新的领域。一般讲古汉语基础理论知识的专著很少讨论古籍中的俗音现象。作者在阅读了黄征先生的《敦煌语言文字学研究》之后，深受启发，才开始关注俗音现象，发现敦煌医药卷子中的俗音现象比较多。作者将敦煌医药卷子中的俗音现象进行分析归纳，为黄征先生的理论补充了例证，同时也提出了自己的看法。着重分析了古医籍中俗音现象大量存在的原因。

5. 对《敦煌医药文献辑校》一书误说通假的情况进行了全面而系统的分析，总结出了九个方面的问题：①把药物别名中的字作假借字；②不当假而假，当假而不假；③不明语义而误假；④不明字之繁简体而误假；⑤误辨字形而误假；⑥误把古今字关系当作假借关系；⑦把联绵词的不同用字当作假借字；⑧把同源字当作假借字；⑨把异体俗字当作假借字。

6. 全面地归纳了敦煌医药文献中的讹误字。敦煌医药卷子全是手抄件，医药卷子大部分在民间流传，辗转传抄，加之书手的书写习惯、书写质量及受教育水平参差不齐，卷子中出现讹误字在所难免。本文就医药卷子中出现讹误字的种种情况进行举例分析，以便在辨认讹误字时有规律可循。归纳出了 15 种致讹类型：①因字形相似而致讹；②因部件脱漏而讹；③因个人书写习惯而致讹，后人仿写，以讹传讹；④句中残缺、记音、俗音、俗字及讹误字较多而造成的讹误；⑤受前后字写法的影响而致误；⑥与常用连用字相混而致讹；⑦受行业内高频字的影响而致讹；⑧先误认，产生讹误字，再写出讹字的俗字；⑨仿写俗字失真而产生讹误字，借讹误字音而产生新的记音字；⑩先记音再讹形；⑪先写古字再讹形；⑫误解语义而致讹；⑬讹误字与被讹误字的语义有关联；⑭不懂药物知识而致讹；⑮不懂医学知识而致讹。

7. 发现了敦煌医药文献中俗字的行业特征。医学与人类生活息息相关，医药文献多在民间流传，而且范围广。经过辗转手抄，民间俗字大量进入医药文献中。医药文献的实用性、可读性决定了医药文献中的用字与当时全民通用文字保持一致。但医学是比较专业的科学，书面表达上有其特殊性。俗字的产生常受到行业的影响。医药文献中有少量俗字具有与全民通用俗字不同的特点。此发现对于完善俗字的有关理论具有重大意义。同样敦煌医药文献中的记音字亦具备行业特征。

8. 对确定俗字的标准提出了一系列的看法。①排除当今简化字的干扰；②俗字的确定要考虑时代因素；③俗字的确定要考虑书写因素；④俗字的确定要考虑字形上有无理据；⑤凡构字部件具有类推性的字，我们把它确定为俗字；⑥凡省略部件具有类推性的字，我们把它确定为俗字；⑦据不同卷子不同字中相同部件的相同俗写确定为俗字；⑧无意中拆分的文字不算俗字；⑨符合汉字发展演变基本规律的分化字，我们把它确定为俗字；⑩考定俗字时，应参考多种文献，不盲从某一种文献，同时还要将俗字与记音字、讹误字、古今字、异体字、文字演变过程中产生的过度字、最原始的本字等区分开来。

9. 现行的简化字大部分能在古文献中找到其来源。《见于敦煌医药卷子中的现行简化字集释》一章为当今一部分简化字在古文献中的使用情况进行了归纳小结，为简化字的研究提供了部分原始材料。

《唐五代宋初敦煌医疗文化研究》

【**类别**】硕士论文。

【**作者**】胡凯。

【**指导教师**】李并成。

【**毕业院校**】西北师范大学。

【**答辩时间**】2008 年。

【**内容介绍**】本文以敦煌吐鲁番文书、壁画等资料为主要依据，结合传世典籍，对唐五代宋初时期敦煌地区的医疗文化，包括医疗体制、医学教育、医学交流和民众医疗意识等方面作了比较系统的梳理和研究。全文分为五个部分：第一部分主要介绍说明选题缘由及研究意义，并且回顾了前人研究敦煌相关医药文书的概况；第二部分论述了唐代的医疗体制，包括国家和地方的医疗机构设置及其管理，并讨论了这一时期出现的病坊，认为其对地方医疗事业起了极其重要的作用；第三部分概述唐代的整体医学教育状况及敦煌医学教育的若干特色，本部分还考察了在敦煌地区具体施行的一些医疗活动；第四部分主要探讨外来医药学和宗教医药学在敦煌的流传和影响，其中外来医药学主要针对印度和西域诸古代少数民族医药学，宗教医药学主要针对佛教和道教；第五部分主要探讨了敦煌地区民众的整体医疗意识，包括他们的疾病观和自我保健及卫生防疫等方面的意识。

作者通过研究分析，大致还原了唐五代宋初敦煌医疗文化的各个方面，总结归结为以下几点：

1. 唐代医疗体制完备。在中央设有以太医属为主的医疗管理机构，其制度完善，考科严格。在地方，以敦煌为例，证明了州一级的地方医疗管理机构确实存在，并有病坊这类补充机构。

2. 医学教育发达。实行分科教育，具体分为医学、针学、按摩学、咒禁学四科。有规定的医学教材，课程设置明确，从敦煌文书的资料来看，其教学方法富有灵活性。

3. 敦煌地处华戎所交之地，对外医疗交流频繁，外来的许多药物和医疗技术手段是经由这里向中原文化圈传播的。以佛教为主的宗教医学不但对当地人们产生巨大影响，同时也对整个中医理论产生了不小的影响。

4. 敦煌地区民众医疗观受佛教、道教等宗教和封建迷信的影响极深，这也从侧面反映了虽然医疗机构完备，但是医疗水平不高的现状。但同时我们应注意到唐代敦煌地区人民对自我保健和卫生防疫还是有相当的觉悟。窥一斑可见全豹，通过对当地人们医疗意识的分析，可以部分反映出整个唐代人民的医疗意识及所反映的社会风貌等诸多问题。

《敦煌吐鲁番医药卷子校勘及其文献研究》

【类别】博士论文。

【作者】袁仁智。

【指导教师】沈澍农。

【毕业院校】南京中医药大学。

【答辩时间】2010 年。

【内容介绍】论文在前辈时贤的基础上对英藏、法藏、俄藏、日藏等敦煌医药卷子进行了重新整理和研究，部分卷子系首次校勘。论文分为绪论篇、研究篇和校勘篇。

绪论篇主要介绍了敦煌吐鲁番地理、敦煌吐鲁番医药文献的内容分布及研究现状、敦煌吐鲁番医药文献研究的方法和意义。

研究篇将敦煌吐鲁番医药卷子分为"医经诊法类""医术医方类""本草类""针灸类""其他卷子"，对文献的定性、探源与缀合、文献的校勘、句读与注释、文献价值与运用进行了概述，特别是对吐鲁番药价进行了探秘。

校勘篇以敦煌吐鲁番医药卷子影印本或照片为底本，综合运用各种校勘方法，拓宽了敦煌吐鲁番医药卷子研究的范围，提高了敦煌吐鲁番医药卷子整理的质量，使敦煌吐鲁番医药卷子的校录与考证达到一个新的水平。

《敦煌医籍医学用语研究》

【类别】硕士论文。

【作者】乔鑫。

【指导教师】张显成。

【毕业院校】西南大学。

【答辩时间】2011 年。

【内容介绍】本文以敦煌莫高窟出土医籍为材料，采用出土文献与传世文献相结合、共时比较与历时比较相结合、宏观研究与微观研究相结合等方法，对敦煌医籍医学用语的使用情况进行探讨。

论文共有三章。第一章是绪论部分，说明研究材料、现状、意义和方法。第二章是对敦煌医籍医学内部的研究，分析其类别（疾病名、症候名、药名、人体部位名和一般医学用语）、结构（单音节结构、双音节结构、多音节结构）与特点（意义的特指性、意义的非单一性、能指的非单一性、专门性与口语性结合、科学性与非科学性共存、层积性）。第三章是对敦煌医籍中医学用语与前代医学用语的继承与创新、敦煌医籍中医学用语与方言词语的联系（包括现代方言和古代方言）、外来词语（包括外来语言和民族语言）以及全民用语关系（医学用语在全民用语基础上产生又对全民用语进行渗透）的分析，主要讨论敦煌医籍医学用语的来源及其对其他类别用语的影响问题。其中第三章是论文的重点。

本文主要就敦煌医籍的语言学、词汇学价值方面对其中医学用语的类别、结构、特点做粗略分析，对其与前代医学用语、方言词语、外来词语的关系稍加探讨。本文未能涉及一些很有研究性的问题诸如：敦煌医籍中俗字、异体字、通假字、讹误字、避讳用字等各种用字现象，韵语、通假字、讹误字、少量的反切等反映的语音面貌，其中的各种语法特色、修辞现象，以及敦煌医籍所受到的传统文化甚至哲学观念的投射等。

《敦煌中医药文献法藏卷子疑难字研究》

【类别】硕士论文。

【作者】钱婷婷。

【指导教师】沈澍农。

【毕业院校】南京中医药大学。

【答辩时间】2012 年。

【内容介绍】本文立足于法藏敦煌中医药文献传统中医学（主要分为医经诊法、医术医方、本草、针灸四类）的部分，以敦煌中医药文献的四本系统录书（《敦煌古医籍考释》《敦煌医药文献辑校》《敦煌中医药全书》《敦煌古医籍校证》）为主要参照本，将其中辨读结果有异的或者辨读一致但可能均有误的文字列为疑难字范畴，利用文字、音韵、训诂等传统语音文字学知识和校勘学知识，结合医理，对其进行考辨，得出比较符合历史原貌或原意的文字。

第一部分绪论介绍了敦煌中医药文献基本情况、研究现状和研究方法（图文对校法、文本比较法、语言文字考证法）。第二部分敦煌中医药文献法藏卷子疑难字探析，对疑难字做了界定，并将其分为原卷残损、模糊字，古代冷僻疑难字，古抄讹误字，音误、义误字，忽视、误识符号标记导致的错误。第三部分疑难字考辨体会，尽量寻求质量高的图片（原物最好），必要时可做不同色调、不同对比度等处理；尽量利用残笔，并联系上下文，辨认结果与残笔不合者通常不可置信；多用、巧用工具书；多用传世文献做对比；用好理校法。

《甘肃河西出土医药简牍整理与研究》

【类别】硕士论文。

【作者】杨耀文。

【指导教师】田河。

【毕业院校】西北师范大学。

【答辩时间】2013 年。

【内容介绍】自 20 世纪初英国考古学家斯坦因在敦煌西北边塞烽燧遗址中得到 708 枚汉简以来，在甘肃河西敦煌、额济纳旗（现属于内蒙古阿拉善盟）、酒泉、武威等地先后出土了大量的汉简。这些简牍真实地再现了当时边塞政治、经济、军事、文化、科技等方面。

本文旨在研究这些汉简中涉及医药的部分。其内容包括武威汉代医药简 92 枚，敦煌汉简医药简 18 枚，居延汉简医药简 48 枚，居延新简医药简 32 枚，共计 190 枚。

本文参照已经出土的其他医药简牍，如《五十二病方》、张家山医药简、阜阳医药简等内容，从医简的文字考释、语言文字研究、医简排序句读等多个方面总结国内外学者的研究成果，提出自己的观点。

文章主要包括两部分：第一部分绪论，主要介绍了河西地区和河西出土的简牍情况；第二部分校释，主要是对武威汉代医简、敦煌医简、居延医简（包括居延新简）进行校释。

《英藏敦煌中医药文献疑难字词考证》

【类别】硕士论文。

【作者】朱若林。

【指导教师】沈澍农。

【毕业院校】南京中医药大学。

【答辩时间】2014 年。

【内容介绍】本论文以英藏敦煌中医药文献的疑难字词为研究对象，并参考《敦煌古医籍考释》《敦煌医药文献辑校》《敦煌中医药全书》《敦煌古医籍校证》《英藏敦煌医学文献图影与注疏》的考释，重新比对原图，运用文字学、训诂学及校勘学知识，结合医理，进行考证。

绪论介绍了英藏敦煌中医药文献基本情况、研究内容和方法（图文对校法、文本比较法、语言文字考证法）。第一章疑难字词考证对疑难字词进行了界定，并将其分为原卷残损模糊字、古代疑难识读问题（通假字识读问题、异体字识读问题、重言词误解问题）、古抄本讹误文字、易误识读问题（忽视符号标记、易误文字、误断句读问题）部分。第二章英藏中医药卷子（1 级）医方整理，整理了 S.9984B2+S.9987A+S.3395+S.3347（治黄疸方、治痢疾方、治霍乱方、治转筋方、治恶肿方、治邪风侵体方、治疮肿方、治咳喘方、治水肿方、治腹胀腹满方、治失音不语方、治消渴方、治反胃方、治中风方、治癫痫方、治疱疮方）、S.1467（治头眩、风头、生发、长方、治风邪惊狂及风癫、风痉方、治骨蒸、疟癖方、治髓病方）、S.5435、S.6177V（治妇人病方、其他医方）、S.6052R、S.4329V（美容、熏香方、生发、除口气方）、S.4433V 等卷子，对五本系统校录本进行权衡对比，并重新审读原卷，对前代学者看法解读结论不一的地方进行了重新考辨或补证，大约有 130 条。此外还对前人未详细考证的疑难字词提出了自己的看法。

《唐五代敦煌生养问题研究》

【类别】硕士论文。

【作者】宋广玲。

【指导教师】刘再聪。

【毕业院校】西北师范大学。

【答辩时间】2014 年。

【内容介绍】论文从唐五代时期敦煌医学发展入手，将医疗知识与风俗习惯结合起来，从"生育"和"抚养"两方面来探究唐五代时期在敦煌儿童的生养过程中所体现的医疗卫生保健意识。

全文由三部分内容构成。第一部分为绪论，介绍了选题的缘由及意义、研究现状及动态以及相关概念的界定；第二部分从唐五代敦煌医学的发展、敦煌的重男轻女现象、敦煌祈子习俗与医学在求子中的运用、敦煌妇女的胎孕保健、敦煌婴儿的出生、敦煌的生育习俗六个方面介绍了唐五代敦煌"生育"问题；最后一部分介绍了唐五代敦煌抚养问题，主要包括敦煌婴幼儿的起居料理、敦煌婴幼儿的喂养与乳母选择、敦煌儿童常见病的治疗、敦煌民众的医疗观念、敦煌儿童卫生保健意识五个方面的内容。

作者通过对中国传统医书、敦煌文献与壁画中大量关于古敦煌生养方面的资料的整理研究发现，唐五代时期的民众非常注重胎教与安胎及新生儿的护理与喂养，注意到了卫生保健与疾病预防的重要性，已经能够运用丰富的医学知识来抚育孩童。在传世文献与敦煌遗书中保留的诸如求子、胎教、生育习俗及新生儿的护理与小儿疾病治疗的资料，使得我们对于古代历史条件下敦煌民众的生活状况有了更加深刻的体会与理解。此外，唐五代时期医事制度和医学教育的相对完善使得儿童的健康问题受到极大关注，作者从敦煌儿童的生养过程中所体现的卫生保健意识与疾病预防观念这一侧面了解到，唐五代政府关于医疗卫生方面的规定产生了一系列的民间效应。

《李应存运用敦煌医方治疗肾虚证的理论总结与思辨特点研究》

【类别】硕士论文。

【作者】李爱国。

【指导教师】李应存。

【毕业院校】甘肃中医药大学。

【答辩时间】2015 年。

【内容介绍】本课题通过对敦煌医学文献中的肾虚证相关内容予以归纳、总结，辅以李应存教授临床典型病例，对李应存运用敦煌医方治疗肾虚证的理论进行总结与思辨特点研究。

作者认为，李应存教授非常注重整体观念，提出四维一体观：肾水、心火、肝木、肺金四种气的升沉浮降，围而生中气，中气是种平衡状态。其强调肾为先天之本，脾为后天之本，中气为人身之生命，而肾中之气为中气之生命。强调中医学乃维护人身根本及调理人身平衡的学问。

就其病机而言，李应存教授认为百病的本质均为不通或不荣，而不荣者少，不通者多，调理气机势在必行。补肾亦需如此：因肾主元阴元阳，受五脏之精气而藏之，补肾不能独养肾，肾虚者需补其肾、健其脾、摄其气、疏其肝、祛其邪，方能肾气充足、肝木柔和、内心谦卑，使神完气充，长寿健康。

在用药上，若阳虚气化无力，畏寒怕冷，甚者阴囊卷缩者，李应存教授遵循《素问·至真要大论》"诸寒收引，皆属于肾"之经旨，重用肉桂，以温阳助气化，其量重可加至 50g；若肾虚较轻阳虚不显，可轻用肉桂 3 ～ 6g 以微助肾阳之气。

李应存教授注重升降用药，若患者兼有气血阻滞于胸胁者，选用川芎、枳实相配而用，行气化痰、活血止痛，一升一降，共奏调气行血止痛之功，遵循"川芎、枳实，心急即用加之"原则，治疗兼有气血阻滞之胸胁疼痛、悸动，效果显著。

若兼脾虚气滞，选用白术、槟榔相配而用，补益中气、消积和胃，遵循"白术、槟榔，有散气消食之效"原则，用于脾胃虚弱、气滞食积所致腹胀纳呆，肢体困倦等症。

若脾虚重则重用白术、轻用槟榔，若脾虚轻而实滞重者，则轻用白术，重用槟榔，如麸炒白术 6g、槟榔 30g。

若神疲腰困重者，重用黄芪、熟地，取其脾肾并重，如常用黄芪 20g、熟地黄 20g。

若气虚偏重，重用黄芪；若肾精不足，则重用熟地黄。

若兼肾虚咳喘者，选用紫苏、五味子并用，收散结合，临床疗效显著。若腰痛膝冷明显者，重用怀牛膝。

若兼肝木气盛、神失所守、头晕失眠重者，重用牡蛎，可达 100g。

若兼心火偏旺，心烦小便不利者，重用淡竹叶达 30g。

若水湿不利者，则重用泽泻，利水通淋，可达 20～30g。

《唐五代敦煌药材资源——以敦煌汉文医药文献为中心探究》

【类别】硕士论文。

【作者】牟海霞。

【指导教师】刘再聪。

【毕业院校】西北师范大学。

【答辩时间】2015 年。

【内容介绍】论文主要从唐五代敦煌植物药材种类、动物矿物药材种类、药材来源及药材资源的开发利用这几个方面来进行研究。

作者以敦煌文书中抄录保存的各类医药资料，包括医方类、本草类、道医、佛医资料及医事杂论类等医药文书为文献基础，通过对敦煌汉文医药文献的初步统计，共梳理出药材约 646 种。其中植物类 401 种，动物类 147 种，矿物类 59 种，加工类药品及其他共 39 种，并以图表的形式分别展现出来，同时注明了每一味药材的文献出处。通过研究发现，唐五代敦煌汉文医药文献中记载的药材与传世本草文献所载药材相比品种相对较多。

从药材的来源上来看，唐五代时期敦煌的药材以本地出产为辅，外来输入为主。本地产出主要分为采集类、种植类和养殖类；外来输入主要分为西域和中原两个方面。在上述的 646 种药材中，通过分析梳理出有约 211 种药材（主要为植物类药材）可以确定为敦煌市场上常见和利用较多的药物，其中敦煌本地出产约 93 种，另从外输入敦煌的药材约118 种（包括 41 种由中原输入及 77 种从西域输入的药材）。这也反映出唐五代时期河西敦煌等地对于外来药物的接受已是非常认可，使用普遍。这些从外输入的药材促进了敦煌医疗卫生行业的发展，极大地丰富了敦煌的药材品种，对敦煌药物学的发展意义重大。

唐五代敦煌药材资源的开发利用主要涉及食疗养生、美容养颜及目前对于文献中多种医方的临床应用等方面。其在食疗养生中的应用文章从药膳、药酒两个方面进行了探讨；在美容养颜方面的应用主要有香药美容方、美容化妆品等。

此外，作者通过对敦煌汉文医药文献中的药材数量和唐时本草文献中的药材数量进行比较发现两者基本持平，可见，敦煌汉文医药文献中所载的药材种类基本可以反映唐五代时期人们的用药情况。

《敦煌针灸文献研究》

【类别】博士论文。

【作者】王杏林。

【指导教师】许建平。

【毕业院校】浙江大学。

【答辩时间】2015 年。

【内容介绍】文章为繁体排版，介绍了敦煌针灸文献的概况以及研究现状，探讨了敦煌针灸文献的价值，认为这些文献的出现，可以补传世医籍之缺失，亦可正传世医籍之舛误，同时保留了许多未见记载的古腧穴和新的灸疗方法。

全文共分为上下编。上编对《针灸甲乙经》《黄帝明堂经》《灸明堂经》《灸经图》《新集备急灸经》五种敦煌针灸文献残卷，从写卷形制、定名、年代考订等各方面进行考证研究；下编对这五种针灸文献进行了详细的录文和校证，对有传世本的写卷，研究二者之间的流传关系，并深入挖掘其文献学价值和医学价值。

通过整理敦煌医方文献中的针灸学内容，将敦煌针灸文献中涉及的腧穴进行了梳理和考证，从中了解古今腧穴的演变过程，整理发现了许多现存医籍中缺失的一些珍贵腧穴。此外，本文还考证了敦煌针灸文献中的人神禁忌相关记载，与传世医籍的记载造行比对研究，探讨其间的传承关系。

《李应存教授运用敦煌疗风虚瘦弱方治疗产后身痛病的临床经验总结》

【类别】硕士论文。

【作者】孙超。

【指导教师】李应存。

【毕业院校】甘肃中医药大学。

【答辩时间】2016 年。

【内容介绍】

本课题通过文献研究、病历收集、用药特点、配伍规律、临床医案等方面进行分析，总结出李应存教授运用敦煌疗风虚瘦弱方治疗产后身痛病的经验特色。

李应存教授认为，产后身痛病是一种产后身痛不适的病症，可发生于机体的各个部位。他认为产后身痛病是由于患者产后机体亏虚，加之感受风寒湿痹从而引起的产后疼痛。他将患者分为气血两虚甚者、风寒束表甚者、血瘀阻滞甚者、肝肾亏虚甚者。在治疗上他认为应该益气养血、祛风通络、活血化瘀、补肾益肝为原则进行治疗。

在用药上李应存教授以疗风虚瘦弱方为主方，根据患者不同偏重表现进行加减化裁。疗风虚瘦弱方原方包含黄芪、当归、桂枝、白芍、川芎、羌活、生姜、甘草八味药，其中黄芪、当归为君药，用以益气补血；桂枝、白芍为臣药，用以调和营卫；川芎、羌活为佐药，用以行气祛风；生姜、甘草为使药，用以调和诸药。

李应存教授认为，若患者偏重于气血两虚，应重用黄芪、当归；若偏重于风寒束表，应重用桂枝、羌活；若偏重于血瘀阻滞，应重用川芎、桃仁；若偏重于肝肾亏虚，应重用熟地、女贞子、旱莲草等。

《敦煌吐鲁番医药文献中药运用情况考察》

【类别】硕士论文。

【作者】薛文轩。

【指导教师】沈澍农。

【毕业院校】南京中医药大学。

【答辩时间】2016 年。

【内容介绍】本文的研究基础为《敦煌吐鲁番医药文献新辑校》及敦煌吐鲁番医药文献原卷照片，研究内容主要包含本草卷（9 卷）、《张仲景五脏论》（5 卷）、方书卷（48 卷）三部分，共涉及敦煌吐鲁番医药文献62 卷。本文采用与传世本草对比的方法对包括《本草经集注》残卷、《新修本草》残卷、《食疗本草》残卷、《无名氏》本草残卷等 9 种本草卷子中的中药之间的差异进行探讨。对其中《集注》《新修》残卷与传世《新修本草》《证类本草》进行对照，阐述其中较有意义的差异：对其他本草残卷，进行亦进行比较详细的述评。对 50 种涉及验方、复方、祝由方、佛家道家医方各类的方书类卷子进行简短的述评，介绍其基本情况，列举卷中出现药物及炮制方法等，对卷中有研究价值的内容进行介绍，出现中药进行总体统计；对 5 卷《张仲景五脏论》残卷中的中药对仗歌诀进行较为详细的述评。最后对部分中药如桂心、芍药等药物名实的时代演变情况等方面进行较为细致的考证。对几百味中药在敦煌吐鲁番医药文献中的出现情况进行了考察，并按时间纵轴汇成了表格。通过这种表格，可以清晰看出每味药在唐代前后时期的书写情况，演变的趋势等。

《敦煌遗书研究成果综述》

【类别】硕士论文。

【作者】程晓蓉。

【指导教师】郑伟。

【毕业院校】山西大学。

【答辩时间】2016 年。

【内容介绍】

本文在刘进宝教授、郝春文教授以及荣新江教授等敦煌学者的研究基础上，结合 2000 ~ 2014 年期间的敦煌学研究论著目录，对海内外敦煌遗书的研究成果进行综述。本文将文献分析方法、历史比较法和逻辑思辨法融合，从遗书内容和时间分期两个角度对部分代表性成果进行分类和比较，以便于探究国内的研究成果和不同历史时期的研究特点。

本文分为四个部分。第一章主要论述敦煌遗书的研究背景，即敦煌在历史中的重要地位、敦煌学的起源和各个发展阶段的成果。第二章对海外敦煌遗书的研究成果进行了综述，分别介绍了英国、法国、俄罗斯和日本等国外敦煌遗书的整理工作和研究成果。第三章则介绍了国内敦煌遗书的研究成果。本文将国内学者对敦煌遗书的研究成果分成三个历史时期进行介绍，即 1909 ~ 1937 年的兴起时期、1938 ~ 1977 年的摸索前进期、1978 年至今的繁荣发展时期。最后一章论述了研究敦煌遗书的现实困境和发展对策。

本文通过对 100 多年来敦煌遗书研究成果的综述，试图探析敦煌学者在敦煌遗书的研究过程中所面临的困境，从而提出相关对策和建议。

《唐五代敦煌医药文化研究——以敦煌医药文献为中心》

【类别】硕士论文．

【作者】宋满平。

【指导教师】刘再聪。

【毕业院校】西北师范大学。

【答辩时间】2016 年。

【内容介绍】

文章主要从三个方面进行探讨。首先是敦煌医药文献的概述，包括敦煌医药文献界定、敦煌汉语医药文献、敦煌胡语医药文献；其次是敦煌汉语医药文献所见外来医药文化，重点介绍了印度医典《医理精华》及胡语医典《耆婆书》在敦煌的流传；最后介绍了敦煌汉语医药文献反映的宗教信仰。

在对印度医典《医理精华》在敦煌的流传进行研究时，作者按照《医理精华》中"八支"（印度生命吠陀体系对医学的分类，依次为论诸疮、论针刺首疾、治身患、论鬼瘴、童子方、论恶揭陀药、长年方、论足身力方）的顺序对敦煌汉语医药文献中的印度医药因素进行分析，发现印度医典《医理精华》中生命吠陀"八支"的眼科、治身患、鬼瘴、治诸疮、治童子病、足身法的医药知识在敦煌汉语医药文献中都能找到。但在敦煌汉语医药文献中长年法未见到《医理精华》"八支"中的恶揭陀药（解毒药）与长年方。

作者通过对敦煌汉语医药文献与胡语医药文献、秦汉简牍、吐鲁番医药文献等出土文献及传世医药典籍等做对比分析发现，敦煌汉语医药文献中有着明显的外来医药因素，其中印度医学是敦煌汉语医药文献中的最主要的外来医药因素，影响最大。印度医学的典型代表《医理精华》在敦煌流传较广，敦煌汉语医药文献中较多的医方间接或直接来源于《医理精华》，在治疗疾病所用药物与对应病症、医学理论等方面均受到了影响。另一部敦煌藏经洞出土的印度医学著作《耆婆书》在敦煌地区也广为传播并对敦煌汉语医药文献中的医方产生了影响。但与印度医药典籍原书相比，几乎没有相同的医方组成。印度医药典籍中的医方大多是大型的复方，但在受印度医学影响的敦煌汉语医药文献医方中我们发现大多是组成较简单的单方或小方。这反映出外来医药在传入内地的过程中出现了"中国化"。

研究还发现，敦煌虽是佛教圣地，佛教寺院、信徒要多于道教，但在敦煌汉语非佛教、道教医药文献中，有明显道教医药因素的医方却远多于佛教医药因素，这说明佛教医药在世俗医药方面的影响远逊于道教。这与中医学和道教的密切关系有着很大的原因。

《敦煌中医药文献医方研究》

【类别】硕士论文。

【作者】王雅平。

【指导教师】沈澍农。

【毕业院校】南京中医药大学。

【答辩时间】2016 年。

【内容介绍】本论文第一章，以敦煌医方为中心，参考《敦煌医药文献辑校》《敦煌石窟秘藏医书——曾经散失海外的中医古方》《敦煌石窟秘方与灸经图》《敦煌中医药全书》《敦煌中医药精萃发微》以及相关论文，将英藏、法藏、日藏、德藏、俄藏敦煌医药文献进行搜集整理，运用统计筛选、训诂学、校勘学的知识，并结合医理，进行全面的梳理，最后的结果以列表的形式呈现，表格中包含了方名、主治、方剂类型、药物组成、完整程度等详细信息。

第二章对敦煌医方中的特色外治法如外涂法、外洗法、口腔给药法、点眼、药丸纳肛、膏摩方、美容方等进行了专题讨论，对敦煌医方的剂型按照汤剂、丸剂、散剂、膏剂、酒剂、醋剂进行了分类统计。

第三章对部分残缺的敦煌医方通过对比传世文献、平行文献，进行了复原，尽可能地恢复方剂本来的面貌。

通过研究，作者认为，敦煌医方涵盖面广，内容丰富，涉及内、外、妇、儿、佛道养生、服石、祝由等方面，其中不少卷子在传史文献中无类同者，所载医方也是独具一格，颇有特色。其特色可归纳为几点：一是给药途径，敦煌医方中很早就记载了黏膜给药这种先进的给药途径，主要形式有点眼、口含、药丸纳肚、阴道置药，这种给药方式药物吸收迅速，疗效快捷，而且无须进入肝肾代谢，减少了对身体的副作用；二是方剂剂型的灵活运化，一个方剂既可外涂外洗，也可用于内服，如此内服外敷，发挥最大的效用；三是开创中医美容方剂的先河，中医美容首见于敦煌医方，数量虽然不多，但是面脂、面膏、面散、面药的使用能看出当时中医中药已经渗透入了人们生活的各个方面。

最后，敦煌卷子残缺不全，导致许多医方难以辨认，具体有几方，主治为何，药物几何都有可能漫漶不清，所以残方复原是整理敦煌医方中重要的工作。

《敦煌医药文献校录与文字辞汇研究——医经诊法类、本草针灸类卷子》

【类别】博士论文。

【作者】徐涛。

【指导教师】沈澍农。

【毕业院校】南京中医药大学。

【答辩时间】2016 年。

【内容介绍】敦煌医药文献指 1900 年在甘肃省敦煌市莫高窟藏经洞内发现的中医药文献。它是敦煌文献宝库及传统中医药文献中的瑰宝。积极研究发掘敦煌医药文献，对于校勘整理中医药古籍及补充敦煌学的研究都有一定的意义和价值。

本文选择了敦煌医药文献医经诊法类、本草针灸类中若干有代表性的卷子，参照既有的几种校录本，运用对校、本校、他校、理校等方法，借鉴俗字知识、古籍符号标记知识，对其中文字的变异情况及某些校录本的误识情况作一阐述，考释疑难字，并完成了敦煌医药卷子医经诊法类、本草针灸类大部分卷子的新校录。

总论部分对敦煌医药文献中的文字问题、文句问题、符号问题做了一概括性地探讨。首先运用多种考辨方法，结合文理、医理和俗字的成因，对医药卷子中的俗体字及通假、讹误字进行相对准确地辨读。其次以 P.2115 为例，对其中的文句问题包括文序抄乱、漏句、增句等情况进行阐述。最后对医药卷子中使用较多的符号如重文号、乙字号、删字号用法及既有释读本中的误例进行了考证。

各论部分以敦煌卷子本复印件或照片为主研究本，并参照马乙本、丛本等校录本，充分利用既往学者在校勘学方面的成功经验，运用多种校录方法，并结合医理的运用，对医经诊法类、本草针灸类中有代表性的卷子重新录写。

本文的创新性在于文字上从俗字的书写结构变异、字的声符形符替换及出于某种原因的新造等方面分析了文字变异的特点、类型、产生途径和变化规律，并对其中的部分疑难字进行了破解。校录上参照多种校录本及传世本相类似的文献，运用多种考辨方法，使文字的辨读更为正确，文本的校录更为准确，使校录与考证达到了一个新的水平。

限于时间、篇幅等原因，本文仅对医经诊法类、本草针灸类卷子中文字的变异情况及现有校录本的误识情况作一阐述，考释疑难字，并完成部分卷子的新校录。在底本选用方面，努力搜求质量较高的复印件或照片本，作为主研究本；以马乙本为次研究本，并参以其他校录本；充分利用既往学者在校勘学方面的成功经验，运用对校、本校、他校、理校等方法，并借鉴俗字知识、古籍符号标记知识，结合医理的考辨，认真辨读敦煌卷子，总结分析文字变异的特点、类型、产生途径和变化规律，使文字的辨识更为正确，文本的校录更为准确，写定为更加准确的新录写件。

本文以敦煌药卷子本复印件或照片为主研究本，以马乙本为次研究本，选择性地参照丛本及宋以前抄本，充分利用既往学者在校勘学方面的成功经验，运用对校、本校、他校、理校等方法，特别是借鉴近年来研究较为热门的俗字知识、古籍符号标记知识，并结合医理的运用，认真辨读敦煌卷子，总结分析文字变异的特点、类型、产生途径和变化规律，使文字的辨识更为正确，文本的校录更为准确。选择医经诊法类、本草针灸类中若干有代表性的卷子重新录写（未列入研究范围的主要是本草类的龙530，该卷特别长而且尚志钧等都已经作了较详细的研究；另外有几件过于零散的碎片也未列入），写定为更加准确的新录写件，努力使校录与考证达到一个新的水平。

《敦煌医药文献研究——校勘与疑难俗字考释》

【类别】博士论文。

【作者】汤伟。

【指导教师】杨宝忠。

【毕业院校】河北大学。

【答辩时间】2017 年。

【内容介绍】本文从文献学、语言文字学两个角度，主要运用"校法四例""以形考字"和"以用考字"等方法，对敦煌医药文献重新进行考察研究，力求完善以往研究中的不足，充分挖掘敦煌医药文献的学术价值。

第一章是绪论，介绍课题研究对象、研究现状、研究内容和方法。

第二章是对敦煌医药写卷的文献学研究。本文主要从文本特点、用语特色、抄写年代和残片缀合四个方面对敦煌医药写卷的文献学特征进行考察，补正前人在敦煌写卷文献学研究上的一些失误与不足。对现有研究论著中的问题做了订正补充，纠正了诸家因校勘符号失察导致的录文错误 20 余例，举例说明了诸家在专业词语的含义及字词关系认识上出现的失误。抄写断代上，利用武则天第二次改造字形的时间信息，把 P.2565、P.2662、P.3731 三号医方写卷的抄年进一步限定在公元 697～704 年的范围里；根据 P.3655 号医书写卷上白描人像的服饰信息，指出其抄写年代当在北宋。残片缀合上，在对内容充分考察之后，首次缀合了 Дx02869A、Дx06150 两个《平脉略例》残片。

第三章是对敦煌医药文献的校勘。第一节"诸家校理失误补正"对敦煌医药文献诸整理本中的校勘失误进行了补正。第二节"敦煌医药写卷校补"对诸整理本中的失校之处进行了补充校勘。其中补正诸家校理失误 124 条，对诸家失校者补校 172 条，检行 296 条。本章对敦煌医药文献的重新校理有助于还原敦煌医药文献的真实面貌。

第四章着重对敦煌医药文献中困惑学者已久的疑难俗字作了考释。本文首次就敦煌医药文献中疑难俗字进行较大规模的集中研究，是深度清理敦煌医药文献文本的一次尝试。综合采用"以形考字"和"以用考字"相结合的方法，专门详加考辨，力求医文皆通，共考释疑难俗字 84 条，99 字。疑难俗字的产生多有规律可循，但偶然性因素在疑难俗字的形成过程中也起着重要的作用。本文以敦煌医药文献为研究对象，运用和验证了疑难俗字研究的理论和成果。

第五章从语言文字学、大型字书编纂和中医药古籍整理三个方面论述了敦煌医药文献研究的意义和价值。其中考释《汉语大字典》疑难字 6 例，为《汉语大字典》补充例证 10 例，校正传世中医药古籍 59 条。

敦煌医药文献的整理研究对于中医药的理论研究和临床实践也有一定的借鉴意义。

《敦煌占卜文献中的占病及其文化》

【类别】硕士论文。

【作者】张巧。

【指导教师】王晶波。

【毕业院校】兰州大学。

【答辩时间】2017 年。

【内容介绍】本文作者认为，敦煌占卜文献中有大量占病的记载，这些占病内容分散于敦煌发病书、五兆卜法文献、禄命书、宅经等占卜文献中，内容涉及敦煌民众生活最基本、朴实的方面，从这些记载中可以窥见唐宋敦煌地区的医疗状况和文化内容。

文章主要采用文献释读和历史分析法展开研究，论述分为三个部分考察唐宋敦煌占病文献及其蕴含的文化。

第一章整理敦煌占卜文献中巫术治疗的记载情况，主要是敦煌本占病书、五兆卜法文献中的占病法、禄命书中的占病记载等，为了方便后续文本基础上的分析，这一章专门对这些相关文书进行了录文。

第二章在文献资料整理的基础上，对敦煌占卜文献中出现的医疗记载情况进行分类分析，从疾病类型、致病因素、治疗方法三个方面分析，展现一个相对完整的敦煌占卜文献反映的敦煌地区疾病观及疾病治疗方法。

第三章讨论敦煌占病文献产生的影响，这一观点的出发点是肯定巫术治疗的效果，突破传统全盘否定巫术治疗的主流社会观念。从心理调节功能、民俗与敦煌占病书的关系、敦煌民众择医观等几个方面进行简要分析。

通过三章内容的简单论述，可以窥见唐宋敦煌地区的医疗体系的部分影子。医疗在这一时期尽管已经是独立发展的职业，但是与巫仍然关系密切、相互融合、相互配合。占病书体现的巫术治疗既是当时社会公认的一种治病方式，又是当时社会民俗节庆、文化共识的一部分。巫术治疗与医术治疗共同构成这一时期敦煌地区的医疗整体。

《敦煌石室文献中张仲景〈五脏论〉药对理论与临床应用》

【类别】硕士论文。

【作者】葛政。

【指导教师】李应存。

【毕业院校】甘肃中医药大学。

【答辩时间】2017 年。

【内容介绍】本文通过查阅《五脏论》中药对的相关文献，以及进行大量的临床实践，对敦煌石室文献中张仲景《五脏论》药对理论及临床应用进行了研究，并予以规律性的总结。

作者认为，敦煌出土的张仲景《五脏论》共计 12 对药对，其内容精而不杂，药对协同互补、功效确切。其配伍以阴阳理论为总纲，以七情和合为原则，以药性与治法为基础。部分药对虽已单独成方，由于临床病症复杂，药对常配伍应用于方剂中，或为君臣主药，或为佐使辅药。张仲景《五脏论》记载的药对中，可应用于临床者共 9 组药对。

其中半夏 – 生姜、葶苈 – 大枣、紫菀 – 款冬花 3 对药对均有单独的成方，且常配伍应用于复方中，临床应用范围较广。

远志 – 人参、虻虫 – 水蛭两对药对为临床常用方剂的重要组成部分，前者多于补益方中起辅助作用，后者多为君臣药于方中使用。

9 组药对中，当归 – 白芷、泽泻 – 茱萸、川芎 – 枳实、白术 – 槟榔

4 对药对为张仲景《五脏论》之独载，无相关文献可供参考。李应存教授常将这 4 组药用于临床，通过整理导师临床医案发现：紫菀 – 款冬花多配伍于敦煌紫苏煎中，用于治疗内伤咳嗽；白术 – 槟榔常配伍于敦煌大泻肝汤中，常用于治疗呃逆、胃胀反酸、脘腹胀满、便秘等病证；当归 – 白芷可用于治疗头痛、痛经、坐骨神经痛、产后身痛病、风湿痹痛等病证；泽泻 – 山茱萸多配伍于敦煌疗风虚方、敦煌大补肾汤，以起辅助治疗肾虚头晕耳鸣之功；川芎 – 枳实常配伍于敦煌大泻肝汤中，用于治疗心悸、胸痹心痛、胸下痞满等病证。

剩余 3 组药对因药材缺失、疾病地域性、具体药材不可考等因素，目前已无法应用于临床。

总之，本文认为，对张仲景《五脏论》中 12 对药对的详解与配伍理论研究，有利于深入研究药对的基础理论，同时，对药对在临床实践中的应用也有很大的指导意义。

《唐五代宋初敦煌动物资源研究——以敦煌文献为中心》

【类别】硕士论文。

【作者】胡莹莹。

【指导教师】刘再聪。

【毕业院校】西北师范大学。

【答辩时间】2017 年。

【内容介绍】论文主要从唐五代宋初敦煌动物资源统计、动物资源来源及开发利用三个方面来进行探讨研究。

作者从敦煌汉文文书中各类的买卖契据、官府牒状、破历文书等卷子中统计出 94 种动物，其中兽类动物 30 种，鸟、鱼、虫及其他动物 64 种，分别以表格形式呈现出来，并注明其文献出处。通过对敦煌文书中出现的动物与传世文献中记载的动物相互考证、比较，不仅探知了唐五代宋初时期敦煌动物资源的概况，还为现今敦煌动物资源的保护利用提供了可参考的依据。

在动物资源来源方面，总结出敦煌地区动物资源的来源有本地所产和由外输入两种途径。在本地所产动物资源中以养殖为主，野外捕获为辅。其中本地所产动物资源占主要部分，据统计有81种本地所产，其余13种从外输入的动物是对当地所缺乏的动物资源的补充，这部分动物资源主要以商品贸易的形式输入。敦煌文书中出现的有些动物，如乌贼、蛤文、贝、珊瑚、海螺、蟹、龟、齐蛤、牡蛎、鳝鱼等都是由外输入的动物资源，敦煌医药文书中记载的较多，大部分是医用药材。在中西经济、文化交流之中，由外输入的丰富的动物资源，增加了动物资源的种类和数量，也弥补了当地某些动物资源缺乏的状况，尤其是多在药材中使用的一些动物品种如从中原输入敦煌的麝香、雄黄、鳖甲、蛇蜕皮、獭肝、乌贼鱼骨、犀角、虾蟆、蜂房等，还有从西域传入的珊瑚、羚羊角等。这些由外输入的动物药材促进了敦煌医疗事业的发展。

作者对唐五代宋初敦煌动物资源在医用药材方面的开发利用也进行了较为详细的论述。主要概括了动物作为药材的药用部位、动物药材的取材来源、动物不同部位的医用方法和功效、动物药材在日常饮食中的应用、以动物为原料的药酒的广泛使用和动物药材治疗牲畜的兽医方。这些内容在一定程度上反映了当时医疗水平的发展情况。

《唐五代宋初敦煌矿产资源研究——以敦煌文献为中心》

【类别】硕士论文。

【作者】王鹏。

【指导教师】刘再聪。

【毕业院校】西北师范大学。

【答辩时间】2017年。

【内容介绍】论文主要由四部分内容组成。第一部分是唐以前资料，主要是两汉时期和魏晋南北朝时期所见敦煌矿产资源；第二部分是文书所见唐五代宋初敦煌矿产种类，分为金属矿产和非金属矿产；第三部分是文书所见唐五代宋初敦煌矿产来源，分为本地出产和外来输入；最后一部分是文书所见唐五代宋初敦煌矿产管理与开发利用。

作者将敦煌文献与传世文献相结合，通过对敦煌汉文文献（佛经以外部分）中的矿物种类进行统计，列表分类，注明文献出处，并实地考察敦煌地区的矿业企业和遗迹以与文献记载相印证，统计出文书中记载的矿产有79种，其中金属矿物23种，非金属矿物56种。另统计出矿产制品353种，相关工匠或人员称谓67种，超出了传世文献记载的种类数量。

研究发现金属矿物中的丹砂（朱砂）、密陀僧、水银、禹余粮、赭石等，非金属矿物中的赤石脂、代赭石、伏龙肝、寒水石、滑石、琥珀、龙骨、芒硝、石膏、雄黄、硝石等多被用作药材，在医方中大量出现。

关于唐五代宋初敦煌矿产来源，作者经研究发现，本地所出产的多为生产生活所用的基础性矿产，如石膏、矾石、雄黄、芒硝等，其中石膏是敦煌特产的药材，这一点作者通过文书中的相关记载（S.5448）及一些医方的记载得以证实；而从外地引进的多为珍奇贵重矿产（特别是来自西域的），如密陀僧、银、铁、琥珀等。在统计出的79种矿产中，能够明确产地的有40种，其中有19种为敦煌地区出产，21种为外来输入的。外来输入的矿产又可再分为由中原内地而来的9种及从西方而来的12种，其余矿产来源（产地）暂时未能确定。

研究发现矿产资源在制造僧俗器具、武器装备、颜料染料、医用药材等方面的利用相当普遍。关于医用药材方面的利用，作者通过整理文书中丰富的佛医、道医资料，如S.5598v的《毗沙门天王奉宣和尚神州补心丸方》等，了解到矿物在佛家医方中对治疗疾病所起的作用，而通过隋唐时期的传世文献和文书中的道医资料可以看出，当时炼丹之风很盛，矿物材料频频出现在炼丹制药的记载中。

《敦煌医学文献中男性不育症的治疗方药与临床运用》

【类别】硕士论文。

【作者】周翌翔。

【指导教师】李应存。

【毕业院校】甘肃中医药大学。

【答辩时间】2018 年。

【内容介绍】本文通过收集整理敦煌医学卷子中男性不育症的相关文献，同时结合李应存教授的临床运用，综合后进行分析评价，探究敦煌医方治疗男性不育症的规律及用药特色，为中医药辨证论治男性不育症提供新的思路与方法。

全文共三个部分，第一部分和第二部分，通过查阅敦煌医学文献中关于男性不育症的资料，以及临床实践中的病案，对敦煌医学中有关男性不育症的疗法及临床应用进行研究，总结出其方药特点及用药思路。

作者认为敦煌文献中有关于治疗男性不育症的医学卷子，方义古朴，重视配伍，用药精专，多为补肾阳益精血之品，药材重视地域性，大多选用地道药材。病证以肾虚为主，病位重点在肝、脾、肾三脏。病在肝时，侧重于实证；病在肾、脾时，多以虚证为主。

第三部分为敦煌医学治疗男性不育症的临床应用，选取李应存教授临证医案，加以归纳总结，认为李师临证，在强调补肾之法的基础上，对于肝实、脾虚等证要法随证变，活用疏肝、健脾之法。

李师用药，汤剂一般采用敦煌大补肾汤为主方配合其他敦煌方药加减化裁。精气两虚、阴阳偏重不明显者：重用熟地黄、黄芪，配伍鹿茸、肉苁蓉、锁阳、菟丝子等补肾阳益精血的药物。肾阳虚偏重者：易桂枝为肉桂，减少淡竹叶、泽泻的用量，配伍阳起石、淫羊藿、巴戟天、仙茅、杜仲等长于补肾阳的药物。肾阴虚偏重者：重用熟地、菟丝子，减小肉桂（桂枝）、干姜的用量，配伍桑椹、枸杞子、女贞子、旱莲草、磁石等益阴的药物。肾虚肝实者：以大泻肝汤合大补肾汤加减为主方，配伍牛膝、柴胡、川芎、栀子等药物。脾肾两虚者：以大补脾汤合大补肾汤加减为主方，配伍茯苓、薏苡仁、槟榔等药物。

丸散一般采用三等丸方、八公神散等为主方根据患者兼证加减化裁。

总之，敦煌医学中有关男性不育症的文献，内容丰富，治法多样，种类较多。临证中遵循以补为通，兼及妇人，汤丸并用的原则，临证思辨，以敦煌医学卷子中"肾德在坚"作为指导，补肾为主，即滋养肾中精血，温煦肾中阳气，选方以敦煌大补肾汤为主加减化裁。

《敦煌写卷 P.3644〈词句摘抄〉研究》

【类别】硕士论文。

【作者】贾娟玲。

【指导教师】郑炳林。

【毕业院校】兰州大学。

【答辩时间】2018 年。

【内容介绍】全文从文献学的角度出发，对 P.3644 的内容进行了整理和研究，分为上下两篇，其中上篇为研究篇，主要分为三章：第一章重点分析了 P.3644 的定名和抄写年代。由于该写卷内容庞杂，学者对其定名产生了不同的看法，本文对学界已有的 6 种定名作了详细的分析和对比之后选取了"词句摘抄"作为该写卷的定名。在抄写年代方面，文章通过分析写卷中出现的历史事件、人物和官职等信息，最终将 P.3644 的抄写年代确定为后唐时期（932～935）。第二章以 P.3644 所抄的佛偈、七言诗和卖诗为研究对象，详细分析了他们所反映的晚唐五代时期敦煌社会文化状态以及商业贸易往来。第三章则以 P.3644 中的词汇和短句为研究对象，重点分析了其中具有学术价值的短语，如写卷中所抄的神庙和归义军仓库相关的词句，以此为切入点，分别探讨了归义军时期敦

煌的神庙与祆教信仰的关系、归义军的仓库管理制度等。校录篇部分对
P.3644 进行了详细的录文和断句，重点对其中的俗语词作了详尽的校注。

《敦煌医籍异文研究》

【类别】硕士论文。

【作者】赖雪瑜。

【指导教师】王育林。

【毕业院校】北京中医药大学。

【答辩时间】2019 年。

【内容介绍】本文所考察的异文，指的是敦煌医籍与传世医籍间的
字句，属异文的广义范畴。本文运用比较法与分类分析法将敦煌医籍与
传世医籍进行了异文比较研究，得到大量异文。梳理敦煌医籍异文的总
体情况，从三个方面对异文的表现形式进行分析。首先是从文字的角度，
将异文分为俗字、通假字、古今字三个部分进行分析；其次是从词与短
语的角度，分析词与短语的有无、替换；最后从句子的角度，对句子的
详略、结构与句意等情况进行分析。研究的重点在文字方面，尤其是俗
字方面，尽可能探索正、俗字形的演变规律，考察其字书例证和源流，
词句方面，选取了其中具有代表性的异文分析整理，尽量直观反映敦煌
医籍与传世医籍语言文字上的差异。

本文旨在通过将敦煌医籍与传世医籍进行逐字对照，全面搜集二者
的异文，结合文字学、词汇学、训诂学的相关理论知识进行整理、分析，
以其更加直观全面地反映敦煌医籍与传世典籍的文字语言的不同，探索
其历史演变规律。但对于一些异文性质难以判定的，无法归纳其规律共
性的未予以录入。

发表期刊论文一览

（按第一作者姓氏笔画排序）

丁

丁媛 . 出土文献与传世典籍涉医内容中的"建除"术及其应用 [J]. 古籍整理研究学刊，2018（5）：24–32.

丁文君，沈明霞，李建省 . 靳锋主任医师运用敦煌辅行诀大泻肾汤治疗白塞综合征经验 [J]. 中医研究，2016，29（6）：26–28.

丁文君，沈明霞，靳锋，等 . 敦煌辅行诀大泻肾汤联合西药治疗慢性前列腺炎 60 例 [J]. 中医研究，2016，29（1）：8–10.

于

于畅，王远长 .《辅行诀脏腑用药法要》前半部分方药图解 [J]. 光明中医，2019，34（11）：1641–1644.

于业礼，王兴伊 . 吐鲁番出土牛疫方考 [J]. 中医药文化，2015，10（5）：50–52.

于业礼，张本瑞 . 俄藏敦煌医学文献新材料整理研究 [J]. 敦煌研究，2019（5）：111–120.

于灵芝 . 敦煌针灸文献之《灸经图》的价值 [J]. 针灸临床杂志，2010，26（4）：4–6.

于晓雯，李国强，王中琳 . 基于《辅行诀》探讨情感性心境障碍的中医治疗 [J]. 四川中医，2017，35（5）：29–31.

于晓雯，李国强，王中琳 .《辅行诀》大补肾汤加减方治疗眩晕临床观察 [J]. 成都中医药大学学报，2017，40（2）：50–52.

于赓哲 .《新菩萨经》《劝善经》背后的疾病恐慌——试论唐五代主要疾病种类 [J]. 南开学报，2006（5）：62–70+109.

万

万方 . 古代注（疰）病及禳解治疗考述 [J]. 敦煌研究，1992（4）：91–98+129.

万婷，李应存，李爱国，等 . 李应存运用敦煌《辅行诀》大泻肝汤治疗炎症 [J]. 实用中医内科杂志，2014（7）：22–24.

万婷，李应存，李淑玲 . 李应存运用敦煌医方大、小泻肝汤治疗失眠 [J]. 实用中医内科杂志，2014（3）：9–11.

马

马骏 . 敦煌医学：身陷困境盼"飞天"[N]. 中国中医药报，2008–11–07（2）.

马骏，段永强，巩子汉，等 . 敦煌《辅行诀五脏用药法要》大小补泻汤掐指推导组方规律研究 [J]. 中国中医基础医学杂志，2019，25（9）：1289–1291.

马德 . 试论开拓敦煌研究的新领域 [J]. 敦煌研究，2008（1）：61–68+116.

马义斌，王道坤 . 王道坤教授通络法治疗慢性胃炎经验总结 [J]. 甘肃中医学院学报，2014（3）：17–19.

马正民，颜春鲁，刘永琦，等 . 敦煌医方四时常服方对镉染毒大鼠肾氧化应激的影响 [J]. 甘肃中医药大学学报，2018，35（1）：5–9.

马周周 . 敦煌佛禅形象中的气功内涵 [J]. 上海中医药杂志，1992（3）：44–46.

马继兴 . 敦煌出土的古针灸图 [J]. 中国针灸，1985（5）：30–33.

马继兴 . 继敦煌残卷中发现《内经》古诊法后的再发现 [J]. 甘肃中医学院学报，1990（4）：10–12.

马继兴 . 继敦煌残卷中发现《内经》古诊法后的再发现 [J]. 上海中医药杂志，1991（5）：38–40.

马继兴 . 俄国现藏的中国出土古医药文献 [J]. 中华医史杂志，1999（1）：10–14.

马继兴 . 俄国现藏的中国出土古医药文献 [A]. 中医药优秀论文选（上）[C]，2009：5.

王

王文 . 张侬教授针灸学术经验偶得 [J]. 中医研究，2013，26（9）：49–50.

王宁，李廷保，张伟，等.敦煌及古医籍中同名人参汤用药配伍规律及相关性研究[J].中医研究，2017，30（9）：55-58.

王尧，陈践.敦煌吐蕃写卷《医马经》、《驯马经》残卷译释[J].西藏研究，1986（4）：84-93.

王非，李汪洋，闫秀君.《辅行诀五脏用药法要》的来源及医学价值[J].中医药学报，2011（1）：46-47.

王波，李丹琳，闫兰，等.敦煌遗书中用药护理探究[A].中华护理学会.全国中医、中西医结合护理学术交流会议论文汇编[C].中华护理学会，2011：3.

王萍.敦煌养颜膏对小鼠衰老皮肤羟脯氨酸含量的影响[J].甘肃中医学院学报，2008（2）：9-10.

王萍.敦煌养颜面脂对光老化皮肤胶原纤维含量的影响[J].新中医，2009（4）：98-100.

王萍，靳宝明，张延英.敦煌养颜面脂皮肤毒性实验研究[J].甘肃中医，2008（4）：49-50.

王萍，潘文.敦煌养颜面脂延缓皮肤衰老的实验研究[J].中国中医药信息杂志，2009（3）：39-40.

王鹏，颜春鲁，刘永琦，等.敦煌医方四时常服方对镉染毒大鼠脑氧化应激功能的影响[J].甘肃医药，2017，36（7）：513-515.

王义芝.《敦煌佛儒道相关医书释要》出版[J].敦煌研究，2007（1）：78.

王天生.敦煌石窟《灸法图》特点及临床价值探讨[J].中国针灸，2003（11）：61-63.

王天生，吕兰萍.敦煌遗书《灸经图》载穴临床应用体会[J].中国针灸，2005（5）：345-347.

王天生，吕兰萍，王永强.敦煌遗书《灸经图》治疗五劳七伤特点初探[J].中国针灸，2006（10）：753-755.

王天生，汤志刚，吕兰萍.从敦煌《灸经图》看早期膀胱经脉循行[J].

中国针灸，2010（4）：336.

王天生，汤志刚，张瑞，等.关于敦煌《灸经图》保健灸、治未病组方探讨 [J].中国针灸，2011（4）：375–379.

王天生，张瑞，汤志刚，等.论敦煌古《灸法图》之特色 [J].中医杂志，2010（S1）：224–226.

王凤仪，李生财，王小荣.敦煌古方"紫苏煎"对慢性支气管炎大鼠肺组织病理形态改变的影响 [J].甘肃中医学院学报，2008（2）：5–8.

王凤仪，李生财，李立，等.敦煌古方"紫苏煎"对慢性支气管炎大鼠血清、肺组织中 SOD、MDA、NO 含量的影响 [J].甘肃中医学院学报，2003（2）：14–17.

王凤仪，赵党生.美容增白之敦煌古医方考析 [J].甘肃中医学院学报，2014，31（6）：68–70.

王凤仪，赵党生.治白屑头风痒的敦煌古医方考析 [J].西部中医药，2015，28（2）：34–36.

王凤仪，贾育新，李生财，等.敦煌古方"紫苏煎"对慢性支气管炎大鼠血清、肺组织中 NO、ET–1 含量的影响 [J].甘肃中医学院学报，2006（2）：13–16.

王凤兰.敦煌医学资料研究概况 [J].中医文献杂志，2003（1）：45–47.

王兰桂，李廷保.基于敦煌《辅行诀》方剂中五味对脏腑病证用药配伍规律的分析研究 [J].中国中医药科技，2016，23（5）：626–627.

王亚丽.文献鲜见敦煌写本医籍中的几则药名 [J].西部中医药，2015，28（8）：26–28.

王亚丽.中古民俗文化管窥——以敦煌写本医籍为中心 [J].敦煌学辑刊，2011（4）：111–117.

王亚丽.出版史上抄写书卷特点探赜——以敦煌医籍写本为例 [J].中国出版，2012（2）：60–62.

王亚丽.敦煌古医籍中的名量词 [J].南京中医药大学学报（社会科

学版）, 2010（2）: 78–81.

王亚丽. 敦煌写本为中古用字提供书证例考——以敦煌写本医籍为中心 [J]. 求索, 2011（11）: 194–196.

王亚丽. 敦煌写本张仲景《五脏论》用字考 [J]. 中医研究, 2011（6）: 75–77.

王亚丽. 敦煌写本医籍与《本草和名》相关文献互证 [J]. 古籍整理研究学刊, 2019（5）: 85–91.

王亚丽. 敦煌医籍中的借用名量词 [J]. 南京中医药大学学报（社会科学版）, 2011（4）: 205–207.

王亚丽. 敦煌遗书中牲畜病名及牲畜病疗方考 [J]. 敦煌研究, 2012（4）: 99–101.

王亚丽, 段祯.《俄罗斯藏敦煌医药文献释要》补释 [J]. 中医文献杂志, 2011（1）: 8–10.

王芝意, 何天有. 敦煌 272 腹带（男科型）治疗阳痿 32 例临床疗效观察 [J]. 甘肃中医学院学报, 1999（3）: 27–28.

王芝意, 何天有. 敦煌 272 腹带（前列腺型）治疗慢性前列腺疾病 36 例疗效观察 [J]. 甘肃中医学院学报, 1999（4）: 36–37.

王进玉. 敦煌古代医学研究概况 [J]. 中医药文化, 1989（4）: 26+40.

王进玉. 敦煌石窟中的古医方 [J]. 中医药文化, 1990（4）: 27–28.

王进玉. 敦煌矾石考 [J]. 上海中医药杂志, 1998（12）: 33–34.

王进玉. 敦煌藏经洞"神仙粥"及其食疗价值 [J]. 上海中医药杂志, 1993（11）: 36–38.

王杏林. 跋敦煌本《黄帝明堂经》[J]. 敦煌研究, 2012（6）: 80–84.

王杏林. 敦煌本《伤寒论》校证 [J]. 敦煌学辑刊, 2006（1）: 13–21.

王杏林. 敦煌本《备急单验药方并序》考释 [J]. 敦煌学辑刊, 2018（4）:

97–103.

王杏林 . 敦煌本《新集备急灸经》研究 [J]. 敦煌研究，2016（6）：109–114.

王使臻，苗钟立 . 试析敦煌写本《辅行诀脏腑用药法要》的性质 [J]. 中医文献杂志，2009（5）：21–23.

王学礼，张爱郁，曹烨民 . 敦煌遗方《茵陈汤》退黄作用观察 [J]. 甘肃中医，1991（1）：32.

王春艳，张如青 . 近 20 年来敦煌古医方研究概况 [J]. 上海中医药大学学报，2004（3）：61–64.

王春艳，张如青 . 敦煌遗书性医方考 [J]. 中医文献杂志，2009（2）：7–10.

王珍仁，孙慧珍 . 吐鲁番出土文书中所见祖国医药方研究 [J]. 北京图书馆馆刊，1997（4）：93–99.

王战磊，李应存 . 敦煌遗书《辅行诀脏腑用药法要》五脏虚实对本脏升降的影响初探 [J]. 光明中医，2013（5）：893–895.

王咪咪 . 敦煌卷子《内经》考 [J]. 上海中医药杂志，1987（3）：38–40.

王彦成，陆一鸣，汪永锋 . 敦煌医学的传承与创新 [N]. 健康报，2009–03–12（3）.

王艳云 . 西夏壁画中的药师经变与药师佛形象 [J]. 宁夏大学学报（人文社会科学版），2003（1）：14–16+34.

王艳明 . 敦煌古医方开发遭遇阻力 [N]. 市场报，2004–07–16.

王艳明 . 敦煌医学难结"硕果" [J]. 瞭望新闻周刊，2004（42）：57.

王振国 . 敦煌曲子词中的"咏伤寒"词 [J]. 中医文献杂志，1995（2）：5–7.

王家葵 . 恒山讳字考 [J]. 中医药文化，1991（3）：38.

王家葵，先静，黄斌，等 . 几种龙门药方摹写校点本讹误举例——兼论几种相关敦煌医方卷子校点讹误 [J]. 中医文献杂志，1998（4）：6–8.

王淑民.天王补心丹的原始方[J].中成药研究，1983（12）：37.

王淑民.《汤液经法》传承文献考[A].中华中医药学会医史文献分会.中华中医药学会第九届中医医史文献学术研讨会论文集萃[C].中华中医药学会医史文献分会，2006：6.

王淑民.《辅行诀脏腑用药法要》与《汤液经法》《伤寒杂病论》三书方剂关系的探讨[J].中医杂志，1998（11）：694-696.

王淑民.敦煌《备急单验药方卷》首次缀辑[J].中华医史杂志，2001（1）：49-54.

王淑民.敦煌卷子《辅行诀脏腑用药法要》考[J].上海中医药杂志，1991（3）：36-39.

王淑民.敦煌卷子《辅行诀脏腑用药法要》考[J].甘肃中医学院学报，1990（4）：15-17+40.

王淑民.敦煌脉书《玄感脉经》初探[J].上海中医药杂志，1987（8）：35-36.

王淑民.敦煌莫高窟中的脉诀著作[J].上海中医药杂志，1988（7）：40-42.

王淑民，王咪咪.敦煌石窟医学卷子概览[J].上海中医药杂志，1987（1）：42-43.

王淑民，庞莎莎.敦煌吐鲁番出土古本五脏论的考察[J].中华医史杂志，1995（1）：46-51.

王联民，梁玉杰，段永强，等.敦煌大宝胶囊对衰老模型大鼠脑组织氧自由基域影响的研究[J].中国中医基础医学杂志，2009（7）：506-507+510.

王智利.浅谈吐蕃时期藏医中的汉地医术因素[J].黑龙江史志，2014（5）：12.

王道坤，朱玉.敦煌医学初探[J].甘肃中医学院学报，1984（0）：36-39.

王登正，王海鹰.维吾尔医学发展概述（续）[J].新疆中医药，1989

（1）：29–31+42.

王韶康，殷世鹏，巩子汉，等．王道坤运用敦煌医方大补脾汤治疗胃癌经验 [J]. 中国中医药信息杂志，2018，25（6）：112–114.

王冀青．英国图书馆藏《备急单验药方卷》（S.9987）的整理复原 [J]. 敦煌研究，1991（4）：103–106+123.

王罂滢．敦煌遗书抗衰老方剂文献学研究概述 [J]. 亚太传统医药，2013（3）：48–49.

王罂滢，王玉珠．敦煌医学抗衰老方剂研究概况 [J]. 西部中医药，2013（4）：30–33.

元

元达．养生家孟诜及其《食疗本草》[J]. 科学养生，1996（1）：9.

牛

牛锐，张剑勇，邓毅．敦煌残卷 S.4433·10 方药理作用实验研究 [J]. 甘肃中医学院学报，1990（4）：29–30.

仁

仁青多杰，华欠桑多，普措多杰．敦煌藏医文献中的"达尔甘"病溯源 [J]. 中国民族民间医药，2016，25（24）：1–2+4.

凤

凤存安，袁芝霞．祖国医学关于口腔卫生的一些资料 [J]. 山东中医学院学报，1980（1）：7.

石

石琳．大小勾陈大小螣蛇出处考 [J]. 世界中西医结合杂志，2008（7）：380–381.

石琳，王庆国．《辅行诀脏腑用药法要》现存版本对比研究 [J]. 中医文献杂志，2008（2）：6–9.

卢

卢永锋，王煜，郭干干，等．王自立教授运用桂枝加龙骨牡蛎汤经验 [J]. 中医研究，2014（3）：41–43.

叶

叶红，李鑫浩，李俊珂，等．李应存教授运用敦煌道医方八公神散治疗月经过少经验 [J]. 中医研究，2019，32（10）：30–32.

叶水泉．补肾益精道锁阳 [J]. 家庭中医药，2013（5）：49.

叶红璐，余欣．敦煌吐鲁番出土《本草集注》残卷研究述评 [J]. 中医研究，2005（6）：57–60.

叶明花，蒋力生．《呼吸静功妙诀》：敦煌文书中的呼吸静功文献 [J]. 中国道教，2013（6）：53.

田

田甜，肖相如．天王补心丹源流探讨 [J]. 吉林中医药，2010（3）：250–252.

田文华．甘肃敦煌中医药发展成效显著 [N]. 中国中医药报，2011–03–16（2）.

田永衍．《辅行诀脏腑用药法要》非藏经洞遗书考——从文本形式与文献关系考察 [J]. 南京中医药大学学报（社会科学版），2015，16（4）：232–237.

田永衍．《辅行诀脏腑用药法要》非藏经洞遗书考——从主体学术思想考察 [J]. 敦煌学辑刊，2015，1（4）：38–44.

史

史兰华．《伤寒论》传本、佚文考略 [J]. 山东中医学院学报，1996（1）：60–62.

史正刚，刘喜平，张炜，等．敦煌遗书膏摩古医方探析 [J]. 中国民族民间医药，2015，24（15）：4–5.

史正刚，虞舜．敦煌美容医方特色述评 [J]. 甘肃中医，1998（6）：8–9.

白

白茅．《异方殊药：出土文书与西域医学》出版 [J]. 中华医史杂志，2005（3）：66.

丛

丛春雨 . "八法"与敦煌遗书古医方 [J]. 上海中医药杂志，1997（6）：38-41.

丛春雨 . 论《辅行诀脏腑用药法要》五首救诸劳损病方的现实意义 [J]. 中医文献杂志，2003（4）：1-2.

丛春雨 . 论敦煌中医药学的内涵及其学术价值 [A]. 中国中西医结合学会养生学与康复医学专业委员会 . 国际中西医结合养生学与康复医学学术研讨会论文汇编 [C]. 中国中西医结合学会养生学与康复医学专业委员会，2000：3.

丛春雨 . 论敦煌石窟艺术《经变画》中的情志因素与形象医学 [J]. 甘肃中医学院学报，1990（4）：5-9.

丛春雨 . 论敦煌针灸文献的学术价值 [J]. 上海中医药杂志，1993（10）：41-43.

丛春雨 . 论敦煌遗书古医方在外治法的应用 [J]. 上海中医药杂志，1999（1）：33-35.

丛春雨 . 论敦煌遗书古藏医药文献的学术价值 [A]. 中国民族医药学会 . 中国民族医药学会首届研讨会论文汇编 [C]. 中国民族医药学会，1996：3.

丛春雨 . 论醋在敦煌遗书、马王堆竹简古医方中的临床应用 [J]. 敦煌研究，2001（2）：139-146.

丛春雨 . 谈敦煌古医籍的学术成就和文献价值 [J]. 中医文献杂志，1997（4）：1-3.

丛春雨 .《辅行诀脏腑用药法要》心病症治探秘 [J]. 上海中医药杂志，2000（2）：26-27.

丛春雨 . 敦煌中医药学的内涵及其学术价值 [J]. 中国中西医结合杂志，1992（11）：688-689.

丛春雨 . 敦煌中医药学及其文献价值 [J]. 丝绸之路，1996（4）：29-30.

丛春雨.敦煌遗书中妇产科古医方的学术特点 [J].中国医药学报，1996（3）：8–10.

丛春雨.敦煌遗书《辅行诀脏腑用药法要》五首救急方析义 [J].中医文献杂志，2000（4）：1–2.

丛春雨.敦煌遗书《辅行诀脏腑用药法要》五脏病症治疗方药解析 [J].敦煌研究，2002（3）：92–99.

丛春雨.敦煌壁画"形象医学"的历史贡献 [J].中医文献杂志，1998，57（4）：4–5.

丛春雨.敦煌壁画"形象医学"的历史贡献（续完）[J].中医文献杂志，1999（1）：5–7.

尕

尕藏加.敦煌吐蕃藏文文献在藏学研究中的史料价值初探 [J].中国藏学，2002（4）：49–58.

尕藏陈来.吐蕃时期的藏医学发展简论 [J].甘肃中医学院学报，1990（3）：39–41+44.

朱

朱倩，刘士敬，钱超尘.《伤寒论》部分原文质疑 [J].中医研究，1992（2）：23–24.

朱向东，王燕.敦煌辅行诀大泻肾汤治疗大鼠非细菌性前列腺炎的作用机制 [J].中国老年学杂志，2014（15）：4254–4256.

朱定华.敦煌残卷医籍张仲景《五脏论》辨析 [J].上海中医药杂志，1985（10）：6–9.

朱定华.敦煌医学卷子《明堂五脏论》初探 [J].上海中医药杂志，1987（7）：38–39.

朱定华，王淑民.敦煌医学卷子研究概述 [J].中医杂志，1986（4）：57–59.

朱定华，袁宝权.敦煌医学卷子医方类的研究 [J].上海中医药杂志，1989（4）：34–35.

朱建东.王道坤教授治疗泄泻的经验 [J].大家健康（学术版），2014（5）：49-50.

朱建坤，温晓辉，梁玉杰.敦煌葆元膏对下丘脑－垂体－肾上腺轴作用的实验研究 [J].西部中医药，2013（11）：13-15.

朱海林，张吉林，张晓红，等.敦煌神仙粥合针刺治疗肾阳虚型腰痛 66 例临床疗效观察 [J].中国中医药科技，2012（5）：447.

乔

乔勇，李廷保.运用敦煌《辅行诀》理中汤类方加减治疗脾胃虚寒证胃病验案 4 则 [J].中医研究，2017，30（1）：49-50.

任

任远，马骏，李振宇，等.敦煌消肿镇痛贴的实验研究 [J].甘肃中医学院学报，1998（1）：19-20.

任灵贤.《伤寒杂病论》与《辅行诀》《汤液经》《内经》关系探究 [J].辽宁中医药大学学报，2011（3）：67-69.

任彩萍，王丽梅，李廷保.基于敦煌遗书及古医籍中同名当归丸辨治疾病用药规律研究 [J].中医研究，2018，31（4）：63-65.

刘

刘云，刘邦强，陈旗.《本草纲目》中梵语香药及其民间应用 [J].时珍国医国药，2007（3）：725-726.

刘玲，李应存，李鑫浩，等.李应存运用敦煌医方小补心汤治疗冠心病临证经验 [J].亚太传统医药，2018，14（8）：121-122.

刘莹.敦煌医书中眼部外治方法探析 [J].中国中医眼科杂志，2010，20（6）：362-364.

刘强，秦昕，赵彬元，等.敦煌美白丸的抗衰老研究 [J].甘肃中医学院学报，2009，26（1）：9-11.

刘新，马鸿斌，李朝平，等.敦煌医方——硝石雄黄散贴敷至阳穴防治冠心病心绞痛 61 例临床研究 [J].中医杂志，2001，42（3）：153-155.

刘新，崔庆荣，李朝平，等.硝石雄黄散贴敷至阳穴防治冠心病心绞痛的临床研究[J].甘肃中医学院学报，2000，17（2）：43-46.

刘稼，梁永林，李金田，等.《辅行诀》组方思想对五输穴配穴的启示——六腑五输穴配伍法则新发现[J].中医药通报，2011，10（3）：32-34.

刘稼，梁永林，李金田，等.敦煌遗书《辅行诀》小补泻汤数术思想研究[J].中国中医基础医学杂志，2011，17（6）：616-617.

刘稼,梁永林.敦煌遗书中小补泻汤数术思想研究[N].中国中医药报，2009-11-09（4）.

刘喆，王改梅.敦煌《灸经图》载穴"手髓孔"考及其在男科疾病中的应用[J].甘肃中医，1992（1）：35-36.

刘少霞.敦煌出土医书中有关女性问题初探[J].敦煌学辑刊，2005（2）：173-179.

刘文平，富文俊.五行体用模型的构建及其意义[J].中医杂志，2015，56（21）：1808-1811.

刘永明.从敦煌遗书看道教的医药学贡献——以《辅行诀》和《本草经集注》为核心[J].中国道教，2009（2）：8-13.

刘红菊.试考"脚五舟"穴[J].中医文献杂志，2002（2）：28.

刘志梅，张雷.出土秦汉医方文献研究综述[J].辽宁医学院学报（社会科学版），2015，13（2）：55-59.

刘英华.从敦煌藏文写本看藏医唇裂整复术[J].中国藏学，2014（2）：171-180.

刘英华.敦煌本藏文穴位图研究[J].中国藏学，2007（3）：109-119.

刘英华,吉太才让,范习加,等.7世纪入蕃汉医名实考[J].西藏研究，2019（5）：90-96.

刘英华，罗秉芬.西藏山南当许镇蚌巴奇塔出土藏文医书浅析[J].中国藏学，2010（4）：136-149.

刘英华, 甄艳, 银巴. 敦煌古藏文医算卷"人神"喇（bla）禁忌研究 [J]. 西北民族大学学报（哲学社会科学版）, 2019（5）: 57-67.

刘海伟. 敦煌遗书《灸经图》中五劳七伤与慢性疲劳综合征 [J]. 中医杂志, 2011（18）: 1613-1614.

刘海伟, 张侬. 敦煌《灸经图》中足心古穴抗衰老之探析 [J]. 辽宁中医药大学学报, 2011（11）: 163-165.

刘家骏, 石峰, 周逢麟. 敦煌丑奴娇胶囊治疗晚期原发性肺癌的临床研究 [J]. 中国医药学报, 1998（5）: 40-42.

刘喜平. 敦煌古医方的研究概况 [J]. 中成药, 2004（1）: 96-97.

刘喜平. 敦煌遗书中的中医方剂学成就 [J]. 中国中医基础医学杂志, 2004（3）: 75-76+71.

刘喜平. 敦煌遗书中的"挑擦法" [J]. 甘肃中医, 1997（6）: 6-7.

刘喜平. 敦煌遗书中的黏膜给药医方初探 [J]. 中成药, 2000（9）: 58-59.

刘喜平, 李沛清, 辛宝. 敦煌遗书的中医食疗学思想探析 [J]. 中国中医基础医学杂志, 2011（2）: 145-146.

刘喜平, 李沛清, 辛宝, 等. 敦煌遗书《亡名氏脉经》佚方考 [J]. 中国中医基础医学杂志, 2012（4）: 362-364.

刘喜平, 辛宝. 敦煌韦慈方抗氧化作用的实验研究 [J]. 陕西中医学院学报, 2004（5）: 63-64.

刘敬林.《英藏敦煌社会历史文献释录·斯七六号〈食疗本草〉》补校 [J]. 汉语史研究集刊, 2005（0）: 415-423.

刘敬林. 敦煌文献《食疗本草》补校 [J]. 中医文献杂志, 2007（1）: 30-32.

刘嵩隐.《辅行诀脏腑用药法要》争议与探究 [N]. 中国中医药报, 2016-12-02（8）.

刘嵩隐. 敦煌遗书《辅行诀脏腑用药法要》奥义解析 [J]. 中国中医基础医学杂志, 2019, 25（6）: 724-727+732.

汤

汤伟.《英藏敦煌医学文献图影与注疏》补正 [J]. 保定学院学报，2017，30（4）：93-96.

汤志刚，张瑞，苏大为，等.论敦煌遗书《灸经图》的文献价值 [J]. 西部中医药，2013（9）：36-39.

汤志刚，戴学新，张瑞，等.透刺电针敦煌穴组治愈脑外伤致动眼神经和面神经损伤 1 例 [J]. 北京中医药，2013（8）：628.

安

安方玉，颜春鲁，刘永琦，等.敦煌医方瞿麦汤对草酸钙型肾结石模型大鼠肾功能的影响及可能机制 [J]. 国际药学研究杂志，2019，46（3）：194-198.

祁

祁晓庆.唐代病坊研究综述 [J]. 敦煌学辑刊，2010（2）：95-103.

许

许国敏，张横柳.仲景伤寒经典著述源流探微 [J]. 浙江中医药大学学报，2006(4)：324-326.

许治时.敦煌 272 腹带治疗 29 例胃肠疾病临床观察 [J]. 甘肃中医学院学报，1993（3）：18-19.

许建平.敦煌子部文献的范围及分类 [J]. 敦煌研究，2013（3）：181-204.

许继宗，乔宪春，石玉君.从《辅行诀脏腑用药法要·汤液经图》看五行传变规律 [J]. 吉林中医药，2011（5）：483-484.

许继宗，石玉君，乔宪春，等.依据《辅行诀脏腑用药法要》探讨经方组方规律在针灸学中的应用 [J]. 中华中医药杂志，2011（11）：2675-2677.

许继宗，乔宪春.《辅行诀脏腑用药法要》用药规律初探 [J]. 辽宁中医药大学学报，2010（12）：81-83.

许继宗，汤心钰，郭雁冰，等.依据体感音乐经络微循环规律及汤液经法五行规律探讨音乐治疗的应用 [J]. 中医学报，2015，30（12）：1811–1814.

孙

孙守华. 敦煌遗书性爱和谐医方探析 [J]. 西部中医药，2012（3）：44–48.

孙其斌，吕有强. 从《敦煌汉简》与《武威汉代医简》看两汉时期西北医学 [J]. 西部中医药，2015，28（9）：33–37.

孙明霞，焦转转，王中琳. 大补肝汤临床验案举隅 [J]. 山西中医，2014（5）：42.

牟

牟惠琴. 大阳旦汤治验 [J]. 甘肃中医学院学报，1997（3）：44.

牟慧琴. 敦煌"大阳旦汤"与《金匮》阳旦汤关系考 [J]. 甘肃中医，1997（3）：4.

苏

苏宝刚. 敦煌残卷阴毒病例《定风波》词讨论 [J]. 贵阳中医学院学报，1984（2）：34.

杜

杜雨茂，张喜奎. 敦煌张仲景《五脏论》残卷刍议 [J]. 甘肃中医学院学报，1990（4）：18–20.

杜建录. 中国藏西夏文献概论 [J]. 西夏学，2007（0）：17–33.

李

李上，祈永福. 赵健雄教授治疗过敏性紫癜经验介绍 [J]. 新中医，2008，40（1）：13–14.

李刚，张薛光，陈广东，等.《汤液经法》图略解 [J]. 中国中医基础医学杂志，2015，21（9）：1148–1150.

李江. 敦煌遗书中存有异常丰富的古代医学史料 [J]. 国际医药卫生导报，1996，（9）：29.

李楠，高飞. 从《辅行诀》天行病经方管窥张仲景论广汤液 [J]. 中国中医基础医学杂志，2014（1）：18-19.

李正宇 . 唐宋时代的敦煌学校 [J]. 敦煌研究，1986（1）：39-47.

李永新 . 敦煌医学卷子疗鼓胀病方探析 [J]. 甘肃中医，1997（2）：8-9.

李永新 . 敦煌残卷治疗黄疸病方探析 [J]. 甘肃中医，1993（4）：22-23.

李廷保，王兰桂 . 敦煌及古代医籍中乌梅丸用药配伍规律的数据挖掘研究 [J]. 中医研究，2015，28（9）：64-66.

李廷保，杨鹏斐，张花治 . 基于数据挖掘对敦煌及古代医籍中麻黄汤用药配伍规律研究 [J]. 长春中医药大学学报，2017，33（3）：365-368.

李廷保，杨鹏斐 . 基于方剂计量学的敦煌《辅行诀》方剂君药识别研究 [J]. 中国中医药信息杂志，2019，26（8）：99-103.

李廷保，杨鹏斐 . 基于敦煌遗书及古医籍中前胡汤辨治疾病用药配伍规律研究 [J]. 中医药学报，2018，46（5）：114-117.

李廷保，宋敏，张花治，等 . 基于复杂网络系统熵聚类方法的敦煌《辅行诀》用药规律研究 [J]. 中医研究，2018，31（9）：58-60.

李廷保，张花治，周文军，等 . 基于敦煌《辅行诀》方剂中五脏归经用药规律研究 [J]. 中国中医药科技，2018，25（1）：145-147+149.

李廷保，张花治，周文军，等 . 敦煌遗书及古医籍中犀角散用药规律研究 [J]. 江西中医药大学学报，2017，29（4）：31-33.

李廷保，尚菁，张花治，等 . 基于数据挖掘的敦煌医方用药规律研究 [J]. 中国中医药信息杂志，2019，26（2）：102-105.

李廷保 . 基于复杂网络的敦煌遗书及古医籍中升麻汤组方配伍相关性研究 [J]. 中医药学报，2017，45（1）：41-43.

李廷保 . 基于敦煌及古代医籍中黄连散用药配伍规律的数据分析研究 [J]. 中国民族民间医药，2016，25（7）：50-52.

李廷保 . 基于敦煌医方半夏汤与古代医籍中同名方组方配伍相关性研究 [J]. 陕西中医药大学学报，2016，39（6）：136-139.

李廷保. 基于敦煌《辅行诀》方药中培土生金法的应用研究 [A]. 甘肃省中医药学会. 甘肃省中医药学会 2017 年学术年会论文集 [C]. 甘肃省中医药学会：甘肃省中医药学会，2017：4.

李廷保. 基于敦煌遗书及古代医籍中同名雄黄丸用药配伍规律研究 [J]. 中医药临床杂志，2019，31（2）：286-290.

李廷保. 敦煌及古代医籍中麦门冬汤用药配伍规律的数据挖掘研究 [J]. 中国中医药科技，2017，24（1）：125-127.

李廷保. 敦煌及古代医籍中柴胡汤用药配伍规律的数据挖掘研究 [J]. 中医研究，2016，29（7）：56-59.

李廷保. 敦煌遗书《辅行诀》用药规律数据挖掘研究 [J]. 中国中医药信息杂志，2016，23（5）：37-39.

李兆弟，刘洋，翟志光，等.《辅行诀脏腑用药法要》小补肾汤在痿证治疗中的应用 [J]. 中国中医基础医学杂志，2014，（5）：639-641.

李希斌，杨雅丽，楚惠媛，等. 敦煌固本方抗疲劳作用的实验研究 [J]. 时珍国医国药，2012，（11）：2803-2804.

李希斌，彭雪晶，彭志辉. 敦煌固本方对运动负荷大鼠股四头肌相关酶活性及心肌保护作用的研究 [J]. 新中医，2014，（4）：193-196.

李希斌，彭雪晶. 敦煌固本方对运动负荷小鼠股四头肌细胞内钙离子含量和相关酶活性的影响 [J]. 中医研究，2014（1）：66-68.

李应东. 敦煌遗书《辅行诀脏腑用药法要》中的五脏五行学说 [J]. 甘肃中医学院学报，1998（2）：42-43.

李应存，史正刚，王君. 王道坤教授在恶性肿瘤治疗中重视人文关怀浅探 [A]. 中华中医药学会中医药文化分会. 第十二届全国中医药文化学术研讨会论文集 [C]. 中华中医药学会中医药文化分会，2009：2.

李应存. 王道坤教授治疗慢性萎缩性胃炎举隅 [J]. 中医药学刊，2005，（9）：1571.

李应存，史正刚. 从敦煌佛书中的医学内容谈佛教的世俗化 [J]. 敦煌学辑刊，2007（4）：211-216.

李应存，史正刚.突出敦煌医学特色体现西北地域优势——甘肃中医学院敦煌医学科研与教学状况概述 [J].亚太传统医药，2006（4）：17-20.

李应存，史正刚.敦煌医学卷子《辅行诀脏腑用药法要》概况与医方释要 [J].中医药通报，2007（3）：38-41.

李应存，史正刚.敦煌遗书中佛家咒语与药物疗法探析 [A].中华中医药学会医史文献分会.全国第十一届中医医史文献学术研讨会论文集 [C].中华中医药学会医史文献分会，2008：4.

李应存，史正刚，魏迎春.以佛书为主的敦煌遗书中的儿科医方概要 [J].中医儿科杂志，2006（1）：13-17.

李应存，史正刚，魏迎春.敦煌本张仲景《五脏论》中佛家思想初探 [A].中华中医药学会中医药文化分会.第十二届全国中医药文化学术研讨会论文集 [C].中华中医药学会中医药文化分会，2009：3.

李应存，史正刚，魏迎春.敦煌佛书 P.3777《五辛文书》中之修身养生方录释 [J].甘肃中医，2007（7）：28-29.

李应存，史正刚，魏迎春.敦煌佛书 S.5598V 中毗沙门天王奉宣和尚神妙补心丸方浅探 [J].甘肃中医，2006（7）：12-14.

李应存.发扬敦煌医学特色开拓创新教学领域——我院开设任选课《实用敦煌医学汇讲》的概况 [J].甘肃中医，2005（9）：46-47.

李应存，李勃.浅探敦煌卷子疗服石方与现代职业病 [J].甘肃中医，1998（4）：11-13.

李应存，李勃.敦煌医理、藏医、本草、针灸类著作的近期研究概况 [J].甘肃中医，1999（3）：7+9+8.

李应存，李金田，史正刚.敦煌医学中之佛道养生康复方概要 [A].中华中医药学会.第十次全国中医养生康复学术会议论文集 [C].中华中医药学会，2012：5.

李应存，李金田，史正刚.俄罗斯藏敦煌文献 Дx00924 妇科疾病为主民间单验方与 P.2666 疗各科病症之单药方等医书对比释要 [A].中华中医药学会医史文献分会.中华中医药学会第九届中医医史文献学术研讨会论文集萃[C].中华中医药学会医史文献分会，2006：8.

李应存，李金田，史正刚.俄罗斯藏敦煌文献 Дx18165R、Дx18165V佛儒道相关医书录释[J].甘肃中医，2008（4）：17–18.

李应存，李金田，史正刚.俄罗斯藏敦煌医药文献的学术价值初探[J].中医药通报，2006（3）：33–38.

李应存，李金田，史正刚.俄罗斯藏敦煌《针灸甲乙经》节选充实残本释要[A].中国针灸学会.首届皇甫谧故里拜祖大典暨《针灸甲乙经》学术思想国际研讨会论文集[C].中国针灸学会，2012：6.

李应存，李金田，史正刚.俄罗斯藏敦煌文献 Дx18165R、Дx18165V佛儒道相关医书录释[J].甘肃中医，2008（4）：17–18.

李应存，李金田，史正刚.俄藏敦煌文献 Дx00613 "《黄帝内经》、《难经》摘录注本"录校[J].甘肃中医学院学报，2005（3）：21–23.

李应存，李金田，史正刚.俄藏敦煌文献 Дx02822 "蒙学字书"中之医药知识[J].甘肃中医学院学报，2006（4）：38–42.

李应存，李金田，史正刚.俄藏敦煌文献 Дx08644 "《脉经》节选本"录校[J].甘肃中医，2006（1）：16–17.

李应存，李金田，史正刚.俄藏敦煌文献 Дx17453《黄帝内经·素问》"刺疟篇""气厥论篇"录校[J].甘肃中医，2005（11）：14–15.

李应存，李金田，史正刚.俄藏敦煌文献中新发现 Дx01325V《张仲景五脏论》录校[J].甘肃中医，2006（3）：16–17.

李应存，张士卿，王道坤，等.实用敦煌医学汇讲教学心得[J].中医教育，2006（3）：33–35.

李应存.浅谈敦煌医学卷子中的诃梨勒组方[J].中医药通报，2005（3）：29–31.

李应存.法藏敦煌藏医文献P.T.1057《藏医杂疗方》的科学价值探讨[A].中国民族古文字研究会、兰州大学敦煌学研究所、敦煌研究院.丝绸之路民族古文字与文化学术讨论会会议论文集[C].中国民族古文字研究会、兰州大学敦煌学研究所、敦煌研究院，2005：5.

李应存，柳长华.敦煌医方中的杏仁组方用治非肺系病证探析[J].西部中医药，2013（11）：32-38.

李应存，柳长华.敦煌医方中杏仁组方用治肺系病证探析[J].西部中医药，2013（10）：34-36.

李应存，柳长华.敦煌医方中署有医家姓名的医方析要[A].中华中医药学会中医药文化分会.第十五届全国中医药文化学术研讨会论文集[C].中华中医药学会中医药文化分会，2012.

李应存，柳长华.敦煌医学卷子中与《千金方》有关的妇产科内容释要[J].西部中医药，2013（2）：41-44.

李应存，柳长华.敦煌医学卷子中与《千金方》有关的养生食疗内容释要[J].西部中医药，2013（3）：36-38.

李应存，柳长华.敦煌疗风虚瘦弱方的方源及临床治验举要[J].西部中医药，2013（1）：31-34.

李应存，柳长华.敦煌紫苏煎方源及相关医方探析[J].西部中医药，2013（12）：26-28.

李应存.俄罗斯藏敦煌医学文献《黄帝内经》写本释要[A].甘肃省卫生厅、庆阳市人民政府.中国庆阳2011岐黄文化暨中华中医药学会医史文献分会学术会论文集[C].甘肃省卫生厅、庆阳市人民政府，2011.

李应存.敦煌写本医方中20种主要的外治法述要[J].湖北民族学院学报（医学版），2007（2）：3-7.

李应存.敦煌佛教医方的研究价值探析[A].甘肃省卫生厅、庆阳市人民政府.中国庆阳2011岐黄文化暨中华中医药学会医史文献分会学术会论文集[C].甘肃省卫生厅、庆阳市人民政府，2011.

李应存.敦煌医学中古医方的研究与应用概况[J].甘肃中医学院学报，2000，（3）：64-65.

李应存.敦煌卷子《张仲景五脏论》中"四色神丹"考[J].敦煌学辑刊，2005（2）：47-51.

李应存.敦煌单验方与儒佛道关系初探[A].兰州大学敦煌学研究所、美国密歇根大学.佛教艺术与文化国际学术研讨会论文集[C].兰州大学敦煌学研究所、美国密歇根大学,2004:10.

李应存.敦煌残卷妇科医方特色初探[J].上海中医药杂志,1998(4):36.

李应存.新发现 Дx.01325v 为敦煌《张仲景五脏论》又一写本[J].敦煌研究,2006,(1):89-90.

李具双.《辅行诀脏腑用药法要》中《汤液经法》图试读[J].中医药文化,2007(5):33-35.

李具双.《辅行诀脏腑用药法要》中《汤液经法》图试读[J].中国中医基础医学杂志,2008(5):325-327.

李金田.关于敦煌写本张仲景《五脏论》的作者与成书年代[J].甘肃中医学院学报,1993(2):54-55.

李金田,朱向东,李应存,等.敦煌医学宝藏奇葩——敦煌医学的学术和研究价值探析[J].中国现代中药,2013(2):166-168.

李金田.敦煌写本张仲景《五脏论》本草学内容特色简述[J].甘肃中医学院学报,1992(2):40-41+4.

李建平.动量词"行"产生的时代及其来源——兼论"大小行"的语源[J].中国语文,2011(2):179-180.

李重申,李金梅,李小唐.敦煌石窟气功钩沉[J].敦煌学辑刊,2001(2):49-59.

李顺保."敦煌医学"正名析[J].甘肃中医,1990(2):30-31.

李振宇,王丹芬.敦煌消肿镇痛贴治疗软组织损伤的临床观察[J].甘肃中医学院学报,1999(3):22-23.

李振宇,宋贵杰.敦煌消肿镇痛贴治疗骨折临床观察[J].甘肃中医学院学报,1997(1):21-22.

李笑宇,郝万山,张广中.经方的内涵与外延[J].北京中医药,2017,36(4):345-346+352.

李继昌.列宁格勒藏《孙真人千金方》残卷考索 [J]. 敦煌学辑刊，1988（1，2）：119-122.

李崇超.谈谈中医"肾"与"坚"的关系 [J]. 江苏中医药，2006（11）：61-62.

李崇超.《辅行诀五脏用药法要》的学术价值探讨 [J]. 中医药信息，2018，35（6）：26-28.

李淑梅，燕恒毅，刘喜平.敦煌三味蛇床方对肾虚不孕模型大鼠卵巢 MMP-9 mRNA 表达的影响 [J]. 中医研究，2010，23（3）：17-19.

李博灵，黄韵婷，刘洋，等.《辅行诀》"汤液经法图"初识 [J]. 中国中医基础医学杂志，2017，23（6）：760-761+790.

杨

杨永生.赵健雄教授运用抗风湿验方治疗风湿性疾病经验 [J]. 内蒙古中医药，2012（13）：60-61.

杨吉成，刘静山，张云，等.敦煌空气净洁剂的抗流感病毒效应 [J]. 中国中药杂志，1990（5）：30-31+62.

杨扶德.敦煌遗书《新修本草》残卷原植物考订 [J]. 甘肃中医，2000（5）：7-10.

杨佳楠，李应存，李鑫浩，等.敦煌遗书妇科相关古医方研究概况 [J]. 国医论坛，2018，33（1）：65-67.

杨佳楠，李鑫浩，陆航，等.李应存教授运用敦煌医方内外结合治疗虚寒型腰椎间盘突出症经验 [J]. 中医研究，2019，32（11）：39-41.

杨晓轶，王道坤，李应存.王道坤治疗面肿经验 [J]. 中医文献杂志，2011（6）：33-35.

杨雅丽，李希斌，陈彻，等.敦煌固本方对运动性疲劳小鼠肝组织自由基代谢及超威结构的影响 [J]. 中医研究，2014（1）：56-60.

杨雅丽，耿广琴，陈彻，等.敦煌固本方对运动性疲劳小鼠自由基代谢及 DNA 损伤的影响 [J]. 中医药学报，2013（4）：58-61.

杨富学.20 世纪国内敦煌吐蕃历史文化研究述要 [J]. 中国藏学，

2002（3）：65–73.

杨富学 . 高昌回鹘医学稽考 [J]. 敦煌学辑刊，2004（2）：127–137.

豆

豆永祥 . 敦煌遗书外治法初探 [J]. 甘肃中医，1996（4）：10.

吴

吴齐，段永强 .《辅行诀脏腑用药法要》五脏小补泻方探析 [J]. 中国民族民间医药，2018，27（8）：8–9.

吴伟洁，骆降喜，张玲，等 .《神农本草经》布局妙义 [J]. 中医药临床杂志，2016，28（5）：601–604.

吴红彦，刘喜平，李沛清 . 桂枝汤及其类方的源流衍化考 [J]. 中成药，2002（7）：58–59.

吴红彦，刘喜平 . 敦煌遗书中有关方剂学的文献研究 [J]. 甘肃中医学院学报，2003（2）：48–49.

吴建华 . "明堂"研究 [A]. 中国针灸学会 . 中国针灸学会全国中青年针灸推拿学术经验交流会论文汇编 [C]. 中国针灸学会，1999.

何

何天有，王亚军 . 敦煌《灸经图》重灸思想探讨 [J]. 针灸临床杂志，2010（12）：65–67.

余

余锋，罗小星 .《辅行诀脏腑用药法要》心病诊疗特色探析 [J]. 湖北中医杂志，2011（2）：36–37.

余占海，白成平 . 首次"敦煌口腔医学座谈会"纪要 [J]. 口腔医学纵横，1991（3）：183.

辛

辛宝 . 敦煌遗书中抗衰老方剂研究 [J]. 江苏中医药，2012（8）：61–62.

辛智科 . 试论出土帛简中的医学资料 [J]. 陕西中医，1986（9）：428–429.

汪

汪雪义，梁永林，贾晓彤 . 论敦煌壁画中的女医童与中国护士的萌芽 [J]. 护理研究，2014（13）：1660-1661.

汪雪义 . 经海茫茫寻坠简石窟旁搜远绍医 [N]. 中国中医药报，2013-06-28（8）.

汪雪义 . 敦煌医学中的兽医知识 [N]. 中国中医药报，2013-05-03（8）.

汪雪义，李亚珍 . 寻找敦煌医学涅槃路 [N]. 中国中医药报，2013-10-28（8）.

沈

沈澍农 . 古医籍解诂之十 [J]. 中医药文化，1993（2）：25-27.

沈澍农 . 敦煌医学文献医方篇疑难字词考 [J]. 南京中医药大学学报（社会科学版），1999（1）：33-36.

沈澍农 . 敦煌医药文献 P.3596 若干文字问题考证 [J]. 南京中医药大学学报（社会科学版），2003（2）：101-105.

沈澍农 . 敦煌医药文献 P.3596 校证 [J]. 敦煌研究，2004（2）：77-83+112.

沈澍农 . 敦煌医药卷子 S.1467 文献校证 [J]. 南京中医药大学学报（社会科学版），2005（4）：202-206.

沈澍农 . 敦煌医方卷子 P.3877 初考 [A]. 中华中医药学会医史文献分会 . 全国第十一届中医医史文献学术研讨会论文集 [C]. 中华中医药学会医史文献分会，2008：5.

宋

宋贵杰，宋敏 . 敦煌医学卷子中膏摩方管窥 [J]. 甘肃中医学院学报，1990（4）：22-26.

宋贵杰，宋敏 . 敦煌医学中膏摩方管窥 [J]. 甘肃中医，1990（3）：35-36.

宋满平 . 从几组医方谈西夏文医药文献的来源 [J]. 西夏学，2016（1）：189-196.

张

张侬，王文. 古《灸经图》之五册穴 [J]. 陕西中医，2011（2）：236-237.

张侬，王文. 西北民间挑擦放寒方法的渊源及发展 [J]. 中华医史杂志，2003（3）：37-39.

张侬. 天门穴考略 [J]. 甘肃中医，1995（6）：9-10.

张侬. 中国存世最早的针灸图 [J]. 社科纵横，1994（4）：41-42.

张侬. 古《灸经图》之手阳明穴足阳明穴 [J]. 中国针灸，1996（7）：46-48.

张侬. 西北的挑擦放血法 [A]. 中国针灸学会针法灸法学分会刺络疗法学组委员会、中国针灸学会实验针灸学分会刺络放血研究会. 全国首届刺络放血研究及临床学术交流会论文集 [C]. 中国针灸学会针法灸法学分会刺络疗法学组委员会、中国针灸学会实验针灸学分会刺络放血研究会，2003：3.

张侬.《灸经图》之"聂俞" [J]. 中华医史杂志，1997（2）：5.

张侬.《灸经图》之"髓空" [J]. 上海中医药杂志，1993（3）：45-46.

张侬，刘强. 敦煌本《辅行诀脏腑用药法要》古医方的源流 [J]. 敦煌研究，2002（6）：64-68.

张侬，张延英，于灵芝. 敦煌医药文献中的行散方法 [J]. 敦煌研究，2012（3）：110-112.

张侬，张宗明. 神丹丸甘遂丸考略 [J]. 中国医药学报，1987（6）：42.

张侬.《敦煌石窟秘方》道教医方选释 [J]. 甘肃中医学院学报，1995（3）：53-54.

张侬.《敦煌石窟秘方》佛教医方简介 [J]. 上海中医药杂志，1998（8）：47.

张侬. 敦煌医学灸法特色 [J]. 中国针灸，2001（9）：52-53.

张侬 . 敦煌《灸经图》古代俞穴考 [J]. 甘肃中医学院学报，1991（2）：32-34.

张侬 . 敦煌《灸经图》简介 [J]. 中华医史杂志，1997（3）：137.

张侬 . 敦煌《脉经》初探 [J]. 甘肃中医，1990（2）：32-33.

张侬 . 敦煌《脉经》针灸学术浅述 [J]. 甘肃中医，1991（3）：35-36.

张侬 . 敦煌遗书中的耳穴与耳孔灸法 [J]. 中华医史杂志，1995（3）：156.

张侬 . 敦煌遗书中的针灸文献 [J]. 甘肃中医，1994（4）：57-59.

张侬 . 敦煌遗书中的针灸文献 [J]. 敦煌研究，2001（2）：147-153.

张侬 . 敦煌遗书存方临床尝试 [J]. 甘肃中医学院学报，1989（2）：42-43.

张炎 . 敦煌平胃丸加减治疗慢性萎缩性胃炎 56 例疗效观察 [J]. 中国民族民间医药，2010（10）：175.

张辉，张如青 . 敦煌写本《张仲景五脏论》中有关药对及方剂之探析 [J]. 上海中医药杂志，2006（11）：35-36.

张辉，张如青 . 敦煌吐鲁番《五脏论》文献研究进展 [J]. 上海中医药杂志，2005（11）：63-65.

张瑞，汤志刚，李晖霞，等 . 长针透刺配合《灸经图》中艾灸法治疗面瘫疗效观察 [J]. 上海针灸杂志，2012（4）：241-242.

张雷 . 在中医院校设置简帛医学文献概论选修课程的必要性探讨 [J]. 中医药临床杂志，2013（5）：453-454.

张士卿，夏智波，朱学艺，等 . 敦煌古方神明白膏治疗老年性皮肤瘙痒病临床与实验研究 [J]. 中医药学刊，2003（1）：86-88.

张子理 . 敦煌医学传世界辛勤耕耘结硕果—赵健雄教授传略及学术思想 [J]. 甘肃中医，1996（5）：4-6.

张书芬，李宝昆 . 《伤寒论》版本系统 [J]. 中医药学报，1991（1）：7-10.

张永文. 以敦煌遗书《法要》探讨张仲景经方之源 [J]. 中国中医基础医学杂志，2002（3）：75–76.

张永文，沈思钰，蔡辉. 敦煌遗书《辅行诀脏腑用药法要》急症治疗方剂浅析 [J]. 中国中医急症，2007（5）：589–591.

张永文，沈思钰，蔡辉. 再探敦煌遗书《辅行诀脏腑用药法要》煎药及服药规律 [J]. 中国中医药科技，2008（4）：315–317.

张永文，沈思钰，蔡辉. 敦煌遗书《辅行诀脏腑用药法要》与陶弘景关系考 [J]. 河北中医，2010（3）：433–435.

张永文，沈思钰，蔡辉. 以敦煌遗书《辅行诀脏腑用药法要》考二旦、六神汤 [A]. 中国中西医结合学会基础理论研究专业委员会、湖南省中西医结合肝病专业委员会. 第六届全国中西医结合基础理论研究学术研讨会暨第二届湖南省中西医结合学会肝病专业学术年会论文集 [C]. 中国中西医结合学会基础理论研究专业委员会、湖南省中西医结合肝病专业委员会，2010：6.

张永文，沈思钰，蔡辉. 以敦煌遗书《辅行诀脏腑用药法要》考二旦、六神汤 [J]. 安徽中医学院学报，2008（5）：4–7.

张永文，沈思钰，蔡辉. 以敦煌遗书《辅行诀脏腑用药法要》考已佚古书《汤液经法》[J]. 河北中医，2009（6）：926–928.

张永文，沈思钰，蔡辉. 以敦煌遗书《辅行诀脏腑用药法要》校《内经》条文 [J]. 中国中医药科技，2009（1）：77–78+80.

张永文，郭郡浩，蔡辉. 敦煌遗书《辅行诀脏腑用药法要》探究 [J]. 安徽中医学院学报，2003（3）：3–5.

张永文，鞠娟，李芳. 敦煌遗书《辅行诀脏腑用药法要》外感天行与张仲景伤寒探讨 [J]. 中国中医药科技，2012（5）：480–481.

张永文，鞠娟，李芳. 敦煌遗书《辅行诀脏腑用药法要》杂病证治思想浅析 [J]. 中医药学报，2012（1）：120–122.

张永萍. 敦煌医药文书整理 [J]. 甘肃高师学报，2016，21（7）：17–21.

张亚维，颜春鲁．敦煌医方四时常服方对镉染毒大鼠骨和肾功能的影响 [J].中国中医骨伤科杂志，2017，25（4）：1-4.

张亚维，颜春鲁．敦煌医方固元补肾汤对镉染毒模型大鼠免疫功能和抗氧化能力的影响 [J].中医研究，2017，30（3）：70-73.

张先堂．团结协调队伍，开拓深化研究——甘肃敦煌学学会成立大会综述 [J].社科纵横，1992（2）：5-2.

张军平，阮士怡，何聪，等．敦煌长寿方对培养兔主动脉平滑肌细胞的影响 [J].中药药理与临床，1991（1）：13-15.

张军平，阮士怡，祝炳华，等．敦煌长寿方药延缓衰老的实验研究 [J].甘肃中医学院学报，1990（4）：27-28.

张如青．论出土医学文献的整理与研究 [A].中医药优秀论文选（上）[C]，2009：5.

张如青．论出土医学文献的整理研究 [J].上海中医药大学学报，2008（3）：16-20.

张如青．俄藏敦煌古医方两首考释 [J].上海中医药杂志，2000（11）：40-41.

张如青．俄藏敦煌钟乳散方释读考证 [J].中医文献杂志，2002（4）：5-7.

张秀习，杨晓轶．敦煌古医方治疗腹泻举隅 [J].实用中医药杂志，2012（12）：1057.

张作记．再论张仲景对汉代经方学的发展 [J].国医论坛，1990（3）：1-3.

张绍重，刘晖桢．敦煌石室医药文献类萃 [J].甘肃中医学院学报，1984（0）：31-35+67.

张显成．西汉遗址发掘所见"熏毒""熏力"考释 [J].中华医史杂志，2001（4）：16-18.

张效岩．敦煌《灸经图》中百会古穴之探析 [J].黑龙江中医药，2012（3）：37-39.

张梦痕．谈谈在国外的中医药和有关文物 [J].上海中医药杂志，1957（9）：10-12.

张晶星，何赛萍．阴旦汤考证 [J]．上海中医药杂志，2013（2）：68-69．

张景红．敦煌骨通摩磁仪辅助药膏皮肤刺激试验 [J]．甘肃中医，2002（4）：81．

张瑞贤，王滨生，先静，等．洛阳龙门石窟药方与敦煌卷子《备急单验药方卷》同源 [J]．中华医史杂志，1998（2）：51-55．

张福慧，陈于柱．游走在巫、医之间——敦煌数术文献所见"天医"考论 [J]．宁夏社会科学，2008（2）：105-107．

陆

陆亦朗．敦煌古医籍中的脏腑辨证 [J]．中医文献杂志，1997（4）：9-10．

陈

陈列，张纯，郭宪章．摩风消肿膏治疗筋骨缝损伤的临床观察 [J]．中国中医骨伤科，1998（1）：39-40．

陈宏，朱向东，吴丽丽，等．敦煌前列宝治疗非细菌性前列腺炎的作用机制研究 [J]．时珍国医国药，2010（6）：1434-1435．

陈昊．《唐代の医薬書と敦煌文献》[J]．敦煌吐鲁番研究，2017，17（1）：395-402．

陈明．"八术"与"三俱"：敦煌吐鲁番文书中的印度"生命吠陀"医学理论 [J]．自然科学史研究，2003（1）：26-41．

陈明．汉唐时期于阗的对外医药交流 [J]．历史研究，2008（4）：17-39+190．

陈明．印度梵文医典《药理精华》及其敦煌于阗文写本 [J]．敦煌研究，2000（3）：115-127．

陈明．《医理精华》是一部重要的印度梵文医典 [J]．五台山研究，1999（4）：29-35．

陈明．俄藏敦煌文书中的一组吐鲁番医学残卷 [J]．敦煌研究，2002（3）：100-108．

陈明．情性至道：西域"足身力"方与敦煌房中方药 [J]．中国俗文化研究，2004（0）：164–177.

陈明.敦煌出土的梵文于阗文双语医典《耆婆书》[J].中国科技史料，2001（1）：80–93+101.

陈萌，张冬梅，刘敏，等.仲景经方命名演变规律解析[J].国医论坛，2016，31（5）：6–8.

陈陗，沈澍农.敦煌医药文献P.2882补校与评议[J].南京中医药大学学报（社会科学版），2013（3）：155–159.

陈于柱.敦煌写本《禄命书·推人游年八卦图（法）》研究[J].天水师范学院学报，2008（6）：38–41.

陈大清，段永强，梁玉杰，等.敦煌葆元汤联合痛泻要方治疗溃疡性结肠炎30例临床效果分析[J].卫生职业教育，2011（11）：137–138.

陈大清，梁玉杰，段永强，等.敦煌葆元汤治疗慢性疲劳综合征36例临床观察[J].甘肃医药，2011（4）：220–222.

陈可冀.关于敦煌石室旧藏《伤寒论·辨脉法》残卷[J].人民保健，1959（5）：17–19.

陈永治.传抄本《张仲景五脏论》及其与国外藏本的比较[J].江苏医药（中医分册），1979（2）：44–47.

陈清林，李海东，童增华.试探敦煌遗书对研究仲景学说之价值[J].甘肃中医学院学报，1990（4）：20–21.

陈湘萍.敦煌残卷《新修本草》文献学考察[J].上海中医药杂志，1988（2）：39–41.

陈增岳.读《敦煌中医药全书》杂识[J].古籍整理研究学刊，1997（4）：47–49.

陈增岳.《敦煌中医药全书》补识[J].天津中医学院学报，1999（3）：50–51.

陈增岳.《敦煌中医药全书》校理拾正[J].中医文献杂志，2002（1）：40–41.

陈增岳.敦煌古医籍校读札记[J].敦煌研究，2004（2）：84–86.

陈增岳.敦煌医方《杂证方书第八种》校勘拾遗 [J]. 中医文献杂志，
2000（1）：24.

邵

邵亚卓，王斌，李廷保，等.敦煌《辅行诀》中辨治妇科疾病常用
药对探析 [J]. 中医研究，2018，31（6）：73–74.

招

招萼华.敦煌医方中的男性学浅述 [J]. 上海中医药杂志，1991（1）：
23–24.

苟

苟延德.敦煌佛赐酒临床施治60例疗效观察 [J]. 甘肃中医，1998（4）：
40–41.

范

范崇峰.谈敦煌卷子中的量词"掘"[J]. 中国语文，2007（2）：
187–188.

范崇峰.敦煌医方量词两则 [J]. 中国语文，2009（5）：477–478.

范崇峰.敦煌医卷词语零诂 [J]. 语文知识，2009（3）：43–44.

范崇峰.敦煌医药卷子 P.3930 校补 [J]. 中医文献杂志，2007（1）：
41–42.

范新俊，陈蓉.古今敦煌医学文献论着目录 [J]. 上海中医药杂志，
1995（5）：41–43.

范新俊.敦煌汉简医方用药小议 [J]. 上海中医药杂志，1990（9）：39.

范新俊.敦煌汉简医方用药小议 [J]. 甘肃中医，1990（3）：37.

范新俊.敦煌医简医方用药小议 [J]. 甘肃中医学院学报，1990（4）：
23.

范新俊.敦煌卷子对隋唐传染病的认识与防治 [J]. 上海中医药杂志，
1993（6）：30–31.

范新俊.敦煌遗书《食疗本草》残卷初探 [J]. 甘肃中医，1991（3）：
37–38.

范新俊.敦煌壁画中的医学史料 [J].上海中医药杂志，1991（11）：40-41.

林

林海，黄雪琪，田从豁.《新集备急灸经》中灸法应用特点研究 [J].世界中西医结合杂志，2011（10）：1016-1017.

林美君，郭长青.敦煌藏文穴位图之研究 [J].山西中医，2009（2）：55-57.

欧阳

欧阳广瑛.敦煌补益方中十味药物微量元素含量分析 [J].甘肃中医学院学报，1990（4）：24-26.

尚

尚海平，王道坤.建中愈溃汤辨治胃痛探析 [J].实用中医内科杂志，2008（9）：58-59.

尚志钧.敦煌出土《本草经集注序录》的考察 [J].中国医药学报，1986（2）：40-41.

尚志钧.《雷公药对》考略 [J].江苏中医杂志，1985（11）：39-40.

罗

罗秉芬,刘英华.象雄语医学文献I.O.755试析 [J].西藏研究,2006（1）：59-71.

罗秉芬.试论敦煌本古藏医文献研究的重要性 [A].中国民族医药学会.中国民族医药学会首届研讨会论文汇编 [C].中国民族医药学会，1996：4.

罗秉芬.试论敦煌本古藏医文献研究的重要性 [J].中国藏学，1997（4）：112-119.

罗秉芬.敦煌本吐蕃医学文献《长卷》译注（下）[J].中国藏学，2002（3）：74-86.

罗秉芬.敦煌本吐蕃医学文献《长卷》译注（上）[J].中国藏学，2002（2）：33-46.

金

金涛 . 敦煌医药文献急救方初探 [J]. 中国中医急症，2010（5）：830-831.

周

周琳，景方建 . 对《内经》《辅行诀》五味对应五行、五味补泻五脏的商榷 [J]. 中医药学报，2019，47（4）：102-105.

周祖亮 . 汉简兽医资料及其价值考论 [J]. 农业考古，2011（4）：457-460.

周祖亮 . 出土医书资料对医古文文字教学的作用探讨 [J]. 广西中医药大学学报，2013（3）：108-109.

周翌翔，李应存，李鑫浩 . 李应存教授运用敦煌医方治疗喉痹经验 [J]. 中西医结合心血管病电子杂志，2017，5（33）：20-21.

郑

郑访江 . 敦煌医学中心成为人文社科研究基地 [N]. 中国中医药报，2010-06-03（1）.

郑访江 . 敦煌医学教学在探索中创新 [N]. 中国中医药报，2009-11-05（3）.

郑怀文，牟思泽 . 阳和汤临证举隅 [J]. 甘肃中医，1996（1）：10.

郑炳林，高伟 . 从敦煌文书看唐五代敦煌地区的医事状况 [J]. 西北民族学院学报（哲学社会科学版 . 汉文），1997（1）：70-75.

郑炳林 . 唐五代敦煌医学酿酒建筑业中的粟特人 [J]. 西北第二民族学院学报（哲学社会科学版），1999（4）：19-25.

郑益民 . 敦煌石窟秘方中治疗阳痿方初探 [J]. 福建中医药，1996（5）：24-26.

孟

孟陆亮，史正刚 . 敦煌医学卷子 S. 3347 疗消渴方探析 [J]. 甘肃中医学院学报，1994（1）：57-59.

孟陆亮 . 敦煌医学残卷"开九窍疗法"初探 [J]. 甘肃中医学院学报，

1995（1）：49–50.

赵

赵友琴.流沙坠简中敦煌医方简初探[J].上海中医药杂志,1986(11)：48–49.

赵有臣.介绍张仲景五脏论 [J].江苏中医，1963（5）：31–34.

赵健雄,苏彦玲.敦煌医学研究的回顾与展望[J].甘肃中医,1996(5)：6–9.

赵健雄，苏彦玲.敦煌遗书医学卷考析 [J].敦煌研究，1991（4）：99–102.

赵健雄，苏彦玲.敦煌遗书藏医文献初析 [J].甘肃中医，1991（4）：28–29.

赵健雄，苏彦玲.敦煌壁画医学内容考察 [J].甘肃中医，1991（2）：30–31.

赵健雄.试论敦煌遗书中医药文献的价值 [J].兰州医学院学报，1987（1）：103–106.

赵健雄，赵珺.敦煌医学的学术特征 [A].甘肃省中医药学会、甘肃省针灸学会.甘肃省中医药学会第五次会员代表大会、甘肃省针灸学会第三次会员代表大会暨学术研讨会论文汇编 [C].甘肃省中医药学会、甘肃省针灸学会，2006：2.

赵健雄，徐鸿达，王道坤，等.敦煌石窟医学史料辑要 [J].敦煌学辑刊，1985（2）：115–121.

赵健雄，徐鸿达，王道坤，等.敦煌壁画中的医学内容 [J].中医药信息，1985（2）：3–4.

赵健雄.敦煌写本《伤寒论·辨脉法》考析 [J].甘肃中医，1989（1）：34–35.

赵健雄.敦煌写本张仲景《五脏论》简析 [J].敦煌研究，1987（4）：100–101+99.

赵健雄.敦煌写本《新集备急灸经》初探 [J].中国针灸，1986（1）：55.

赵健雄.敦煌遗书"残医书"卷考析 [J].中国医药学报，1989（1）：53-55.

郝

郝永龙，陈美荣，刘向红，等.基于象思维重新认识中药五味五行配属理论 [J].中华中医药杂志，2018，33（11）：4793-4796.

胡

胡妮娜，曾昭洋，宋贵杰.敦煌消肿镇痛膏外敷为主治疗小儿髋关节一过性滑膜炎 80 例 [J].中医儿科杂志，2006（4）：35-36.

柯

柯增庆.回溯流沙话医药 [J].甘肃中医学院学报，1986（0）：49-52.

柳

柳鹏瑶，颜春鲁，刘永琦，等.敦煌医方四时常服方对镉染毒大鼠肝脏指数、SOD、MDA 和血清 ALT 的影响 [J].毒理学杂志，2017，31（6）：460-463.

段

段慧，左小红，陆萍.五行针法联合敦煌大补肺汤治疗面肌痉挛 192 例临床研究 [J].光明中医，2012（9）：1835-1837.

段永强，王道坤，成映霞，等.敦煌石室大宝胶囊对果蝇寿命影响的实验研究 [J].中成药，2007（2）：287-288.

段永强，成映霞，程容，等.脾虚证进程中小鼠特异性 / 非特异性免疫功能变化及中药的干预作用 [J].中国老年学杂志，2011（15）：2874-2876.

段永强，成映霞，雷作汉，等.敦煌石室大宝胶囊对衰老大鼠脑组织 MAO-B、Na+-K+-ATP 酶活性的影响 [J].甘肃中医学院学报，2005（3）：26-29.

段永强，程容，成映霞，等.敦煌石室大宝胶囊对衰老大鼠血清 MDA 含量、SOD 和脑组织 GSH-Px 活性的影响 [J].兰州大学学报（医学版），

2005（2）：20–22.

侯

侯全福.来自敦煌壁画的养生功 [J].养生大世界，2009（12）：52–53.

侯全福.敦煌气功源远流长 [J].现代养生，2001（5）：33–34.

侯全福.敦煌《养生诀》导读 [J].养生月刊，2002（2）：85–87.

侯全福.敦煌养生保健功 [J].养生大世界，2006（11）：44–45.

侯全福.敦煌遗书中的食疗方法 [J].养生大世界，2006（8）：32–34.

侯全福.敦煌壁画与健身法 [J].养生月刊，2001（1）：20–22.

姜

姜劲挺，安文博，宋敏，等.敦煌消定膏治疗膝关节镜术后肿胀疗效观察 [J].中国中医骨伤科杂志，2011（12）：19–20+23.

姜春华.《伤寒论》与《汤液经》[J].中医杂志，1985（10）：61.

姜春华.伤寒药失落或改名之方拾遗 [J].中医药信息，1984（1）：18+17.

洪

洪武娌，蔡景峰.现存最早的灸法专著——《敦煌古藏医灸法残卷》[J].西藏研究，1983（3）：48–55.

宫

宫下三郎，谭真.敦煌本《张仲景五脏论》校译注 [J].南都学坛（自然科学版），1992（2）：102–108.

宫庆东，张沁园，王洪海.大黄黄连泻心汤历史源流及古今应用 [J].山东中医药大学学报，2014（1）：5–7.

姚

姚美玲，沈梦婷.敦煌道家医方残卷伯希和 4038 校补 [J].中国文字研究，2014（1）：144–148.

结

结小停，欧金涛，张晓琳.辅行诀五脏用药法要外感病组方原理初探——二旦、四神小汤方义解析[J].中国中医药现代远程教育，2014（7）：6-7.

袁

袁仁智，沈澍农.《俄罗斯藏敦煌医药文献释要》校补[J].中医文献杂志，2009（6）：5-7.

袁仁智，沈澍农.敦煌医药文献 дx00506V 校录拾正[J].中医药文化，2009（6）：32-34.

袁仁智.敦煌及武威医简中有关消化类疾病的文献探讨[J].西部中医药，2015，28（9）：30-32.

袁仁智，潘文，李盛华，等.俄藏黑水城敕赐紫苑丸方考释[J].西部中医药，2014（1）：61-62.

贾

贾育新，王凤仪，李生财，等.敦煌古方"紫苏煎"对肺间质纤维化模型大鼠血清、肺组织中Hyp、LDH含量的影响[J].甘肃中医，2008（4）：53-54.

贾懿新.大补肝汤治疗肝气虚型失眠症[J].河南中医，2014（3）：544-545.

顾

顾虹.《敦煌学导论丛刊》介绍[J].敦煌研究，1993（4）：46.

党

党新玲.五代敦煌粟特人医家史再盈[J].甘肃中医学院学报，1994（3）：9-10.

党新玲.唐代敦煌医王翟法荣[J].甘肃中医学院学报，1993（3）：58-59.

党新玲.唐敦煌药王索崇恩[J].甘肃中医学院学报，1993（1）：

61–62.

钱

钱超尘．王圆箓手里为何有《辅行诀》敦煌原卷 [A]．中华中医药学会医史文献分会．全国第十一届中医医史文献学术研讨会论文集 [C]．中华中医药学会医史文献分会，2008：11．

钱超尘．王圆箓监守自盗《辅行诀》简考 [J]．中医药文化，2009（1）：37–41．

钱超尘．《汤液经法》《伤寒论》《辅行诀》古今谈（待续）[J]．世界中西医结合杂志，2008（6）：311–315．

钱超尘．《汤液经法》《伤寒论》《辅行诀》古今谈（续1）[J]．世界中西医结合杂志，2008（7）：375–379．

钱超尘．《汤液经法》《伤寒论》《辅行诀》古今谈（续完）[J]．世界中西医结合杂志，2008（8）：439–444．

钱超尘，赵怀舟．《辅行诀》抄本寻踪 [J]．中医药文化，2008（6）：13–15．

钱超尘，赵怀舟．《辅行诀》抄本寻踪 [J]．河南中医，2009（9）：833–835．

钱婷婷，沈澍农．法藏敦煌中医药卷子"斗""升"辨 [J]．中国中医基础医学杂志，2012（4）：365–366+370．

钱婷婷，沈澍农．混用易误的中医常见字例析——以法藏敦煌中医药文献为中心 [J]．南京中医药大学学报（社会科学版），2012（1）：34–38．

徐

徐莺，段永强，牟德海．敦煌古医方平胃丸治疗胃脘痛医案4则 [J]．新中医，2017，49（5）：171–172．

徐浩，张卫华，杨殿兴，等．《辅行诀》五脏病症方组方法则探微——经方配伍法则的新发现 [J]．江西中医学院学报，2005（4）：63–67．

徐浩，张卫华，杨殿兴．《辅行诀·汤液经图》诠释 [J]．江西中医学院学报，2005（3）：17-19.

徐爱兰，李廷保．敦煌医方黄芩汤与古医籍中同名方用药配伍组方的相关性研究 [J]. 中国中医药科技，2016，23（6）：755-757.

殷

殷鸣．从易学先后天理论看《辅行诀》朱鸟、玄武汤 [J]. 亚太传统医药，2017，13（1）：8-9.

栾

栾锦文．针灸治疗小儿"病毒性脑炎"后遗症 1 例报告 [J]. 甘肃中医，1997（2）：38-39.

高

高飞，李楠．浅谈《辅行诀脏腑用药法要》对医经、经方融合之贡献 [J]. 北京中医药，2014（4）：277-279.

高美凤．敦煌医方外治法小议 [J]. 国医论坛，1999（3）：44.

高振华．试探《辅行诀脏腑用药法要》制方用药特色 [J]. 中医文献杂志，2010（5）：23-24.

高振华．略论《辅行诀脏腑用药法要》之学术价值 [J]. 中医文献杂志，2010（3）：12-14.

郭

郭江，李廷保．基于敦煌《辅行诀》方剂中四气理论用药配伍思路探析 [J]. 中国中医药科技，2017，24（2）：254-255.

郭应强，邱桐，曾昭洋，等．敦煌消痹定痛酊对胶原诱导性大鼠关节炎病理形态学的影响 [J]. 中医儿科杂志，2007（1）：14-16.

郭君双．辛勤的耕耘者——记马继兴先生在针灸学领域中的贡献 [J]. 中国针灸，2006（10）：745-748.

郭宪章，陈列，方敬岐，等．敦煌石窟与导引技术初探 [J]. 中国中医骨伤科杂志，1991，7（2）：45-47.

郭嘉成．敦煌遗书中儿科医方阐述 [J]. 河南中医，2014，34（6）：1009-1010.

容

容镕．古老神奇的藏医火灸疗法 [J]．中国西藏（中文版），1996(3)：33.

容镕．敦煌文献中新发现的藏医史料 [J]．中国科技史料，1983（1）：90–94.

黄

黄仑，徐鸿达．敦煌石窟气功功法概要 [J]．甘肃中医学院学报，1990（4）：13–14.

黄颢．吐蕃藏文针灸图释 [J]．西藏研究，1984（3）：73–78.

黄兆涵，钱会南．探析《辅行诀五脏用药法要》对《黄帝内经》五脏理论的继承与发展 [J]．环球中医药，2019，12（9）：1333–1336.

黄腾辉．两张汉简医方的启示 [J]．上海中医药杂志，1988（4）：35.

萧

萧巍．莫高窟 217 窟"得医图"考释 [J]．丝绸之路，2013（8）：58–59.

曹

曹晴，李廷保，罗强，等．敦煌及古代医籍中牛黄丸用药配伍规律的数据挖掘研究 [J]．中国中医药科技，2016，23（2）：244–245.

曹强．张仲景《五脏论》敦煌残卷撰者和收藏者的假说 [A]．中华中医药学会仲景学说分会．全国第二十次仲景学说学术年会论文集 [C]．中华中医药学会仲景学说分会，2012：5.

龚

龚元华．敦煌写卷误释校读札记 [J]．唐山师范学院学报，2013（3）：46–48.

崔

崔吉洋，张波．敦煌古代传统气功的养生之道 [J]．河北理工大学学报（社会科学版），2007（3）：197–199.

康

康开彪，颜春鲁，姚贞宇，等.敦煌医方大补肾汤对镉染毒模型大鼠肝组织细胞因子和氧化应激的影响 [J].西部中医药，2018，31（3）：12-15.

盖

盖建民.从敦煌遗书看佛教医学思想及其影响——兼评李约瑟的佛教科学观 [J].佛学研究，1999（0）：265-271.

盖建民.敦煌道教医学考论 [J].福州大学学报（哲学社会科学版），2000（1）：68-72+100.

梁

梁超，王晓明.《医心方》所引《产经》校释八则 [J].汉语史研究集刊，2013（0）：315-328.

梁玉杰，段永强，成映霞，等.敦煌大宝胶囊对肾阳虚小鼠抗应激作用影响的研究 [J].时珍国医国药，2009（12）：3063-3065.

梁玉杰，段永强，成映霞，等.敦煌大宝胶囊对衰老大鼠及肾阳虚小鼠肝脏代谢能力的影响 [J].中国老年学杂志，2011（1）：75-77.

梁永林，史光伟，王凯莉，等.基于"开阖枢"理论图解大小朱鸟汤 [J].中国中医药信息杂志，2019，26（7）：5-8.

梁永林，刘稼，李应存.《辅行诀·汤液经法图》述义 [J].中国中医基础医学杂志，2011（4）：349-350.

梁永林，刘稼，李金田，李应存.《辅行诀》组方思想对五输穴配穴的启示——五脏五输穴配伍法则新思路 [A].中国针灸学会.首届皇甫谧故里拜祖大典暨《针灸甲乙经》学术思想国际研讨会论文集 [C].中国针灸学会，2012：5.

梁永林，刘稼，李金田，等.敦煌遗书《辅行诀五脏用药法要》中的五脏互藏五味 [J].时珍国医国药，2012（2）：432-433.

梁永林，刘稼，李金田，等.《辅行诀五脏用药法要》组方思想对五输穴配穴的启示——五脏五输穴配伍法则新思路 [J].甘肃中医学院学报，2012（3）：20-24.

梁永林，刘稼.《辅行诀·汤液经法图》例解 [J]. 时珍国医国药，2011，02：455-457.

梁永林，李生财，贾育新.《辅行诀脏腑用药法要》五味的五行归属辨识 [J]. 中医药学刊，2002(4)：491-492.

梁永林，李金田，王凯莉，等. 基于"少阳为枢"图解大阴阳旦汤 [J]. 中华中医药杂志，2016，31（11）：4442-4445.

梁永林，李金田，刘稼，等. 敦煌遗书《辅行诀》大补泻汤数术思想研究 [J]. 中华中医药杂志，2012（2）：277-279.

梁永林，李金田，李应存，等. 基于"少阳为枢"探析小阴阳旦汤 [J]. 中医药学报，2016，44（4）：3-5.

梁永林. 基于"少阳为枢"图解小阴阳旦汤 [A]. 中华中医药学会. 中华中医药学会第十六次内经学术研讨会论文集 [C]. 中华中医药学会：山东中医药大学基础医学院，2016：7.

梁茂新."诸病通用药"溯源与《本经》辑佚 [J]. 中医药学报，1985（5）：48+9+14+40.

梁建庆，安耀荣，贾育新，等. 敦煌医学卷子医方类的研究述评 [J]. 西部中医药，2019，32（6）：28-29.

梁修朗，张澎，苏坤莲，等. 从《伤寒杂病论》《辅行诀》探讨《汤液经法》针灸学特点 [J]. 山东中医杂志，2017，36（6）：456-458.

梁胜斌，杨世洁，李共信，等. 敦煌葆元汤治疗肝郁脾虚型肠易激综合征的临床观察 [J]. 西部中医药，2013（7）：79-82.

彭

彭馨，胡翠华. 从敦煌文献看古代民间医药文献的传抄特点 [J]. 兰台世界，2014（24）：154-156.

彭馨，袁仁智. 敦煌医药文献《张仲景五脏论》校读拾遗 [J]. 西部中医药，2011（7）：56-57.

彭馨. 敦煌手抄医药卷子文字辨认方法例释 [J]. 长沙铁道学院学报

（社会科学版），2007（3）：82-83.

彭馨．敦煌医药卷子中的记音与俗音 [J].湘南学院学报，2009（4）：16-18.

彭书平，董亚娜，潘文．王自立教授治疗黄褐斑经验 [J].中医研究，2012（1）：56-57.

董

董钰明，刘喜平．敦煌韦慈方延缓衰老作用研究 [J].中药药理与临床，2002（5）：13-15.

蒋

蒋礼鸿．《义府续貂》补 [J].杭州大学学报（哲学社会科学版），1989（4）：85-95.

惠

惠宏．俄藏脉法文献《平脉略例》残卷考释 [J].时珍国医国药，2007（10）：2446-2447.

程

程容，成映霞，段永强，等．敦煌大宝胶囊对衰老大鼠脑组织 NO/NOS 表达水平及钙平衡的影响 [J].中国中医基础医学杂志，2011（3）：270-272.

程容，成映霞，段永强，等．敦煌石室大宝胶囊对亚急性衰老大鼠脑功能的保护效应及作用机制研究 [J].中国中医药信息杂志，2011（2）：50-52.

程容，段永强，成映霞，等．敦煌石室大宝胶囊对衰老大鼠脑组织单胺类神经递质的影响 [J].中国老年学杂志，2010（4）：478-480

程容，段永强，成映霞，等．敦煌石室大宝胶囊对衰老大鼠脑组织钙稳态的影响 [J].中国老年学杂志，2010（23）：3514-3516.

傅

傅瑞年．寻根太极识六经——仲景六经学说与《辅行诀》关系初探 [J].国医论坛，2014（3）：5-10.

曾

曾小鹏，武晓丽.《敦煌中医药全书》中的量词（一）[J]. 名作欣赏，2013（23）：106–107.

曾小鹏，武晓丽.《敦煌中医药全书》中的量词（二）[J]. 名作欣赏，2013（24）：118–119+153.

曾昭洋，杨国栋，宋贵杰，等. 敦煌消痹定痛酊治疗类风湿关节炎活动期 56 例 [J]. 中医研究，2008（3）：36–39.

曾昭洋，张华，徐克武，等. 敦煌消肿镇痛膏对腰椎间盘突出症患者髓核常量元素含量的影响 [J]. 中国中医骨伤科杂志，2008（1）：16–18.

曾昭洋，张华，康新民，等. 敦煌消肿镇痛膏与不同证候腰椎间盘突出症髓核常量元素相关性研究 [A]. 甘肃省中医药学会.2011 年甘肃省中医药学会学术年会论文集 [C]. 甘肃省中医药学会，2011：12.

曾昭洋，张干军，宋贵杰. 敦煌消肿镇痛膏治疗急性软组织损伤临床观察 [J]. 中医正骨，2006（2）：26–27.

曾昭洋，郭应强，杨国栋，等. 敦煌消痹定痛酊对胶原诱导性大鼠关节炎模型 NO、cAMP 和 PGE2 影响的实验研究 [J]. 甘肃中医学院学报，2007（2）：9–12.

曾昭洋，郭应强，杨国栋，等. 敦煌消痹定痛酊对胶原诱导性大鼠关节炎模型 TNF-α、IL-1 和 IL-6 影响的实验研究 [J]. 中医药学报，2007（5）：17– 20+63.

渡

渡边幸三，储天任. 中央亚细亚出土的本草集注残简文献学的研究 [J]. 上海中医药杂志，1957（11）：39–42.

谢

谢宗万. 本草文献整理研究二十年 [A].2002 中药研究论文集 [C]，2002：12.

谢盘根. 古佚经方"阴旦汤、阳旦汤"考释 [J]. 河南中医，1995（2）：

72–73.

　　谢盘根 . 张仲景"四神汤"探源 [J]. 河南中医，1996（3）：10–12.

靳

　　靳宝明，王萍，夏琦 . 敦煌养颜膏对衰老皮肤成纤维细胞含量的影响 [J]. 卫生职业教育，2009（2）：128–129.

楚

　　楚惠媛，王芝意 . 论敦煌医学文化与敦煌 272 腹带 [J]. 兰州科技情报，1997（1）：9–11.

雷

　　雷作汉，段永强，成映霞，等 . 健脾温肾疏肝法治疗老年慢性疲劳综合征 45 例临床观察 [J]. 新中医，2011（2）：17–18.

虞

　　虞舜 . 诸病通用药渊源探析 [J]. 中医药学报，1991，（5）：9–11.

褚

　　褚兵 . 敦煌消肿镇痛膏对下肢骨折致膝关节功能障碍患者功能恢复的影响 [J]. 中国实验方剂学杂志，2012（21）：316–318.

蔡

　　蔡金波 . 神仙粥源流小考 [J]. 陕西中医，1986（6）：188.

裴

　　裴丽敏，赵志恒，杨国荣 .《辅行诀五脏用药法要》五脏针刺条文探析 [J]. 世界中西医结合杂志，2018，13（7）：897–899+917.

僧

　　僧海霞 . 敦煌文书中的药用酒研究 [J]. 南京中医药大学学报（社会科学版），2006（2）：96–99.

　　僧海霞 . 敦煌文书中的药用酒研究 [J]. 南京中医药大学学报（社会科学版），2006（2）：96–99.

　　僧海霞 . 唐五代宋初敦煌药用酒研究 [J]. 中医药文化，2007（2）：

38–41.

　　僧海霞 . 敦煌遗书中美容医方初探 [J]. 中医药文化，2012(6)：30–34.

　　僧海霞 . 唐宋时期敦煌地区药酒文化探析 [J]. 中医药文化，2012（1）：40–44.

　　僧海霞 . 唐宋时期敦煌地区美发文化透视 [J]. 中医药文化，2013（3）：36–39.

　　僧海霞 . 唐宋时期敦煌地区中医遣方汤剂制作溶媒及用量考析 [J]. 中医杂志，2013（9）：729–733.

　　僧海霞 . 唐宋时期敦煌地区药用醋考 [J]. 中医杂志，2013（14）：1248–1252.

　　僧海霞 . 唐宋时期敦煌地区药酒基酒考 [J]. 中医杂志，2013（2）：174–178.

　　僧海霞 . 敦煌《备急单验药方卷》缀辑本考补 [J]. 石河子大学学报（哲学社会科学版），2014（1）：103–110.

　　僧海霞 . 敦煌医药文书考补的重要依据 [J]. 南京中医药大学学报（社会科学版），2015，16（3）：151–152.

　　僧海霞 . 唐宋时期"药中王"诃梨勒医方探析——基于敦煌医药文献考察 [J]. 敦煌研究，2016（2）：67–72.

　　僧海霞 . 敦煌《备急单验药方卷》考补 [J]. 敦煌研究，2018（6）：77–84.

谭

　　谭真 . 敦煌古药方《神仙粥》[J]. 体育文史，1992（2）：46.

　　谭真 . 敦煌古药方《神仙粥》剖析 [J]. 敦煌研究，1991（2）：95–98.

颜

　　颜春鲁，李盛华，刘永琦，等 . 敦煌医方小补肾汤对镉染毒大鼠骨和肾功能的影响 [J]. 西部中医药，2017，30（1）：11–14.

　　颜春鲁，刘永琦，李盛华，等 . 敦煌医方大补肾汤对镉染毒大鼠骨

和肾功能的影响 [J]. 时珍国医国药，2017，28（5）：1077-1078.

颜春鲁 . 敦煌医方小补肾汤对镉染毒大鼠骨和肾功能的影响 [A]. 中国中西医结合学会第四届实验医学专业委员会 . 中国中西医结合学会第四届实验医学专业委员会第十三次学术研讨会论文集 [C]. 中国中西医结合学会第四届实验医学专业委员会：中国中西医结合学会，2016：1.

潘

潘小凤，储全根 .《辅行诀五脏用药法要·汤液经法图》药味组方法则初探 [J]. 安徽中医药大学学报，2016，35（3）：14-16.

燕

燕恒毅，李淑梅，刘喜平，等 . 敦煌三味蛇床方对肾虚不孕模型大鼠 FSH、LH 及 E2 的影响 [J]. 中国社区医师（医学专业），2010（25）：146-147.

薛

薛守宇，梁丽娟，安霞 . 敦煌遗书之妇科方书残卷集萃 [J]. 中医研究，2011（3）：77-80.

魏

魏英俊，田永衍，李萍 . 从《辅行诀》之救五脏中恶卒死方看其成书年代 [J]. 南京中医药大学学报（社会科学版），2015，16（4）：238-240.

魏玉婷，严兴科，韩雅迪 . 敦煌石室文献中渍浴疗法的整理总结 [J]. 甘肃中医药大学学报，2017，34（6）：103-106.

敦煌医学相关项目一览

一、国家社科重大项目

敦煌西域出土汉文医药文献综合研究，2017，沈澍农，南京中医药大学。

二、国家社科其他项目

敦煌遗书中之佛书与传统医学研究，2005，李应存，甘肃中医药大学。

汉唐间多民族医药文化在敦煌医学文献中的融合性研究，2012，史正刚，甘肃中医药大学。

以敦煌为中心西北出土汉至宋涉医文献研究，2012，王亚丽，兰州大学。

敦煌古籍医经医理类文献英译及研究，2014，张焱，西安理工大学。

敦煌医卷整理及词汇研究，2016，范崇峰，南京中医药大学。

敦煌写本医籍与日本汉文医籍比较研究，2016，王亚丽，贵州民族大学。

敦煌医学文化及其现代价值，2018，梁永林，甘肃中医药大学。

三、卫生部、教育部项目

敦煌医学研究，1984，赵健雄，兰州医学院。

敦煌中医药文献新校录及其文字词汇研究，2004，沈澍农，南京中医药大学。

敦煌古医籍校正，2007，陈增岳，肇庆学院。

敦煌吐鲁番医药文献研究，2010，沈澍农，南京中医药大学。

敦煌写本医籍语言研究，2012，王亚丽，兰州大学。

日本杏雨书屋藏《敦煌秘笈》非佛文献辑录与研究——以李盛铎旧藏敦煌文书为中心，2013，陈涛，北京师范大学。

四、其他项目

敦煌医学骨伤科专业技术的研究，兰州市卫生局项目，1994，甘肃中医学院。

敦煌消肿镇痛贴的开发研究，甘肃省卫生厅项目，1995，李振宇，甘肃中医学院。

敦煌医方硝石雄黄散临床实验研究，甘肃省教育厅项目，1995，刘新甘肃中医学院。

敦煌古医籍图版及研究论文集，马继兴，中国中医研究院中国医史文献研究所。

敦煌遗方——硝石雄黄散巾敷至阳穴防治冠心病心绞痛的临床与实验研究，甘肃省卫生厅项目，2000，刘新，甘肃中医学院附属医院；兰州医学院第二附属医院。

敦煌长寿方对体外培养血管、平滑肌细胞影响的实验研究，1994，张军平，天津医学院第一附属医院。

敦煌古方神明白膏治疗老年性皮肤瘙痒病的临床与实验研究，甘肃省科技厅项目，2001，张士卿，甘肃中医学院。

菩提宝命茶的研制，甘肃省教育厅项目，2000，甘肃中医学院。

敦煌古方"紫苏煎"防治肺间质纤维化的实验研究，甘肃省卫生厅项目，2003，李应存，甘肃中医学院。

敦煌古医籍辑校、图版及研究，2005，马继兴，中国中医研究院中国医史文献研究所。

敦煌中医药文献研究，甘肃省科技厅，1990，丛春雨，甘肃省科学技术协会。

敦煌遗书《灸经图》古穴及残图研究，甘肃省教育厅，1993，张侬，甘肃中医学院。

敦煌石室大宝胶囊的研制与开发，横向项目，2002，王道坤，甘肃中医学院。

敦煌古方"紫苏煎"对慢支大鼠肺组织匀浆、血清中 SOD，MDA，NO 改变的影响，2006，王凤仪，甘肃中医学院附属医院。

敦煌石窟秘藏医方书的疗病方法与用药思路研究，甘肃省中医药项目，2006，李应存，甘肃中医学院。

敦煌三味蛇床方对肾虚不孕模型大鼠促排卵作用的研究，定西市科技项目，2008，李淑梅，定西市人民医院。

新药敦煌石室大宝胶囊的开发应用研究，兰州市科技项目，2006，梁玉杰，甘肃中医学院。

敦煌消肿镇痛膏对腰椎间盘突出症髓核常量元素的影响及相关性研究，甘肃省教育厅，2007，张华，甘肃中医学院。

敦煌消痹定痛酊对胶原诱导性关节炎 (CIA) 大鼠模型的关节病理改变和关节液中 PGE2、CAMP 的影响，甘肃省教育厅，2007，曾昭洋，甘肃中医学院。

敦煌古方'紫苏煎'对慢支大鼠 ET-1、NO 及病理组织形态改变的影响，甘肃省教育厅，2008，王凤仪，甘肃中医学院。

敦煌养颜面脂开发研究，兰州市科技项目，2008，王萍，甘肃中医学院。

敦煌消痹定痛酊对类风湿关节炎活动期患者血清 IL-6、IL-8、TNF-α 水平的影响，甘肃省自然科学基金，2010，曾昭洋，甘肃中医学院附属医院。

敦煌消肿镇痛膏与不同证候腰椎间盘突出症髓核常量元素相关性研究，甘肃省中医药项目，2011，张华，甘肃中医学院。

俄罗斯藏敦煌医药文献的整理研究，甘肃省自然科学基金，2010，李应存，甘肃中医学院。

敦煌石室大宝胶囊对亚急性衰老大鼠脑组织单胺类神经递质及钙稳态影响的研究，甘肃中医学院自选项目，2007，程容，甘肃中医学院。

敦煌遗书《辅行诀》五脏方配伍规律研究，甘肃省自然科学基金，2010，梁永林，甘肃中医学院。

敦煌遗书针灸卷子的研究，甘肃省中医药项目，2011，王天生，兰州市安宁区人民医院。

敦煌固本方对运动性疲劳小鼠抗氧化酶活性及自由基代谢影响的研究，兰州市科技项目，2011，李希斌，甘肃中医学院。

新辑敦煌和吐鲁番医药卷子整理及文献研究，甘肃省自然科学基金，2012，袁仁智，甘肃省中医药研究院。

敦煌医学文献中刺血疗法渊源及相关研究，兰州市科技项目，2012，邓灵芝，兰州市中医医院。

敦煌医学真迹释录与文献研究，甘肃省中医药科研项目，2012，袁仁智，甘肃省中医药研究院。

基于病证模型研究敦煌石室大宝胶囊对衰老的干预效应，甘肃中医学院自选项目，2012，程容，甘肃中医学院。

敦煌前列宝治疗慢性前列腺炎的实验研究与临床观察，2013，安耀荣，甘肃中医学院。

敦煌文化与中医学研究，甘肃省中医药项目，2013，雒成林，甘肃中医学院。

敦煌医学学术本体研究，敦煌医学重点实验室基金，2013，田永衍，甘肃中医学院。

敦煌医方相关数据库建设及用药规律多元分析，敦煌医学重点实验室基金，2013，陈丽，甘肃中医学院。

敦煌"疗风虚瘦弱方"对血虚寒凝血瘀证模型大鼠血液流变学及凝血功能的干预作用研究，敦煌医学重点实验室基金，2013，李雪燕，甘肃中医学院。

敦煌医方中地黄滋补肝肾类方对镉染毒大鼠免疫功能的影响，敦煌医学重点实验室基金，2013，颜春鲁，甘肃中医学院。

基于烟雾气溶胶染毒暴露系统的敦煌医学呼吸系统疾病方药给药途径及动物模型研究，敦煌医学重点实验室基金，2013，蔺兴遥，甘肃中医学院。

敦煌大泻肾汤通过 PI3K/Akt/mTOR 信号通路调节 B 淋巴细胞功能干预慢性前列腺炎的分子机制研究，敦煌医学重点实验室基金，2013，朱向东，甘肃中医学院。

敦煌遗方大勾陈汤有效成分诱导胃癌细胞凋亡的靶点研究，敦煌医学重点实验室基金，2013，李海龙，甘肃中医学院。

敦煌大宝胶囊对亚急性衰老大鼠脑海马衰老相关基因 HSP86/HSP84、IL-4/IL-10 基因表达的影响，敦煌医学重点实验室基金，2013，段永强，甘肃中医学院。

敦煌疗风虚瘦弱方对慢性心衰心气虚证模型大鼠的治疗作用及机制研究，敦煌医学重点实验室基金，2013，吴国泰，甘肃中医学院。

敦煌古方小补心汤含药血清对高糖条件下大鼠心肌微血管内皮细胞及其 VEGF 作用的实验研究，敦煌医学重点实验室基金，2013，舒畅，甘肃中医学院。

敦煌医古方大青龙汤对高原低氧大鼠肺损伤的影响，敦煌医学重点实验室基金，2013，骆亚莉，甘肃中医学院。

敦煌古医方泻肺汤对博来霉素诱导的肺纤维化大鼠模型的干预作用研究，敦煌医学重点实验室基金，2013，安方玉，甘肃中医学院。

敦煌文献滋阴补肾类方中地黄及其药对预防肺癌微环境中 MSC 恶性分化作用及其分子机制研究，敦煌医学重点实验室基金，2013，张建刚，兰州大学。

敦煌藏医文献的整理与研究，甘肃省中医药项目，2014，拉毛，夏河县藏医院。

敦煌医学资料文献数据库的建立与研究，敦煌医学重点实验室基金，2014，任真，甘肃中医药大学。

基于内容分析法对敦煌医方文献中脏腑病证的归类及整理研究，敦煌医学重点实验室基金，2014，岳嘉，甘肃中医药大学。

敦煌固本方对脾虚型肠易激综合征大鼠结肠组织 IL-1/IL-2 及 ERK1、ERK2 蛋白表达的干预研究，敦煌医学重点实验室基金，2014，杜娟，甘肃中医药大学。

敦煌秘方"泻肝汤"和黄芪对高血压大鼠血管重构的影响，敦煌医学重点实验室基金，2014，顾静，甘肃中医药大学。

敦煌遗方《神仙粥》抗衰老作用的应用开发研究，敦煌医学重点实验室基金，2014，吴建军，甘肃中医药大学。

敦煌古医方固元补肾方联合黄芪抗小鼠 Lewis 肺癌及免疫调节作用的探讨，敦煌医学重点实验室基金，2014，龚红霞，甘肃中医药大学。

敦煌消肿止痛膏贴敷疗法临床应用的规范化研究，敦煌医学重点实验室基金，2014，刘保健，甘肃中医药大学附属医院。

敦煌四时常服方对认知障碍模型小鼠的治疗作用及 NGFmRNA 表达影响的研究，敦煌医学重点实验室基金，2014，张帆，甘肃中医药大学。

敦煌平胃丸及其拆方对 SGC-7901 胃癌荷瘤小鼠的抑瘤作用及其机制，敦煌医学重点实验室基金，2014，舍雅莉，甘肃中医药大学。

黄芪神仙定年方对于增强机体免疫功能的相关研究，敦煌医学重点实验室基金，2014，张利英，甘肃中医药大学。

基于网络方法的敦煌古医方及唐宋医籍中同名方用药规律研究，敦煌医学重点实验室基金，2015，李廷保，甘肃中医药大学。

敦煌医方紫苏煎治验录，敦煌医学重点实验室基金，2015，李应存，甘肃中医药大学。

基于开阖枢理论的敦煌遗书《辅行诀》大小朱雀玄武汤组方思想研究，敦煌医学重点实验室基金，2015，梁永林，甘肃中医药大学。

敦煌遗书中的养生思想与方法整理研究，敦煌医学重点实验室基金，2015，林雪，甘肃中医药大学。

敦煌"紫苏煎"对刺激性化学物所致慢性阻塞性肺病的实验及应用研究，敦煌医学重点实验室基金，2015，赵翙，甘肃中医药大学。

敦煌医学古方大补脾汤防护辐射旁效应的机制研究，敦煌医学重点实验室基金，2015，张朝宁，甘肃中医药大学。

敦煌韦慈四时常服方对血管性痴呆模型大鼠学习记忆能力影响的实

验研究，敦煌医学重点实验室基金，2015，董晓丽，甘肃中医药大学。

敦煌医学古方小白虎汤加减治疗 2 型糖尿病临床研究，敦煌医学重点实验室基金，2015，余臣祖，甘肃中医药大学。

敦煌颤震方对 PD 模型大鼠 DA 能神经元的保护机制研究，敦煌医学重点实验室基金，2015，梁建庆，甘肃中医药大学。

敦煌医学残卷中"开九窍疗法"在伤风鼻塞临床治疗中的应用，敦煌医学重点实验室基金，2015，白丽君，甘肃中医药大学附属医院。

敦煌室内沙疗养生馆的模型建立及前期调研，敦煌医学重点实验室基金，2015，毛忠南，甘肃中医药大学附属医院。

敦煌医学少商刺络放血法治疗乳蛾临床观察，敦煌医学重点实验室基金，2015，张志明，甘肃中医药大学附属医院。

敦煌古穴治疗面瘫的临床研究，敦煌医学重点实验室基金，2015，兰州大学。

《敦煌藏医文献》与《四部医典》中的杂病疗法比较研究，甘肃省中医药项目，2017，拉毛，夏河县藏医院。

敦煌大泻肝汤临证录，敦煌医学重点实验室基金，2017，李应存，甘肃中医药大学。

《辅行诀脏腑用药法要》与《伤寒论》关系研究，敦煌医学重点实验室基金，2017，魏本君，甘肃中医药大学。

敦煌妇产科古医学方及应用的文献整理研究，敦煌医学重点实验室基金，2017，杨永琴，甘肃中医药大学。

《辅行诀脏腑用药法要》中"五行互藏"理论研究，敦煌医学重点实验室基金，2017，殷世鹏，甘肃中医药大学。

敦煌医学动漫化传承与传播研究，敦煌医学重点实验室基金，2017，任真，甘肃中医药大学。

紫斑牡丹花粉物质基础的研究，敦煌医学重点实验室基金，2017，王新娣，甘肃省医学科学研究院。

敦煌古方大补脾汤联合黄芪对靶向化疗药克唑替尼毒性及不良反应

的中医干预研究，敦煌医学重点实验室基金，2017，张小平，甘肃中医药大学。

敦煌医方加味瞿麦汤颗粒剂的工艺优化与质量研究，敦煌医学重点实验室基金，2017，颜春鲁，甘肃中医药大学。

基于 Nrf2-ARE-NQO1 信号通路探讨敦煌医方加味瞿麦汤对肾草酸钙结石的影响，敦煌医学重点实验室基金，2017，安方玉，甘肃中医药大学。

应用高通量转录组测序（RNA-seq）技术分析敦煌医方补肾中药方对膝骨关节炎大鼠的影响敦煌医学重点实验室基金，2017，张艳霞，甘肃中医药大学。

敦煌"疗痰饮内消方"对 AECOPD 模型大鼠气道黏液高分泌的干预作用及机制研究，敦煌医学重点实验室基金，2017，王正平，甘肃中医药大学。

敦煌方大补脾汤联合环磷酰胺对 H22 实体瘤鼠模型肿瘤生长的影响作用研究，敦煌医学重点实验室基金，2017，骆亚莉，甘肃中医药大学。

基于敦煌医学与传世涉医文献互校的《伤寒杂病论》文献整理研究，敦煌医学重点实验室基金，2018，赵鲲鹏，甘肃中医药大学。

基于数据挖掘敦煌古医方对药配伍结构规律及应用整理研究，敦煌医学重点实验室基金，2018，李廷保，甘肃中医药大学。

敦煌出土医学文献脉学研究，敦煌医学重点实验室基金，2018，余磊，甘肃中医药大学。

敦煌医学文献针灸疗法的挖掘与整理研究，敦煌医学重点实验室基金，2018，王觉，甘肃中医药大学。

敦煌医学方剂组方规律的系统评价，敦煌医学重点实验室基金，2018，温俊娜，甘肃中医药大学。

敦煌医方诊治风湿痹病地域特色文献研究，敦煌医学重点实验室基金，2018，吕有强，甘肃省中医院。

敦煌医药文献中的送服法研究，敦煌医学重点实验室基金，2018，唐鹏,甘肃省中医院。

敦煌颤震方对 PD 模型大鼠黑质–纹状体 DA 受体的影响,敦煌医学重点实验室基金,2018,梁建庆,甘肃中医药大学。

敦煌消痹定痛酊药效活性物质的虚拟筛选研究,敦煌医学重点实验室基金,2018,靳晓杰,甘肃中医药大学。

黄芪神仙定年方联合 Erlotinib 干预 HCC–827 成瘤小鼠的抗肿瘤作用研究,敦煌医学重点实验室基金,2018,何建新,甘肃中医药大学。

敦煌方大补心汤对阿霉素致大鼠心肌损伤的保护作用研究,敦煌医学重点实验室基金,2018,杨秀娟,甘肃中医药大学。

BATMAN–TCM 网络生物信息学预测结合 MFC 胃癌荷瘤小鼠实验探讨敦煌平胃丸治疗胃癌的分子机制,敦煌医学重点实验室基金,2018 李亚玲,甘肃中医药大学。

基于 PI3K–AKT–mTOR 信号通路探讨敦煌古医方大补肺汤联合顺铂对气阴两虚 Lewis 肺癌荷瘤小鼠的影响,敦煌医学重点实验室基金,2018,李杨,甘肃中医药大学。

敦煌医方补益壮身方对 X 射线致大鼠免疫系统损伤的防治研究,敦煌医学重点实验室基金,2018,马晓辉,甘肃中医药大学。

敦煌医方大补肺汤对 X 射线致大鼠免疫系统损伤的防治研究,敦煌医学重点实验室基金,2018,王彩霞,甘肃中医药大学。

《敦煌秘藏医书》中疗干癣方对大鼠慢性湿疹的疗效机制研究,敦煌医学重点实验室基金,2018,肖佼,甘肃中医药大学。

基于 mTOR 通路探讨黄芪皂苷对胃癌细胞上皮间质转化及能量代谢的影响和机制研究,敦煌医学重点实验室基金,2018,李海龙,甘肃中医药大学。

敦煌赤白痢不止方对溃疡性结肠炎小鼠细胞焦亡相关因子的影响,敦煌医学重点实验室基金,2018,李彦龙,甘肃省中医院。

基于脑肠互动探讨敦煌平胃丸治疗脾胃虚弱型肠易激综合征的临床疗效及对肠道菌群影响的研究,敦煌医学重点实验室基金,2018,刘俊宏,甘肃中医药大学附属医院。

大泻肝胶囊制备工艺及质量标准研究敦煌医学重点实验室基金，2018，程芳，甘肃中医药大学附属医院。

蛇床子素抵御微重力引发的成骨细胞分化抑制，敦煌医学重点实验室基金，2018，何进鹏，中国科学院近代物理研究所。

一种新型的基于敦煌重灸的灸治器具的研究与开发，敦煌医学重点实验室基金，2018潘虹，甘肃中医药大学附属医院。

基于敦煌《灸经图》灸法研究的中风良肢位康复仪研制，敦煌医学重点实验室基金，2018，刘敏科，甘肃中医药大学附属医院。

基于敦煌壁画揩齿图的护齿牙膏开发，敦煌医学重点实验室基金，2018，罗十之，甘肃中医药大学附属医院。

敦煌脐密功防治肠易激综合征的临床研究，敦煌医学重点实验室基金，2018，魏清琳，甘肃中医药大学附属医院。

敦煌含嚼法干预血液透析患者口渴研究，敦煌医学重点实验室基金，2018，薛国忠，甘肃中医药大学附属医院。

化瘀软肝胶囊治疗气滞血瘀型非酒精性脂肪性肝病的临床疗效及对幽门螺旋杆菌影响的研究，敦煌医学重点实验室基金，2018，汪龙德，甘肃中医药大学附属医院。

探析敦煌藏医文献中的科学理念，甘肃省中医药项目，2019，拉毛，夏河县藏医院。

敦煌遗书祛斑美白方中药面膜护理面部痤疮的临床观察，甘肃省中医药项目，2019，李红梅，甘肃中医药大学附属医院。